Marion Schmitt
Markus von der Heyde

... aber das Leben geht weiter

BASTEI LÜBBE TASCHENBUCH
Band 61466

1. Auflage: März 2001

Die meisten Namen im Text
wuden zum Schutz der Personen geändert.

Vollständige Taschenbuchausgabe

Bastei Lübbe Taschenbücher ist ein Imprint
der Verlagsgruppe Lübbe

Originalausgabe
© 2000 by Verlagsgruppe Lübbe GmbH & Co. KG,
Bergisch Gladbach
Textbearbeitung: Kerstin Kraska-Lüdecke
Lektorat: Martina Sahler
Titelillustration: Tony Stone/Garry Wade
Umschlaggestaltung: Manfred Peters
Satz: hanseatenSatz-bremen, Bremen
Druck und Verarbeitung: Cox & Wyman, Ltd.
Printed in Great Britain
ISBN 3-404-61466-6

Sie finden uns im Internet unter
http://www.luebbe.de

Der Preis dieses Bandes versteht sich einschließlich
der gesetzlichen Mehrwertsteuer.

Widmung/Danksagung

Ich möchte mich bedanken: bei meiner Schwester Marion, meiner Mutter und meiner weiteren Familie; bei dem Retter an der Unfallstelle, den behandelnden Ärzten, Schwestern, Pflegern und Krankengymnasten. Ein ganz herzlicher Dank an die Psychologin Eva Berger sowie an alle Menschen, die mir in dieser schweren Zeit beigestanden haben.

Markus von der Heyde, August 2000

Widmung/Danksagung

Dieses Buch widme ich ganz besonders meinem Bruder Markus, meiner Familie und allen, die sich in dieser schweren Zeit um ihn gekümmert haben. Ein herzliches Dankeschön an das Rettungsteam am Unfallort, das Team der Intensivstation der Kölner Uni-Klinik, der Station 17, Unfallchirurgie, an die Ärzte, Schwestern, Pfleger, Krankengymnasten und Frau Eva

Berger, die an kritischen Tagen ihre Freizeit geopfert hat.

Marion Schmitt, August 2000

Marion

Es war mitten in der Nacht. Ich schreckte von einem Geräusch hoch, sank dann aber wieder in die Kissen. Ich musste geträumt haben, wollte einfach weiterschlafen. Doch da war wieder dieses Geräusch – es klingelte! Blitzschnell überlegte ich: War es der Wecker? Die Haustür? Mein Mann lag neben mir und schlief friedlich. Hatte er denn nichts gehört?

Offensichtlich nicht. Es klingelte erneut, und jetzt wurde mir bewusst: das Telefon. Es ist das Telefon! Ich sah auf den Wecker neben dem Bett und ärgerte mich: Fünf Uhr! Die Nacht war für uns um sechs Uhr zu Ende! Zwei Kinder und zwei Hunde wachten dann auf, und der Trubel im Haus begann! Neben dem Schlafzimmer lag unser Arbeitszimmer, und hin und wieder geschah es schon mal, dass es nachts bei uns läutete und jemand ein Fax schickte. So musste es auch dieses Mal sein, dachte ich und kuschelte mich wieder in die Kissen.

Gerade, als ich versuchen wollte, wieder einzuschlafen, sprang der Anrufbeantworter an. Eine mir bekannte Stimme sprach darauf. Nun stutzte ich und hörte genauer hin: Nein, es war kein Sprechen, es war ein Weinen, Wimmern, Schreien! Ein furchtbarer Schrecken fuhr mir in die Glieder, als ich die Stimme meiner Mutter erkannte: Etwas Furchtbares musste passiert sein! So hatte ich sie noch nie gehört.

Ich sprang aus dem Bett und hastete vom Schlafzimmer in unser Arbeitszimmer. Ängstlich und mit zugeschnürter Kehle hörte ich das Band des Anrufbeantworters ab. Das nächtliche Klingeln und die wimmernde, verzweifelte Stimme waren so schrecklich, dass ich noch heute manchmal nachts von Albträumen geplagt werde. Nie werde ich diesen Moment vergessen, meine Angst und die Worte meiner Mutter: »Marie, Marie, Marie«, so riefen mich alle, obwohl ich eigentlich Marion heiße. »Marie, geh' doch dran, bitte geh' doch dran, Marie, der Markus hat einen Unfall gehabt und alle anderen sind tot! Bitte Marie, geh' ans Telefon, mein jüngstes Kind, ich will doch mein jüngstes Kind nicht verlieren!«

Ich stand da wie gelähmt und zitterte am ganzen Körper! Der Schock war so groß, dass ich nicht denken konnte. Nach einer Weile kam ich zu mir: Das musste ein Traum sein, ein ganz schlimmer Albtraum! Oder ich hatte mich verhört!

Ich rief laut nach meinem Mann Jürgen, der von mir unbemerkt inzwischen aufgestanden war und alles mitbekommen hatte. Er wählte gerade die Telefonnummer meiner Mutter. Ich selbst war dazu nicht in der Lage. Dann war sie in der Leitung, und ihre schreiende, klagende Stimme ging mir durch Mark und Bein. Jedes Wort schmerzte, und ich wollte den Hörer einfach wegwerfen, ganz weit wegwerfen!

Aber ich hörte auch ungläubig zu, was sie da stammelte, wollte es hören, wollte es ganz genau wissen ...

Weinend und völlig außer sich erzählte mir meine Mutter, dass Markus, der jüngste meiner drei Brüder, einen schweren Autounfall gehabt hatte. Sie gab mir die Nummer einer Polizeidienststelle, die sie von meinem Bruder Bernd hatte. Bernd und seine Freundin Andrea waren von den Polizisten in aller Herrgottsfrühe aus dem Bett geschellt worden. Bei ihnen im Haus lebte Markus nämlich in einer kleinen Wohnung. Ich rief sofort bei meinem mittleren Bruder an, und er erzählte mir, dass Markus mit schwersten Verletzungen auf der Intensivstation der Kölner Uniklinik lag. Bernd fuhr sofort nach dem Anruf ins Krankenhaus, durfte aber nicht zu seinem Bruder ins Krankenzimmer – Markus' Anblick sei momentan »nicht zumutbar«, sagten die Ärzte.

Mittlerweile hatte sich das Zittern meiner Hände ein wenig gelegt und einer fiebrigen Unruhe Platz gemacht. Aufgeregt wählte ich die Nummer der Uniklinik und ließ mich mit der Intensivstation verbinden. Ein Arzt kam an den Apparat und beruhigte mich. Mein Bruder habe zahlreiche Knochenbrüche erlitten, sein Zustand sei aber im Moment soweit »stabil«. An diese Worte klammerte ich mich nun und gab sie genau so an meine Mutter weiter, die immer noch weinte und schluchzte, und so schnell auch nicht wieder damit aufhören würde. Zu groß waren der Schreck und ihre Sorge um unseren Jüngsten!

Von dieser Stunde an kamen wir nicht mehr zur Ruhe. Ständig klingelte das Telefon, und Freunde und

Bekannte sagten uns, wir sollten doch die Frühnachrichten ansehen. Auf die Idee waren wir noch gar nicht gekommen, dass Bilder des schrecklichen Unfalls im Fernsehen gezeigt werden könnten! Wir hasteten zum Gerät und schalteten aufgeregt ein. Was wir dann sahen, war so schlimm, dass wir es bis heute nicht vergessen können: In Blechknäuel verwandelte Autos, Feuerwehrmänner, Polizei, Tod ...

Es wurde berichtet, dass sich am Abend des 11. Februar gegen 21.30 Uhr auf der Landstraße zwischen Bornheim und Sechtem ein sehr schwerer Unfall ereignet hatte. Bei diesem Unfall starben fünf Menschen. Vier junge Leute aus Sechtem und eine gute Freundin meines Bruders, Brigitte. Einer überlebte schwerverletzt: Mein Bruder Markus, der damals kurz vor seinem 32. Geburtstag stand. Der Verursacher des Unfalls war ein Jugendlicher, der erst seit ein paar Tagen den Führerschein besaß. Er kam wie durch ein Wunder mit einem Schock und leichten Prellungen davon. Der junge Mann hatte sich das Auto seines Vaters geliehen und war mit vier Freunden gerade von einem Fußballspiel gekommen. Aus unerklärlichen Gründen geriet er von der Fahrbahn ab, rammte den entgegenkommenden Wagen meines Bruders frontal, sodass er 14 Meter weit zurückgeschleudert wurde, ehe er zum Stehen kam.

Die vier Freunde des jungen Mannes, die mit ihm im Unfallwagen gesessen hatten, waren sofort tot. Brigitte, eine Freundin meines Bruders, starb auf dem Weg ins Krankenhaus. Und mein Bruder schwebte in Lebensgefahr! Dieser Gedanke ging mir nicht mehr aus dem Kopf, trotz der beruhigenden Worte der Ärzte. Mein Mann und ich saßen weiter wie gelähmt da, warteten auf die nächsten stündlichen Nachrichten und sahen uns die schrecklichen Unfallbilder immer und immer wieder an. Wir konnten das Geschehen noch nicht begreifen. Ein neuer Tag war mittlerweile angebrochen, aber mir kam er vor wie ein Albtraum, der nicht enden wollte.

»Das kann nicht sein, das kann nicht sein«, klagte ich immer wieder laut. Vergebens versuchte mein Mann, mich zu beruhigen. »Das kann doch nicht wahr sein! Doch nicht in meiner Familie!«, stammelte ich unentwegt. Aber auch damit machte ich das Unfassbare nicht ungeschehen. Noch schlimmer musste sich wohl unsere Mutter fühlen: Sie lebte in Walsrode bei Bremen und packte nun überstürzt ein paar Sachen zusammen, um so schnell wie möglich zu uns ins Rheinland zu kommen. Wie sie die vier Stunden lange Fahrt mit all den Ängsten und den quälenden Gedanken im Kopf überstanden hat, weiß ich nicht! Wir hatten uns um 14 Uhr in der Uniklinik verabredet. Aber ich fuhr nicht direkt dorthin, sondern zunächst zu meinem Bruder Bernd und meiner Schwägerin Andrea, um von dort meine Mutter abzuholen. Sie war inzwischen mit dem Auto aus Walsrode eingetroffen und wollte in Andreas Haus übernachten. Dort lebte mein Bruder Markus seit einiger Zeit zur Untermiete in einem kleinen Dach-Appartement.

Ich klingelte, begrüßte die beiden Frauen – und war die Ruhe selbst. Diese Eigenschaft habe ich schon öfters an mir festgestellt: Je größer der Schock, umso ruhiger werde ich. Ich sagte nur: »Hallo, seid ihr fertig? Wir müssen los!« Denn nicht nur meine Mutter, auch

Andrea wollte mit ins Krankenhaus fahren, und so mussten wir den schweren Gang nicht alleine machen. Für seelische Unterstützung waren wir in diesem Moment mehr als dankbar. Auch die anderen beiden schienen gelassen zu sein, nur an den großen, vor Schreck unnatürlich weit aufgerissen Augen meiner Mutter konnte ich die Angst erkennen, die darin flackerte.

Die Fahrt zum Krankenhaus verlief schweigend. Wir sprachen nur das Notwendigste, denn jede von uns hing ihren eigenen Gedanken nach. Noch heute bin ich Andrea dankbar für die Selbstverständlichkeit, mit der sie uns damals zur Seite stand. Durch diese und ähnliche Situationen zeigte sie, was für ein wunderbarer Mensch sie ist. Und auch heute noch nenne ich sie meine »Schwägerin«, obwohl mein Bruder und sie nie verheiratet waren und inzwischen auch längst kein Paar mehr sind – so sehr ist mir Andrea ans Herz gewachsen!

Nach einer kurzen Fahrt standen wir gemeinsam vor der Intensivstation. Schon diese Bezeichnung flößte mir Furcht ein. Ich hatte ohnehin eine Abneigung gegen Krankenhäuser, und besonders fürchtete ich mich vor diesen »heiligen Hallen«, in denen Schwerverletzte lagen, manche mit wenig Hoffnung, dort lebend wieder herauszukommen. Und nun besuchten wir dort einen von uns, meinen kleinen Bruder! Uns stand die nackte Angst in den Augen, und wir wagten nicht, einander anzusehen, sonst wären wir auf der Stelle in Tränen ausgebrochen.

Wir meldeten uns an, und eine Schwester teilte uns mit, dass wir nur zu zweit hinein zu Markus durften.

Andrea bot sich sofort an, draußen auf uns zu warten. Ich ertappte mich dabei, wie ich zögerte und meine Mutter fragte: »Soll ich mitkommen?« Als Antwort reichte sie mir nur wortlos ihre Handtasche, die ich an den Garderobenhaken zu unseren anderen Sachen hängte. Dann bekamen wir grüne Kittel, die wir überziehen mussten.

Meine Überlegung, ob ich den Anblick meines schwerverletzten Bruders aushalten konnte oder an seinem Krankenbett umkippen würde, erledigte sich von selbst. Ein Arzt kam, nahm uns in Empfang und brachte uns in das Zimmer, in dem Markus lag. Beim Eintreten in den von Apparaten beherrschten Raum hielt ich die Luft an. Da lag eine Gestalt in einem Bett. Das sollte Markus sein? Wir konnten ihn kaum erkennen!

Fassungslos starrten wir den leblosen Körper an. Der Arzt stellte uns Fragen zum Unfallhergang, und wir antworteten, was wir aus den Medien wussten. Dabei ließen wir den Blick nicht von Markus. Ich hielt meine Mutter fest im Arm, als ich nach dem Ausmaß der Verletzungen fragte. Der Schock über das, was uns der Arzt nun alles aufzählte, konnte kaum größer sein: Mein Bruder lag im Koma mit einer Stammhirnquetschung. Er hatte Blut im Gehirn, schwere Lungenquetschungen, alle Rippen links und das rechte Handgelenk waren gebrochen. Seine rechte Hüfte und das rechte Knie waren bei dem Aufprall zertrümmert worden. Das Schlimmste waren für mich aber die schweren Gesichtsverletzungen. Ich konnte es kaum fassen: Das war sein Kopf, sein Gesicht – aber es sah alles überhaupt nicht mehr nach Kopf und Gesicht aus! Die

Verletzungen waren so schwer, dass wir Markus beinahe nicht erkannt hätten.

Meine Mutter, die mindestens genauso erschüttert war wie ich, fragte den Arzt flüsternd und nun beinahe ungläubig: »Herr Doktor, mein Junge wird doch überleben?« Der Arzt sah uns an, schüttelte langsam den Kopf und sagte: »Es tut mir sehr leid, aber er hat kaum eine Chance. Sie müssen mit dem Schlimmsten rechnen.« Da standen wir also vor meinem »kleinen« Bruder, dem jüngsten Spross unserer Familie. Er war an alle möglichen lebenserhaltenden Geräte angeschlossen, eine grausam anzusehende Technik, die seinen Zustand aber einigermaßen stabil hielt, denn das Leben in ihm war fast erloschen.

Wir versuchten, zu begreifen, was hier vor sich ging, aber wir konnten es nicht. Schon oft hatten wir von solchen schrecklichen Unfällen gehört, bei denen Menschen gestorben waren. Aber es ist etwas völlig anderes, wenn man selbst betroffen ist. Für meine Mutter und mich stand beim Hinausgehen nur ein Gedanke im Vordergrund: Wir wussten nicht, ob wir Markus noch einmal lebend wiedersehen würden! Mein kleiner Bruder Markus!

Zärtlich dachte ich an den Moment zurück, als meine damals noch junge Mutter zu mir und meinen beiden Brüdern Bernd und Ernst kam und uns mitteilte, dass wir noch ein Baby bekommen sollten! Ich war mit meinen sieben Jahren das älteste Kind in der Familie, Bernd und Ernst waren bei Markus' Geburt vier und fünf Jahre alt. Natürlich wünschte ich mir nun ein Schwesterchen! Ich stellte es mir richtig bildlich vor, wie es wäre, mit meiner kleinen Schwester zu spielen, sie zu kämmen und anzuziehen! Wir würden viel Spaß miteinander haben. Der Geburtstermin rückte näher, und meine Vorfreude steigerte sich von Tag zu Tag. Dann war es soweit, und wir Geschwister warteten ungeduldig auf die »Ankunft« des Babys.

Endlich kam mein Vater zu uns Kindern und verkündete freudestrahlend: »Es ist ein Junge!« Na, mit dem Mädchen hatte es nicht geklappt, aber ich freute mich dennoch wahnsinnig! Ich habe Markus gewickelt, sooft ich durfte, habe ihm das Fläschchen gegeben und mich überhaupt gerne um ihn gekümmert. Ich liebte Babys! Und das hat sich bis heute nicht geändert. Schon bald stellte sich mein großes Interesse an Kleinkindern als wahrer Glücksfall heraus. Denn kurz nach Markus' Geburt wurde meine Mutter sehr krank und musste lange Zeit im Krankenhaus bleiben. Da musste ich, als älteste Schwester, kurzerhand in die Mutter-Rolle schlüpfen: Ich kümmerte mich damals sehr viel um Markus und meine beiden mittleren Brüder. Sie waren ja eigentlich auch schon alt genug, um zu helfen, hatten daran aber nicht allzu großes Interesse. Also sorgte ich mich um die drei »Kleinen«, so gut ich konnte. Natürlich war auch noch unser Vater da, der als selbstständiger Architekt arbeitete und sein Büro bei uns im ausgebauten Keller hatte. Wenn etwas nicht klappte, dann rief ich ihn einfach. Nur hatte seine Hilfsbereitschaft auch natürliche Grenzen. Einmal bat ich ihn, mir morgens vor der Schule Zöpfe zu flechten. Er probierte eine Weile, meine Haare zu bändigen, aber es gelang ihm nicht. Darauf gab er den Versuch auf und meinte entschuldigend zu mir: »Marie, ich kann das nicht. Du musst heute eben so gehen!«

Mein Vater Joachim war ein wunderbarer Mensch, und er gab sich große Mühe, es uns allen recht zu machen. Eigentlich war er »nur« mein Stiefvater, aber er liebte mich wie sein eigenes Kind. Und ich hing an ihm so sehr, als ob er mein leiblicher Vater wäre. Diesen habe ich in meinem Leben nicht sehr oft zu Gesicht bekommen und nenne ihn heute nur noch meinen »Erzeuger«.

Als ich ein halbes Jahr alt war, trennte sich meine Mutter von dem 25 Jahre älteren Mann. Sie hätten sich am Anfang gut verstanden, erzählte Mutter mir später einmal, aber die Beziehung habe einfach nicht funktioniert. Als ich gerade ein Jahr alt war, zogen wir zu meinen Großeltern, die auf mich aufpassten, während meine Mutter tagsüber als Verkäuferin arbeitete. Oma war ihr Leben lang Hausfrau gewesen, und Opa war bereits in Rente. Die beiden lebten in einer Wohnung in Köln-Ehrenfeld.

Schon damals, als ich noch ein Kind war, empfand ich die Wohnung meiner Großeltern als klein, heute kommt sie mir rückblickend sehr, sehr winzig vor. Obwohl sie in eher bescheidenen Verhältnissen lebten, herrschte immer Ordnung in den Räumen. Meine Oma sagte immer zu ihrem Mann, wenn dieser gemütlich auf dem Sofa saß und sich entspannt zurücklehnen wollte: »Nimm' den Kopf von der Tapete. Du machst sie sonst schmutzig!« Darüber musste ich als Kind immer herzhaft lachen.

An meinen Großvater habe ich noch eine andere, witzige Erinnerung: Als ich im Alter von fünf oder sechs Jahren einmal bei den Großeltern übernachtete, bekam ich beim Anblick meines Opas am nächsten Morgen einen Riesenschrecken: Er trug ein langes weißes Nachthemd und dazu eine weiße Zipfelmütze – genau wie in alten Filmen oder den Büchern von Wilhelm Busch. So etwas hatte ich noch nie gesehen! Und seitdem habe ich auch nie wieder einen Menschen getroffen, der mit einer Mütze auf dem Kopf schlafen ging, weil es ihn fror.

Natürlich liebte ich meine Großeltern wie sie waren und hatte auch später als junges Mädchen noch ein sehr gutes Verhältnis zu ihnen. Als ich im benachbarten Stadtteil Köln-Nippes die Berufsschule besuchte, fand ich öfters einen guten Grund, um mal bei Oma und Opa vorbeizuschauen: Ich fuhr damals einen VW-Käfer, aber mein spärliches Geld reichte kaum für den Sprit. Also machte ich auf dem Rückweg nach Hause einen Zwischenstopp bei den Großeltern. Meistens kam dann der Opa zu mir, steckte mir fünf Mark zu und flüsterte: »Hier hast du, Marie. Aber sag's nicht der Oma.«

Bald darauf kam auch Oma, reichte mir einen Zehner und wisperte: »Hier, nimm, Marie. Aber sag's nicht dem Opa.« Ich schwieg also und fuhr tanken. Das Benzin reichte dann meistens noch ein paar Tage für die Fahrten zu meiner Schule. Wir lebten damals, als ich noch ein Wickelkind war, aber nur kurze Zeit in der kleinen Wohnung meiner Großeltern, denn bald trat mein zukünftiger Vater Joachim in unser Leben. Meine Mutter lernte den jungen Studenten, der in einem winzigen Zimmer lebte, bei einem Glas Kölsch kennen. Sie hatte ihm sofort erzählt, dass sie eine kleine Tochter – nämlich mich – hatte und außerdem geschieden und alleinerziehend war. In den 60er Jahren war dies in den Augen der Gesellschaft ein großer Makel.

Aber Joachim war ein kinderlieber und warmherziger Mann und störte sich überhaupt nicht daran. Und so konnte die Liebesbeziehung der beiden nach Klärung der Situation ihren Verlauf nehmen ...

Schon bald darauf erwarteten die beiden Nachwuchs und sie heirateten, als meine Mutter im dritten Monat war. Etwa ein halbes Jahr später wurde mein Halbbruder Ernst geboren. Damals war ich auch noch ein Wickelkind von zwei Jahren. Wir vier lebten gemeinsam auf einem Bauernhof in Wesseling.

Dann »meldete« sich mein mittlerer Bruder Bernd an und wurde fast genau ein Jahr nach Ernst geboren. Nun zogen wir um, in eine schöne, geräumige Drei-Zimmer-Wohnung. Dort blieben wir, bis unser jüngstes und letztes Familienmitglied, Markus, auf der Welt war.

Inzwischen war die Familie so groß geworden, dass wiederum ein Umzug nötig war. Also bauten meine Eltern in Wesseling nahe bei Köln ein Haus, und als ich elf Jahre alt war, zogen wir dort ein. Ich hatte nie Schwierigkeiten damit, Joachim als meinen »Vati« zu betrachten, denn er war ein herzensguter und liebevoller Mensch, der sich sehr um seine Kinder kümmerte.

Meine Mutter erzählte mir irgendwann später einmal, dass ich – kurz nachdem Joachim in unser Leben getreten war – bei einem Spaziergang im Wald einen Schuh verloren hatte. Joachim suchte stundenlang danach, bis er ihn tatsächlich fand. Er gab ihn mir zurück, und ich bedankte mich bei ihm mit den Worten: »Danke, Onkel Vati!«

Mein »richtiger« Vater war schon früh aus meinem Leben verschwunden. Bis zu meinem siebten Lebensjahr hatte ich ihn regelmäßig getroffen. Entweder holte er mich dann ab, oder meine Mutter brachte mich zu ihm. Manchmal hatten sie sich geeinigt, sich auf halbem Wege zu treffen, und die »Übergabe« erfolgte am Bonner Verteilerkreis, einem großen Verkehrsknotenpunkt, an dem Straßen aus verschiedenen Richtungen zusammenlaufen.

Als ich sieben Jahre alt war, wollte ich ihn aber plötzlich nicht mehr sehen. So ganz genau kann ich mich nicht daran erinnern, warum. Ich fühlte mich bei ihm einfach nicht wohl, besonders dann nicht, wenn ich zu seiner neuen Frau »Mama« sagen sollte. Mein Verhalten ärgerte meinen leiblichen Vater wohl sehr, denn eines Tages holte er mich von der Schule ab, ohne dass meine Mutter etwas davon wusste. Sie warf ihm später vor, er hätte mich einfach vom Schulhof »weggeschnappt«.

Ich bekam diesen Ärger natürlich mit und verspürte immer weniger Lust, Vater zu sehen. Mein Zuhause war sowieso längst bei meiner Mutter, bei Joachim und meinen Brüdern. Besonders Markus hatte ich immer »am Bändel«, wie man so schön sagt. Er war sehr anhänglich, und ich nahm ihn fast überallhin mit.

Ernst, der älteste der Jungen, war wohl immer ein wenig eifersüchtig auf mich, weil unser Vater sich sehr um mich kümmerte. Dabei war das kein Wunder, denn immerhin war ich das einzige Mädchen in der

Familie! Joachim ließ mich nie spüren, dass ich eigentlich gar nicht seine leibliche Tochter war – im Gegenteil. Er war immer liebevoll und geduldig und nahm sich sehr viel Zeit für mich und seine drei Söhne. Mein »Vater« Joachim war gebürtiger Bremer, den es beruflich ins Rheinland verschlagen hatte. Hier arbeitete er als Architekt und war durch seinen Beruf sehr eingespannt. Wir Kinder sahen ihn nur selten, und ich erinnere mich, dass er gerne sonntags mit uns spazieren ging.

Durch die weite Entfernung sahen wir unsere Großeltern in Bremen eher selten. Öfter trafen wir Oma und Opa aus Köln, die Eltern unserer Mutter. Als ich vierzehn Jahre alt war, erlitt mein Vater Joachim einen Herzinfarkt, und von diesem Moment an ging es mit ihm zusehends bergab. Dem Herzinfarkt folgten mehrere Gehirnschläge, und er war eine lange Zeit sehr krank. Als er 1987 schließlich starb, war er gerade 57 Jahre alt geworden.

An seinen frühen Tod musste ich nun denken, als ich mit meiner Mutter die Uniklinik verließ, in der Markus um sein Leben kämpfte. Nun konnten wir die Tränen nicht länger unterdrücken und ließen ihnen freien Lauf. Ich brachte meine Mutter und Andrea zurück und wollte selbst nur noch nach Hause, zurück in mein kleines Eifeldorf. Dort angekommen, sackte ich völlig fertig auf dem Sofa zusammen. Endlich ging dieser furchtbare Tag zu Ende. Ich konnte einfach nicht mehr!

Aber die Gedanken an das Geschehene ließen sich nicht einfach abstellen, und so fand ich nicht die ersehnte Ruhe.

Nach einer sehr kurzen Verschnaufpause sprang ich wieder vom Sofa auf und rief Ernst an. Ich erzählte ihm, was der Arzt über Markus' Zustand gesagt hatte, aber Ernst weinte nur und konnte keinen klaren Gedanken fassen. Er tat mir sehr leid, denn ich wusste, wie sehr er an seinem kleinen Bruder hing. Ich versuchte, ihn zu beruhigen, aber er stammelte immer nur: »Der kleine Markus wird nie wieder so wie vorher, wie kann so ein Verrückter meinen Bruder kaputtfahren. Wir werden ihn nie mehr so wiederbekommen, wie er war.« Markus war für mich immer ein besonderer Bruder, schon alleine deshalb, weil ich mich viel um ihn gekümmert habe. Durch unseren engen Kontakt entwickelten wir ein ganz besonderes Verhältnis zueinander.

Selbstverständlich liebte ich auch meine beiden anderen Geschwister, jeden auf seine Weise. Bernd, der mittlere Bruder, war ein süßes Kind: klein, pfiffig und problemlos. Er studierte später in Köln Musik und gab Gitarrenunterricht. Bald fing er an, als Musiker in verschiedenen Studios zu arbeiten. Mittlerweile gehört er auch drei verschiedenen Bands an und spielt Tanzmusik, Oldies und Kölschrock. Mit ihm kam ich immer sehr gut aus, er ist meistens ruhig und sachlich, und bleibt auch in kritischen Situationen locker. Bernd ist wirklich ein lieber Mensch, mit dem ich immer über alles reden konnte. Meistens munterte er mich mit ein paar Sprüchen oder frechen Witzen auf, wenn ich es nötig hatte. Mit Ernst, dem ältesten Bruder, verstand ich mich nicht ganz so gut. Er ist leicht misstrauisch veranlagt und glaubt wohl manchmal, jeder wolle ihm etwas anhaben. Jedenfalls stritten wir uns als Kinder oft, und später, als Erwachsene, hatten wir vor Markus' Unfall nur wenig Kontakt miteinander.

Ernst heiratete früh, schon mit Anfang zwanzig. Er und seine Frau bekamen einen Sohn und ließen sich ein paar Jahre später wieder scheiden. Danach heiratete er erneut und seine zweite Frau und er bekamen zwei weitere Kinder: ein Mädchen und einen Jungen. Obwohl er und seine Familie in der Nähe von Köln leben und gar nicht so viele Kilometer zwischen uns liegen, sehen wir uns kaum. Erst durch den Unfall unseres Bruders bekamen wir wieder intensiveren Kontakt zueinander. An diesem furchtbaren Tag von Markus' Unfall tröstete ich nun den weinenden Ernst am Telefon, so gut es ging. Obwohl ich die älteste der Geschwister war und immer als »die Starke« in der Familie galt, war meine Kraft jetzt allerdings auch verbraucht. Nachdem alle Tröstungsversuche nicht viel nutzten, sagte ich nur knapp zu Ernst: »Ich melde mich morgen wieder bei dir«, und hängte ein.

Ein wenig Ruhe, und endlich einmal abschalten, das war es, was ich nun brauchte! Aber kaum hatte ich den Hörer aufgelegt, klingelte das Telefon erneut – und so ging es noch stundenlang weiter. Viele Leute riefen an, die wissen wollten, was passiert war. Ich gab jedem bereitwillig Auskunft, auch Menschen, von denen ich lange Zeit nichts gehört hatte.

Am Abend war ich völlig erschöpft. Es war schon sehr spät, als ich endlich Gelegenheit fand, mich auf unserem Sofa ein wenig auszuruhen. Nun fielen mir kleine Geschichten aus meiner Kindheit ein, Bruchstücke von Erinnerungen, die für mich in der jetzigen Situation plötzlich sehr wertvoll wurden ...

Als Markus noch ein Kleinkind war, gingen wir einmal zusammen spazieren. Dabei fiel er unglücklich und landete mit seinem Gesicht auf einem Nagel. Ich hielt ihn damals lange im Arm und tröstete ihn. Eine kleine Narbe blieb von dem Unfall damals zurück, die heute noch zu sehen ist.

Für meinen kleinen Bruder sparte ich auch wochenlang mein Taschengeld. Denn er wünschte sich damals nichts sehnlicher als ein Indianerkostüm zu Karneval, das ich ihm schließlich kaufte. Das Geld war knapp in dieser Zeit, denn wir waren mit vier Kindern eine große Familie.

Ich erinnerte mich an unser erstes Weihnachtsfest im neu gebauten Haus. Am Morgen des Heiligen Abend hatten wir noch keinen Weihnachtsbaum, weil er einfach zu teuer war. Also plünderten wir drei großen Geschwister unsere Spardosen und bekamen immerhin fünf Mark zusammen, für uns damals sehr viel Geld!

Wir zogen los und kauften davon einen wunderschönen Baum. Als wir damit vor der Haustür standen, empfing uns Mutter mit Tränen der Freude in den Augen ...

Mit solchen Gedanken im Kopf legte ich mich spät an diesem Abend ins Bett und versuchte zu schlafen. Leicht war das nicht, denn in mir rief es immer nur »Markus, Markus!«. Ich glaube, in dieser Nacht hatte jeder von uns meinen kleinen Bruder ganz fest im Herzen.

Irgendwann schlummerte ich leicht ein, schreckte aber mehrmals in der Nacht hoch. War da ein Geräusch? Ein Klingeln? Schellte das Telefon? Die Furcht vor einem erneuten nächtlichen Telefonanruf war so groß, dass mir meine Fantasie mehrfach einen Streich spielte. Ich verbrachte mehrere Stunden in einem unruhigen Halbschlaf, immer bereit, für eine schreckliche Nachricht geweckt zu werden.

Aber nichts geschah. Das Telefon blieb ruhig. Als der Morgen dämmerte, wusste ich: Markus hatte die Nacht überlebt. Er wird es schon irgendwie schaffen!

Der neue Tag begann so wie jeder andere. Mein Mann Jürgen, Studienrat an einem Gymnasium, musste zur Schule, ebenso unsere Tochter Theresa. Anja, die Kleine, wartete darauf, von mir in den Kindergarten gebracht zu werden. Ich stand auf, wusch mich, zog mich an und bereitete das Frühstück vor. Bei alledem bemühte ich mich, so gut es ging die Nerven zu behalten. Das Leben musste ja normal weitergehen, unsere Kinder hatten von dem furchtbaren Geschehen um Markus zum Glück kaum etwas mitbekommen.

Dieser Tag war für mich wie eine Zerreißprobe. Ich funktionierte einfach, verrichtete meine gewohnten Tätigkeiten wie ein Roboter, war mit Gedanken immer im Krankenhaus, am Krankenbett, bei dem über und über bandagierten, leblosen Körper meines Bruders.

Endlich war die Familie aus dem Haus. Sofort stürzte ich ans Telefon und rief in der Uniklinik an. Gespannt wartete ich darauf, mit dem Arzt reden zu können. Er meldete sich und teilte mir mit, dass mein Bruder die Nacht überstanden habe. Allerdings sei sein Zustand nach wie vor kritisch, er schwebe immer noch in Lebensgefahr. Das hieß für uns alle: Weiterhin die Nerven bewahren, ruhig bleiben, abwarten. Aber das war kaum zu schaffen.

Wieder fuhr ich zu Andrea nach Köln, holte dort meine Mutter ab und wir besuchten Markus auf der Intensivstation. Da sein Zustand noch lebensbedrohlich schlecht war, durften wir nicht lange bleiben. Aber es war uns ein großes Bedürfnis, einfach bei ihm zu sein, ihn zu sehen.

Am nächsten Tag, dem 13. Februar, zwei Tage nach Markus' Unfall, fuhren wir wieder in die Klinik. Der Anblick meines Bruders war immer noch schrecklich, aber so langsam verloren wir ein wenig die Scheu vor diesem leblosen Körper. Meine Mutter und ich standen vor dem Krankenbett, und ich nahm Markus' Hand in die meine und sprach mit ihm. Es war ein ganz eigenartiges Gefühl, mit jemandem zu reden, der im Koma lag. Ich versprach mir auch gar nicht viel davon, wollte aber bei unseren Besuchen auch nicht einfach nur so dastehen und ihn anstarren. Irgendwie fühlte ich, dass es nun wichtig war, den Kontakt zur Markus aufzunehmen. Als ich so leise mit ihm redete, schluckte er plötzlich spürbar und ich deutete dieses Schlucken als Reaktion auf meine Rede. Hatte er mich gehört? Oder meine Hand gespürt? Wir waren ziemlich aufgeregt und als eine Schwester hereinkam, fragte meine Mutter, ob so etwas möglich sei, dass ein Koma-Patient plötzlich Reaktionen zeigte. Die Schwester meinte, dass wir ruhig mit Markus sprechen sollten, denn es wäre oft der Fall, dass das Unterbewusstsein bekannte Stimmen aufnähme.

Kurz bevor wir das Krankenzimmer wieder verließen, bat ich meine Mutter, doch noch einmal ein paar Worte an Markus zu richten. Sie wirkte ein wenig unbeholfen, als sie sagte: »Markus, ich bin hier, und ich bleibe auch hier, bis du wieder gesund bist. Verstehst du mich, Markus?« Er schluckte ein zweites Mal. Wir konnten es trotz der vielen Schläuche, die allein aus seiner Nase und seinem Mund kamen, deutlich sehen. Das gab uns Hoffnung, und wir verließen die Klinik erleichterter als sonst.

Ich brachte meine Mutter zurück zu Andrea, und sie richtete sich auf einen mehrwöchigen Besuch ein. Immerhin hatte sie Markus versprochen, bei ihm zu bleiben, bis er wieder gesund war! Ich kam an diesem Tag völlig erschöpft in unserem kleinen Fachwerkhäuschen in der Eifel an, versorgte meine Familie, so gut ich konnte, war mit meinen Gedanken aber immer woanders. Ständig hatte ich Markus' Kopf vor Augen, die blutverkrusteten Haare, und sein Gesicht, das von zahllosen Fäden zusammengehalten wurde.

Am nächsten Morgen rief ich wieder in der Klinik an, um mich nach Markus' Zustand zu erkundigen. Die behandelnden Ärzte erklärten mir, dass seine zertrümmerte Hüfte schnellstmöglich operiert werden müsste. Unter der Narkose sollte auch gleich das zertrümmerte Handgelenk wiederhergestellt werden. Der Termin wurde auf den späten Nachmittag des 14. Februar festgesetzt.

Die Operation konnte pünktlich beginnen, da Markus' Zustand einigermaßen stabil und auch seine akute Hirnblutung inzwischen zum Stillstand gekommen war. Der Arzt meinte, ich könne abends gegen 22 Uhr wieder anrufen und mich nach dem Ausgang des Eingriffs erkundigen.

Den ganzen Tag über zitterte ich und betete leise für Markus. Stunde um Stunde wartete ich auf das Ende der Operation. Meiner Mutter und meinen Geschwistern erging es nicht anders. Endlich war es zehn Uhr abends, und ich griff zum Hörer, um in der Uniklinik anzurufen. Dort konnte ich allerdings noch keinen Arzt erreichen, weil alle noch im OP waren, wie man mir mitteilte. Die Operation dauerte länger als geplant, und wir mussten uns weiter gedulden.

An diesem Abend erreichte ich in der Klinik niemanden mehr, denn irgendwann schlief ich vor lauter Erschöpfung tief ein. Am nächsten Morgen, einem Sonntag, erfuhr ich dann, dass die insgesamt neunstündige Operation erfolgreich verlaufen war. Ich rief sofort meine Brüder Bernd und Ernst an, um ihnen die freudige Nachricht mitzuteilen.

Ernst weinte wieder, denn er wurde mit der Situation einfach nicht fertig. Die Ereignisse überwältigten ihn völlig. Er wollte auch auf keinen Fall mit in die Klinik fahren und seinen Bruder in seinem jetzigen Zustand sehen. Und es war wohl auch besser so, denn er hätte den Anblick wahrscheinlich nicht ertragen.

An diesem Nachmittag traf sich mein Mann Jürgen mit meiner Mutter, und diesmal besuchten die beiden gemeinsam Markus. Kurz vorher wurde uns mitgeteilt, dass mein Bruder langsam aus seinem Koma zu erwachen schien, die Ärzte hatten leichte Reaktionen der Augen registriert.

Nach seiner Rückkehr aus dem Krankenhaus erzählte Jürgen mir, dass Markus weitere Fortschritte gemacht hätte. Er und meine Mutter hatten sich links und rechts von Markus' Bett aufgestellt und ihn abwechselnd angesprochen. Trotz seiner vielen Bandagen hatte Markus versucht, seinen Kopf mal zu der einen und mal zu der anderen Seite zu drehen. Das entsprach einem kleinen Wunder, denn damit hatte nun wirklich keiner gerechnet! Das gesamte Team der Intensivstation freute sich mit uns!

Schon einen Tag darauf sagte uns der Arzt, mein Bruder sei nun ansprechbar. Wir müssten aber damit rechnen, dass er niemanden erkennen oder verwirrt reagieren würde. Als ich mit meiner Mutter vor dem Eingang zur Intensivstation stand, wusste ich, dass er Reaktionen zeigen würde. Ich war mir vollkommen sicher, ich spürte es einfach!

Voller Hoffnungen betraten wir das Zimmer, Markus drehte leicht den Kopf in unsere Richtung, und als ich ihn ansprach, sagte er leise zu mir: »Die Marie.« Sofort sprach meine Mutter ihn an: »Mein Junge, ich bin doch auch da.« Da drehte Markus den Kopf in ihre Richtung. Wir waren überglücklich! Das war für uns der schönste Moment seit dem tragischem Unfall! Mein Bruder sah uns an, dann an sich herunter, zur Decke, und bemerkte die vielen Schläuche, die von überallher aus ihm herauszukriechen schienen. Seine Gesichtszüge veränderten sich derart, dass ich kaum noch wagte, ihn anzusehen. Mir war klar, dass ihm gerade in diesem Moment bewusst wurde, wo er war und in welchem Zustand er sich befinden musste. Das war natürlich ein Schock, der deutlich in seinem Gesicht geschrieben stand!

Wir konnten ihn kaum verstehen, so leise und brüchig war seine Stimme, als er sprach. Seine erste Frage lautete: »Was ist passiert?« Unser Glücksgefühl endete jäh, denn wir wussten ja die ganze schreckliche Wahrheit – und durften sie ihm jetzt auf keinen Fall sagen! Meine Mutter wandte sich nun an ihn und sagte: »Markus, du hattest einen Unfall. Du bist in der Uni-Klinik Köln, und alle anderen sind auch ärztlich versorgt worden!« Sie wiederholte die Sätze, um sicherzugehen, dass er auch alles verstanden hatte.

Markus antwortete ihr, fast flüsternd, und versuchte zu scherzen, indem er sagte: »Und ich dachte, ich wäre in Berlin-Brandenburg.«

Eine Schwester kam in das Zimmer und fragte meinen Bruder betont freundlich nach seinem Befinden: »Na, wie geht es Ihnen denn?« Woraufhin er verhältnismäßig schnell konterte: »Gestern ging's noch.« Ein Außenstehender hätte seine Worte aber wohl kaum verstanden, so abgehackt und leise kamen sie aus seinem Mund. Wir wollten gerade über seinen kleinen Scherz lachen, als Markus plötzlich heftig zu weinen anfing. Die Tränen strömten nur so aus ihm heraus, er lag da, unfähig, sich zu bewegen, völlig hilflos, überwältigt vom Schmerz ...

Freud' und Leid überstürzten sich bei uns in diesem Moment, wurden eins. Markus war endlich aus dem Koma erwacht, er war auf dem Weg der Besserung, aber auch sein Verstand arbeitete wieder und er wollte nun die Wahrheit wissen. Nur die konnten wir ihm natürlich in seinem Zustand noch nicht sagen. Wir mussten vielmehr den Satz »Es sind alle ärztlich versorgt worden« noch lange aufrechterhalten. Markus' gute Freundin Brigitte war bei diesem Unfall als seine Beifahrerin ums Leben gekommen. Sie hinterließ zwei Töchter. Wir mussten abwarten, bis Markus wieder so stabil und belastbar war, dass er diese schreckliche Wahrheit verkraften konnte.

Markus

Nicht nur der Tag des Unfalls selbst, sondern auch die ersten Tage in der Uniklinik fehlen völlig in meiner Erinnerung. Sie setzte nach meinem Aufwachen erst nach und nach wieder ein. Bruchstückhaft tauchen nur Einzelheiten, kleine Begebenheiten aus dieser Zeit in meinem Gedächtnis auf. Das allererste, an das ich mich nach dem Unfall erinnere, ist ein kurzes Aufwachen auf der Intensivstation. Ich erlangte das Bewusstsein und öffnete meine Augen. Ich wusste nicht genau, wo ich war, aber mir dämmerte, dass es ein Krankenhaus sein musste. Schräg links von mir stand ein Bett, und von dort kamen laute Geräusche, ein ständiges Piepen und Klingeln. Dieser Lärm hat mich wahrscheinlich aufgeweckt. Fünf oder sechs Leute stürzten in unseren Raum und bemühten sich um den Patienten im Nebenbett. Sie versuchten wohl eine ganze Zeitlang, ihn wiederzubeleben, setzten Defibrilatoren ein. Aber nichts half. Irgendwann gaben sie auf. Der Patient war gestorben.

Ich muss wieder eingeschlafen sein, und noch heute kommt mir das Geschehene unwirklich vor, wie ein Traum. Das zweite Aufwachen war für mich sehr schlimm. Zuerst sah ich nur weiß. Es war die weiße Decke über mir, aber es dauerte eine Weile, bis ich das erkannte. Mein erster Gedanke war: Du bist tot! Du bist im Himmel!

Dann hörte ich eine Stimme. Es war die Stimme der Krankenschwester, die neben meinem Bett stand und mich ansprach. Ich drehte den Kopf in ihre Richtung und sah sie an. Dann bemerkte ich meine Schwester und meine Mutter vor mir. Beide waren komplett grün gekleidet, wie es in der Intensivstation für Besucher üblich ist. Dennoch habe ich sie sofort erkannt. Obwohl ich nicht ganz bei Sinnen war und auch kaum sprechen konnte, versuchte ich, einen kleinen Witz zu machen. Gleichzeitig wusste ich aber instinktiv: Etwas ganz Schlimmes ist passiert! Der Gedanke jagte mir Schauer über den Rücken. Und plötzlich spürte ich zum ersten Mal meinen Körper wieder. Bisher hatte nur mein Kopf existiert. Das heißt, ich konnte sehen und hören und denken. Aber ich spürte weder Schmerz noch Kälte, fühlte weder Arme noch Beine.

Gedanken stürzten auf mich ein, ich fragte mich, was mit mir los war und was mich in diese Situation gebracht hatte. Ich fühlte mich schwach und hilflos. Dann brach ich in Tränen aus und weinte hemmungslos.

Die Krankenschwester sagte: »Sie sind im Krankenhaus. Den anderen geht es gut! Alle sind ärztlich versorgt worden.« Diese Sätze haben sie mir wohl mehrmals gesagt, immer und immer wiederholt. Ich kann mich aber nur an ein einziges Mal erinnern.

Mein drittes Erwachen war peinvoll und unangenehm. Ich fühlte mich unheimlich schlapp und hatte das Gefühl, als würde ich verdursten. Mein Mund war total ausgetrocknet, als hätte ich drei Tage bei 30 Grad ohne Wasser ausgehalten. Auch glaubte ich, nicht sprechen zu können. Kurze Zeit darauf huschte eine Schwester in den Raum. Ich bekam Panik, denn ich merkte, dass sie gleich wieder gehen würde. Ich hatte also nur sehr kurze Zeit, um zu versuchen, ihr etwas zu sagen ... Mühsam formte ich die Worte mit meinen völlig ausgedörrten Lippen. »Schwester, ich habe Durst!«

Sie sah mich kurz an und erklärte mir in belehrendem Ton: »Sie sind auf der Intensivstation und werden intravenös mit Flüssigkeit ernährt. Sie können gar keinen Durst haben!« Nun war ich in diesem Moment nicht in der Lage, mit ihr darüber zu diskutieren. Ich schaffte es gerade einmal, ihr mein Anliegen noch einmal vorzutragen: »Ich habe Durst!« Sie hatte wohl ein Einsehen und brachte mir eine Schnabeltasse mit Wasser. Ich trank daraus und fühlte mich gleich wesentlich besser.

Wie aus einem Meer des Vergessens tauchte mein Bewusstsein so immer wieder auf. Die Abstände, in denen ich weggetreten war, wurden langsam kürzer, die Wachzeiten immer länger. Ich war die ganze Zeit über ans Bett gefesselt, wurde mal hierhin, mal dorthin gefahren und untersucht. So langsam gewöhnte ich mich an diesen neuen »Alltag« und wusste kaum noch, wie es früher gewesen war.

Marion

An diesem Tag, als Markus zum ersten Mal auf unsere Ansprache reagiert hatte, besuchte meine Mutter Ernst, um ihm die guten Neuigkeiten von Markus' verbessertem Gesundheitszustand selbst zu erzählen. Ich fuhr wieder einmal zu Andrea, um etwas aufzutanken.

Als ich bei ihr ankam, war auch Bernd da, obwohl die beiden sich bereits Wochen vor dem Unfall getrennt hatten. In der Küche fiel mir ein großer blauer Müllsack auf. Andrea erklärte mir, dass man ihr den Sack bei ihrem gestrigen Krankenhausbesuch in die Hand gedrückt habe. Darin befänden sich die Sachen, die Markus am Tag seines Unfalls getragen hatte. Niemand hatte bislang gewagt, ihn zu öffnen. Nun war es an mir, nachzuschauen, ob auch nichts fehlte.

Ich sah Andrea einen Moment lang verwirrt an, aber dann begriff ich, dass sie Recht hatte: Wenn meine Mutter und meine Brüder nicht dazu in der Lage waren, musste ich eben hineinsehen. Bevor ich mich dem Müllsack aber näher widmen konnte, musste ich erst einmal ein Bier trinken, um mir Mut zu machen. Ich wusste nicht genau, was ich in der Tüte finden würde, aber bei dem Gedanken, sie zu öffnen, wurde mir sehr mulmig.

Dann kniete ich mich auf den Boden, löste das Gummiband, das die Tüte zusammenhielt, und kippte den Inhalt einfach auf den Küchenboden. Sofort stieg mir ein seltsamer süßlicher, leicht unangenehmer und fremder Duft in die Nase. Ich nahm mich aber zusammen und schaute genauer hin. Zuerst erkannte ich Markus' schwarze Lederjacke, die obenauf auf dem Wäschehaufen lag. Ich hob sie hoch und stellte fest, dass von ihr nicht mehr viel übrig war. Man hatte sie wohl direkt am Unfallort zerschnitten, um schneller arbeiten zu können. In der Jackentasche fand ich sein Portemonnaie, das ich behutsam herausnahm. Die Schuhe waren unbeschädigt, und ich stellte sie zur Seite. Vor mir lag nun der Rest: Hemd, Hose, Strümpfe, kaum noch erkennbar. Zitternd fasste ich die Sachen an, versuchte, mit einer Hand in die Hosentaschen zu fassen, um zu sehen, ob sich etwas Wichtiges darin befand. Aber blitzartig ließ ich alles fallen, als ich bemerkte, dass mir Blut über die Finger auf die Küchenfliesen und auf meine Knie lief. Ich war wie gelähmt, denn nun wurde mir bewusst, dass man die Sachen meinem über und über blutüberströmten Bruder ausgezogen hatte. Dass noch so viel Blut daran klebte, damit hatte ich nicht gerechnet!

Mir wurde etwas schummerig, aber ich beschloss, mich zusammenzunehmen. Mein Vater war tot, meine Mutter offensichtlich nicht in der Lage, sich dieser Tüte anzunehmen, ich war die Älteste unter den Geschwistern, so etwas wie ein stellvertretendes Familienoberhaupt. Also machte ich weiter, suchte in dem Knäuel und fand Markus' Handy, das unversehrt geblieben war. Die schmutzige Kleidung packten wir vorsichtig zurück in den Müllsack und deponierten sie zunächst auf Andreas Balkon. Geschafft!

Völlig aufgewühlt fuhr ich kurze Zeit später nach Hause. Ich konnte kaum einen klaren Gedanken fassen und sah die ganze Zeit die schrecklichsten, blutigsten Unfallbilder vor mir. Nachdem ich Markus' Kleidungsstücke ausgepackt und angefasst hatte, war es fast so, als hätte ich den Unfall miterlebt. Am nächsten Tag besuchte mich meine Mutter, und wir beschlossen, eine richtige Pause einzulegen. Den ganzen Tag über taten wir gar nichts, nur das Nötigste, und versuchten, uns zu erholen. Wir sprachen kaum ein Wort und fühlten uns müde und ausgebrannt. Ich sah meine Mutter Brigitte an und bemerkte, dass sie in den wenigen Tagen um Jahre gealtert war. Man sah ihr die übergroße Sorge um ihren Jüngsten in jedem Winkel ihres Gesichtes an.

An unserem »Ruhetag« fuhren Bernd und Ernst zu Markus. Auch Ernst hatte sich inzwischen so weit gefangen, dass er endlich in der Lage war, mitzufahren. Sein seelisches Tief schien überwunden. Sicherlich haben diese Besuche Markus seelischen Auftrieb gegeben. Zwei oder drei Tage später wurde er auf eine normale Pflegestation verlegt.

Markus

Nach und nach ging es mir besser. Ich wurde ständig überwacht und regelmäßig untersucht. Besonders oft musste ich zum Röntgen gebracht werden. Die »Fahrten« dorthin sind mir nicht unbedingt in bester Erinnerung geblieben. Manche Pfleger, die mich abholten und mitsamt dem Bett in die Röntgenstation rollten, machten ihre Sache ganz gut. Andere fuhren wie die Verrückten und stießen überall an.

Ich erinnere mich besonders an einen jungen Mann, der stets von einer älteren Schwester begleitet wurde. Die Schwester erinnerte mich vom ersten Augenblick an die Fernseh-Comicserie »Die Simpsons«. Sie sah genau aus wie die ältere Schwester von Marge, der Ehefrau von Homer Simpson! Dieser Gedanke ging mir einfach nicht mehr aus dem Kopf. »Schwester Simpson« war noch der angenehmere Teil des Duos. Schlimmer war der junge Pfleger, der anscheinend an Koordinationsschwierigkeiten litt: Wenn er mein Bett schob, ließ er keine Ecke, keine Kante, keine Wand und kein Tischbein aus – er stieß einfach überall an. Ich lag in dem Bett und wurde permanent durchgeschüttelt. Man kann sich denken, wie schmerzhaft das war, mit all den Verletzungen und den kaputten Knochen.

Um in die Röntgenstation zu gelangen, wurde ich stets aus dem Zimmer heraus, über den Flur in den Fahrstuhl, und vom Erdgeschoss aus in einen Krankenwagen verfrachtet und dann über das Klinikgelände kutschiert. Bis zum Krankenwagen hatte der Pfleger mein Bett etwa 50-mal angestoßen. Bald konnte ich tatsächlich behaupten, ich würde jede Ecke des Krankenhauses genau kennen. Und im Krankenwagen, den »Schwester Simpson« steuerte, wurde es auch nicht besser: Denn die gute Frau mochte vielleicht eine hervorragende Krankenschwester sein, aber sie konnte weder steuern noch schalten – eine Katastrophe!

So durchgerüttelt kam ich jedes Mal in der Röntgenabteilung an, wurde vom Pfleger wieder gegen 1000 Ecken gestoßen und dachte immer scherzhaft: Der muss betrunken sein! Anders konnte ich mir seinen »Fahrstil« einfach nicht erklären. Ruhe hatte ich immer nur in den wenigen Sekunden, in denen wir – ich im Bett liegend – mit dem Fahrstuhl in eine andere Etage fuhren. Peinlich wurde es für mich aber dann, wenn andere Leute mit einstiegen. Man kann sich das Gefühl kaum vorstellen, wie es ist, wenn man bewegungsunfähig in einem Krankenbett liegt, auf engstem Raum, im Fahrstuhl. Und um das Bett herum stehen Menschen, die einem mehr oder weniger hemmungslos neugierig ins Gesicht starren! Grauenhaft!

Da war ich schon fast wieder froh, wenn der ungelenke Krankenpfleger mich auf den Flur hinausschob. In der Röntgenabteilung angekommen hieß das Motto meistens: Warten. Mein Bett stand auf dem Flur neben vielen anderen Betten, in denen ebenfalls Patienten warteten. So manch einer stöhnte dabei ganz furchtbar vor Schmerzen, und ich dachte oft: »Mein Gott! Wie kann man den armen Menschen denn hier so liegen lassen?« Bei einem der zahlreichen Besuche auf der Röntgenstation erwähnte ich, dass ich Schwierigkeiten mit meinen Augen hätte. Die Ärzte machten einen entsprechenden Vermerk und ließen mich anschließend in die Augenstation bringen. Hier wurde ich gründlich untersucht und die Ärzte stellten fest, dass meine Sehnerven verletzt worden waren. Die größten Schwierigkeiten aber bereitete mir die Tatsache, dass ich Doppelbilder sah: zwei Türen, zwei Fenster, zwei Ärzte, zwei Schwestern! Noch heute sehe ich häufig alles doppelt, besonders dann, wenn ich liege, wenn sich mein Kopf also in der Waagerechten befindet.

Sehr zu schaffen machte mir auch die extreme Lichtempfindlichkeit, die fast unverändert bis heute geblieben ist. Ebenfalls neu nach dem Unfall war für mich, dass meine Augen nun schnell angestrengt waren und häufig tränten. Damals in der Uniklinik wurde jedenfalls festgestellt, dass meine Augen behandelt werden müssen. Nur konnten die Ärzte bei dieser ersten Untersuchung nicht feststellen, ob die Augen selbst oder die Augennerven verletzt waren oder ob die Sehstörungen von der Gehirnblutung herrührten. Dies musste nun herausgefunden werden, und der behandelnde Arzt ordnete weitere Untersuchungen an. Als Schnellhilfe gab er mir eine Augenklappe mit, die ich ab sofort fast ständig trug, denn dadurch reduzierten sich die Doppelbilder auf ein erträgliches Maß.

Ein besonders unangenehmes Erlebnis war für mich die Computer-Tomographie. Ich wurde in eine enge Röhre geschoben und musste eine Zeitlang darin bleiben. Wie lange es genau dauerte, weiß ich nicht. Mir kam es wie zwei Stunden vor. In der Röhre war es kalt und sehr laut! Von überall her kamen Geräusche. Ich konnte mich nicht bewegen und geriet in Panik. Ich fror und litt Schmerzen. Am liebsten hätte ich eine Vollnarkose bekommen! Aber ich war bei Bewusstsein und musste durchhalten. Endlich, nach einer Zeit, die mir endlos erschien, holte man mich aus der Röhre wieder heraus.

Marion

Nachdem der Kampf um Markus' Überleben gewonnen war, konnten sich die Ärzte nun näher mit den Folgeschäden des Unfalls befassen. Es stellte sich heraus, dass er durch eine Hirnquetschung alles doppelt sah und überhaupt nur noch über eine geringe Sehkraft verfügte. Durch die extreme Quetschung seiner Lunge bekam Markus nur sehr schwer Luft.

Besuche durften nicht lange dauern, denn sie strengten ihn zu sehr an. Schon nach kurzen Gesprächen fühlte er sich müde und erschöpft. An die Tage auf der Intensivstation konnte er sich später fast gar nicht mehr erinnern. Aber sein Zustand besserte sich und auch seine Neugier wuchs von Tag zu Tag. Er wollte wissen, was geschehen war. Von nun an war größte Vorsicht geboten. Ich sprach mit den Ärzten und Schwestern und bat sie, darauf zu achten, dass keine Zeitungen in sein Zimmer gelangten. Ich wollte auf jeden Fall verhindern, dass er etwas von dem schrecklichen Unfall las oder womöglich auf Todesanzeigen stieß, die mit dem Unfall zusammenhingen. Alle, die ihn besuchten, mussten mir versprechen, dass sie nichts über den Unfallhergang erzählten. Keiner durfte ein Wort darüber verlieren oder auf Markus' Fragen eingehen, denn das hätte seinen noch sehr labilen Zustand sofort wieder verschlechtert.

Markus

Bei diesem Krankenhausaufenthalt lernte ich viele Ärzte kennen. Jeden Tag stand ein anderer Mann im weißen Kittel an meinem Bett und sah sich eine meiner Verletzungen an. Meistens handelte es sich um Spezialisten, und wenn ich zum Beispiel fragte: »Wie steht es um meine Schädelverletzung?«, dann schüttelte der befragte Arzt den Kopf und sagte: »Dafür bin ich nicht zuständig. Ich bin Internist.« Oder ein anderer meinte: »Da wenden Sie sich mal an meinen Kollegen. Ich bin nur der Anästhesist.« So fragte ich mich langsam durch, bekam aber nie eine richtig ausführliche und zufriedenstellende Antwort.

Am brennendsten interessierte mich aber natürlich die Frage: »Was ist passiert?« Jeder, dem ich sie stellte, gab mir die gleiche Antwort: »Ein Autounfall!« Dann fragte ich weiter: »War ich schuld?« Das wurde immer verneint. Ich spürte, dass meine Fragen den anderen unangenehm waren, und bohrte nicht weiter nach. Stattdessen dachte ich mir meinen Teil. Immerhin wusste ich jetzt, dass ich nicht im Krankenhaus lag, weil mich jemand beim Boxtraining k.o. geschlagen hatte. Das war nämlich meine erste Vermutung gewesen!

Meine Genesung schritt voran. Ich spürte meinen Körper jeden Tag mehr, und das war nicht immer angenehm. Ich erinnere mich noch mit einem Frösteln daran, wie meine »Platzwunde« am Kopf behandelt wurde: Ich war gerade von der Intensivstation gekommen und meine aufgeplatzte Stirn war mit Draht geklammert worden. Nun kam eine Schwester zu mir und schnitt die Drähte mit einer Schere ab. Dabei dröhnte mein Kopf und das knirschende Geräusch zog durch meinen ganzen Körper! In meinem geschwächten und lädierten Zustand war dieser »Eingriff« wahnsinnig unangenehm. Ich fühlte mich, als ob jemand mit einem Dosenöffner versuchte, meinen Kopf zu öffnen. Besonders schmerzhaft war die Prozedur zwar nicht, aber dieses knirschende Geräusch werde ich wohl nie wieder vergessen.

Auch andere Dinge im Krankenhausalltag kamen mir damals stark vergrößert und extrem störend vor. Zum Beispiel wurde ich anfangs im Bett gewaschen. Das war mir sehr unangenehm, außerdem fühlte ich mich trotz der Gründlichkeit, mit der an mir gearbeitet wurde, niemals richtig sauber. Ich wollte unbedingt duschen und mir die Haare richtig waschen. Fünf oder sechs Mal fragte ich die Schwestern, und immer hieß es: »Sie können noch nicht duschen. Sie sind noch viel zu schwach.« Ich ließ aber nicht locker, und irgendwann hatte Schwester Gertrud ein Einsehen. Sie half mir, aufzustehen, stützte mich, bis ich im Bad war, und blieb bei mir stehen, bis ich den gesamten Krankenhausfrust von meinem zerschlagenen Körper gespült hatte. Nach dieser heißen Dusche fühlte ich mich endlich sauber und wohl! Diese Schwester war auch eine der nettesten, die ich dort kennen lernte. Sie war groß und kräftig und hatte meistens Frühdienst. Sobald sie auf der Station auftauchte, hörte man ihr schallendes Gelächter – selbst wenn sie am anderen Ende des Flures arbeitete! Wenn ich morgens dieses erfrischende Lachen hörte, wusste ich: Das wird ein guter Tag! Besonders erfreulich war auch mein Zimmernachbar, ein netter Schlesier in den 50ern, der immer gute Stimmung verbreitete. Obwohl er nach einer Operation selber schlecht laufen konnte, half er mir, so gut er konnte: Er holte Wasser für mich, wenn ich Durst hatte, und sprach mir Mut zu, wenn ich trübsinnig war.

Eigentlich ging es mir im Krankenhaus seelisch gar nicht so schlecht. Ich fand mich langsam mit meiner Situation ab und merkte, wie es mit mir bergauf ging. Wenn es sich ergab, scherzte ich mit den Schwestern, denn ich riss gerne mal einen Witz. Meinen Humor hatte ich auch durch den Unfall zum Glück nicht ganz verloren.

Den Ärzten gegenüber fühlte ich mich von Tag zu Tag sicherer. Besonders imposant war jedes Mal die Chef-Visite: Der Chefarzt kam mit einem ganzen Tross von Weißkitteln hereingerauscht und baute sich vor meinem Bett auf. Er sah mich nicht direkt an und sagte nicht einmal »Guten Tag« zu mir, dem armen Patienten. Eine Zeitlang spielte ich da mit, denn mein Gesundheitszustand ließ kein Aufmucken zu. An diesem einen Tag fühlte ich mich aber schon ganz gut, als wieder die Chefarztvisite anstand. Der Chef baute sich also wie gewohnt vor mir auf, sprach aber wieder nur über mich, nicht *mit* mir! »Wie geht es dem Patienten? Was macht sein Knie?« Mit dieser Frage richtete er sich wie üblich an einen jungen Arzt in seinem Gefolge. Aber dieses Mal ärgerte mich sein Verhalten und es rutschte mir nur so heraus: »Sagen Sie mal, wie sieht denn mein Knie aus? Das ist ja doppelt so dick wie vorher!« Das war dem Chefarzt bestimmt noch nie vorher passiert, dass ihn jemand so direkt angesprochen hat, denn er war sichtlich geschockt. Er blickte mich an – immerhin – und nach einer kleinen Pause sagte er: »Sie können froh sein, dass es Ihnen überhaupt so gut geht!«

Wahrscheinlich würde dieser Mann seine Gewohnheiten genauso wenig ändern wie alle anderen Chefärzte dieser Welt – aber ich musste mir in diesem Moment einfach mal Luft verschaffen. Meine Genesung schritt voran und erfreute offensichtlich auch das Klinikpersonal. Viel später, kurz vor meiner Entlassung, erfuhr ich, warum: Mein behandelnder Arzt erzählte mir, dass man bei meiner Ankunft nach dem Unfall mit allem gerechnet hätte, nur nicht damit, dass ich wieder aufwache! Wörtlich sagte er mir: »Von etwa 10.000 Patienten, die mit solchen Verletzungen eingeliefert werden, wie Sie sie hatten, wachen nur zwei wieder auf! Einer von diesen beiden ist danach nicht mehr zurechnungsfähig. Nur ein Einziger unter diesen 10.000 wird wieder einigermaßen gesund. Und dieser eine sind Sie!« In diesem Moment verstand ich erst so richtig, welch ungeheuer großes Glück ich hatte! Solch eine Genesung war bei meiner Gehirnverletzung eigentlich nicht normal. Immerhin war viel Blut ins Gehirn gelaufen. Aber nach einer gründlichen Untersuchung sagten mir die Ärzte, dass ich nicht einmal operiert werden müsste. Das Blut, das sich noch in meinem Kopf befand und das unter anderem für die starke Schwellung meiner Stirn verantwortlich war, würde von selbst nach und nach ablaufen. Und tatsächlich! Eines Abends im Krankenhaus bemerkte ich plötzlich etwas Störendes in der Nase. Ich fuhr mit den Fingern hinein, und was nun kam, muss wohl ausgesehen haben wie eine Szene aus einem Horror-Film! Ich hatte plötzlich einen endlos langen Wurm aus geronnenem Blut in der Hand! Je mehr ich daran zog, um so länger wurde der Wurm! Gleichzeitig fühlte ich, wie sich im Bereich meiner Nase und meiner Stirn etwas löste, so als würden verstopfte Kanäle wieder frei. Das war das geronnene Blut, das sich nun durch meine Nase herausziehen ließ. Ich klingelte aufgeregt nach einer Schwester. Die Schwester kam, sah sich die Sache an und beruhigte mich: Das wäre völlig normal! Na gut, dachte ich bei mir, fand es aber nach wie vor ziemlich ekelig.

Nun konnte ich öfter solche »blutigen Würmer« aus meiner Nase ziehen, erschreckte mich dabei aber nicht mehr wie beim ersten Mal. Inzwischen war ich so weit genesen, dass ich registrierte, wie schwer meine Verletzungen tatsächlich waren. Nachdem ich stabil genug war, bekam ich von den Ärzten die vollständige Diagnose zu hören. Die Liste war endlos lang und ich weiß sie noch heute beinahe auswendig: Linke Hand: gebrochen; rechte Kniescheibe: Trümmerbruch; rechter Oberschenkel: zweifach gebrochen; Hüfte: dreifach gebrochen, Trümmerbruch; rechter Hüftkopf: abgerissen; Lunge: verletzt; Rippen-Serien-Fraktur links; Schädel-Hirn-Trauma; Stammhirn-Trauma; linkes Augenlid: abgerissen, wurde später wieder angenäht; Augenhöhle links: gebrochen. Und ich hatte mich über die starke Schwellung an meiner Stirn beschwert! Als es mir langsam immer besser ging und nachdem ich meine erste Dusche hinter mir hatte, war mir klar: Egal, was ist: Du musst wieder auf die Beine kommen!

Und das bedeutete zuerst: Raus aus dem Bett! Ich war in meinem Leben immer aktiv und selbständig gewesen. Wenn ich jetzt hier so liegen musste und nicht selbst aufstehen konnte, packte mich die Wut. Ich war einfach nicht der Typ, der ein glückliches Leben im Rollstuhl hätte verbringen können, das war nichts für mich. Dann wäre ich wahrscheinlich lieber tot gewesen! Ich wollte raus, nur raus! Dagegen standen aber zunächst noch meine starken Schmerzen. Anfangs hatte ich Medikamente bekommen, die aber nun langsam abgesetzt wurden. Jetzt spürte ich jeden Knochen, jede schmerzende Stelle überdeutlich und wurde fast wahnsinnig. Ich bat die Schwestern oft, mir noch weitere Schmerzmittel zu geben, weil ich es ohne einfach nicht aushalten konnte.

Zwei Krankengymnasten kamen damals regelmäßig zu mir und gaben sich mit mir sehr viel Mühe. Zuerst musste ich meine Übungen im Bett liegend machen, die ziemlich wehtaten. Aber sie sagten mir, es sei wichtig, das Bein sofort zu bewegen.

Dann durfte ich aufstehen und war entsetzt, wie schwach ich war! Ich bekam Krücken und einen Rollwagen und schob mich so über den Krankenhausflur. Zuerst ging ich nur in Begleitung eines Krankengymnasten, dann durfte ich auch ab und zu alleine kleine Ausflüge machen. Ich sollte nur sehr vorsichtig dabei sein, denn wäre ich in meinem damaligen Zustand gefallen, hätte mein verletztes Bein leicht wieder brechen können.

Marion

Meine Mutter war für ein paar Tage zu sich nach Hause, nach Walsrode, gefahren. Aber dort hielt sie es nicht lange aus, denn es stand noch eine letzte Operation aus, der sich Markus unterziehen musste. Und so kehrte sie ein paar Tage später nach Köln zurück. Bei der OP sollte der Trümmerbruch an Markus' rechtem Knie gerichtet werden. Der Termin wurde auf den 26. Februar gelegt. An diesem Tag wurde Brigitte beerdigt. Mein Bruder Bernd und Andrea nahmen stellvertretend für unsere Familie am Begräbnis teil. Reden konnten wir lange Zeit nicht darüber, zu groß war unser Gefühl der Trauer und der Ohnmacht.

Markus' Operation hingegen verlief gut, und am nächsten Tag besuchte ich ihn. Er war natürlich froh, alles überstanden zu haben. Zu dieser Zeit fiel mir auf, dass er Besucher verwechselte und vieles doppelt erzählte. So brachte ich ihm zum Beispiel an einem Tag Haarshampoo mit, und einen Tag später bat er mich, ihm doch endlich Shampoo zu besorgen. Ich sagte ihm immer sofort, dass er wieder Unsinn geredet hatte, denn ich hielt es für wichtig, ihn darauf aufmerksam zu machen. Schließlich schien mit seinem Kopf, seinem Gedächtnis etwas nicht zu stimmen. Meistens nahm Markus es mit Humor und machte ein paar Witze über sich selbst. Wir lachten und waren froh, dass wir wieder fröhlich sein konnten. Allerdings kamen die Scherze und das Lachen nie von Herzen, denn im Grunde waren wir uns der traurigen Situation stets bewusst. Aber es half uns, mit allem irgendwie fertig zu werden und so machte ich gerne mit, wenn Markus ein paar trockene Witze riss.

Langsam merkte ich, dass es mit ihm bergauf ging. Tag für Tag konnte man sowohl körperlich als auch psychisch kleine Fortschritte erkennen. Da er auch diese vorerst letzte Knieoperation gut überstanden hatte, durfte er zwei Tage später zum ersten Mal aufstehen. Zwei Pfleger stützten ihn dabei – und das war auch gut so: Nach einer knappen Minute konnte Markus nicht mehr. Ihm wurde schwindelig und er sackte völlig erschöpft zusammen.

Sofort brachten ihn die Krankenpfleger zurück in sein Bett. Wie er da so lag, abgemagert, das Gesicht angeschwollen und vernarbt, sah er furchtbar aus! Mich überkam erneut Mitleid mit meinem kleinen Bruder. Aber all das hatte keine große Bedeutung. Das Wichtigste war: Er lebte! Und ich hoffte, dass er das Schlimmste nun überstanden hatte. Wir bemühten uns nun noch mehr, Markus auf jede nur erdenkliche Weise zu helfen. Die Rückschläge blieben aber dennoch nicht aus: So bekam er kurze Zeit darauf endlich einen Spiegel ans Krankenbett, den meine Mutter ihm mitgebracht hatte. Wie oft hatte Markus danach gefragt, und er war jedes Mal vertröstet worden.

Als er sich dann schließlich zum allerersten Mal nach dem Unfall im Spiegel betrachtete, war er völlig entsetzt und rief: »Wie sehe ich denn aus?« Sein Gesicht war voller Narben und an manchen Stellen noch stark geschwollen, aber im Vergleich dazu, wie er wenige Tage nach dem Unfall ausgesehen hatte, war das schon ein großer Fortschritt. Ich erklärte es meinem Bruder und machte ihm Mut: »Die Wunden sind bald völlig verheilt, dann wird man dir kaum noch etwas ansehen!« Markus fügte sich, was blieb ihm auch anderes übrig?

Markus

Ich wollte, dass mein Leben endlich weiterging. Nach dem Unfall hatte ich mich noch nicht einmal in einem Spiegel gesehen, aber ich war einfach zu neugierig, wie ich jetzt aussah! Mehrfach hatte ich um einen Spiegel gebeten, aber keinen bekommen. Auf meine ständigen Fragen hin brachte meine Mutter bei einem ihrer Besuche endlich einen mit. Zunächst wollte sie ihn mir aber nicht geben, sondern fragte immer wieder: »Kannst Du das auch wirklich aushalten?« Ich blieb hartnäckig und bestand darauf, hineinzuschauen. Was ich sah, entsetzte mich zutiefst: Mein Gesicht war kaum wiederzuerkennen, so entstellt war es! Ich betrachtete meine Stirn, dick angeschwollen, den Schädel, der vorne kahl rasiert war, und dachte nur: Um Gottes willen! Wenn meine Stirn nicht heilt, kann ich nie wieder unter Leute gehen! Meine Mutter und die Schwester beschwichtigten mich aber und meinten, ich würde schon sehr gut aussehen im Vergleich zu den Tagen kurz nach dem Unfall. Mein Gesicht sei bereits wunderbar verheilt, und es würde auch noch besser werden! Dem konnte ich nicht widersprechen, schließlich hatte ich mich kurz nach dem Unfall selbst nicht gesehen. Aber der

Anblick muss furchterregend gewesen sein! Heute bedauere ich es, dass niemand ein paar Fotos von mir auf der Intensivstation gemacht hat. Ich hätte wirklich gern gesehen, wie ich damals aussah! Nach diesem ersten Blick in den Spiegel aber dachte ich nur: Du kannst es nicht ändern. Du musst dich damit abfinden!

Ich fühlte mich nun Tag für Tag fitter und registrierte meine Umwelt immer mehr. Anfangs nahm ich gar nicht wahr, wer bei mir zu Besuch war. Auch konnte ich mich nicht an bestimmte Tage oder Uhrzeiten erinnern. Nun aber bemerkte ich, dass meine Mutter und meine Schwester häufig kamen, ebenso meine beiden Brüder, mein Schwager Jürgen und die beiden Töchter von Brigitte. Nur Brigitte kam nicht. Nach einer Weile machte mich das stutzig. Als eines Tages Tina und Tanja mit Tinas Freund Falko wieder bei mir am Krankenbett saßen, sagte ich: »Komisch, ihr seid jetzt schon so oft hier gewesen, aber eure Mutter kommt nie!« Daraufhin herrschte Schweigen im Raum.

Tina sah mich mit so einem merkwürdigen Blick an. Ich dachte: Irgendetwas stimmt nicht, und hatte das Gefühl, etwas völlig Falsches gesagt zu haben.

Dann antwortete Tina: »Die Mama hat im Moment sehr viel Arbeit. Und sie wollte auch warten, bis es dir wieder besser geht. Aber am Wochenende kommt sie bestimmt!«

Ich war beruhigt, aber nur halb. Und als Tina, Tanja und Falko sich ein paar Minuten später unter einem Vorwand verabschiedeten und fluchtartig das Zimmer verließen, wuchsen meine Zweifel wieder. Merkwürdig, dachte ich, Brigitte und ich haben doch immer viel zusammen unternommen. Und normalerweise wäre sie bei einem Unfall diejenige, die Tag und Nacht an meinem Bett verbringen würde!

Marion

Als Markus' Zustand sich immer mehr stabilisierte, setzte sich die Psychologin der Klinik, Eva Berger, mit meiner Mutter und mir in Verbindung. Sie erklärte uns, sie wolle meinen Bruder langsam und schonend darauf vorbereiten, die Wahrheit über den Unfall zu erfahren und dann das Geschehene zu verarbeiten. Denn Markus stellte bei unseren Besuchen immer wieder die Frage: »Was ist eigentlich passiert?« Lange würde er sich nicht mehr mit ausweichenden Antworten abspeisen lassen.

Dieses Versteckspiel und die Heimlichtuerei kosteten uns viel Kraft. Wir hatten das Gefühl, dass Markus uns immer leicht skeptisch ansah, wenn wir versuchten, seinen Fragen auszuweichen. Aber er wagte es auch nicht, allzu hartnäckig nachzubohren. Aus den Gesprächen mit ihm erfuhren wir, dass er selbst sich an nichts erinnern konnte, auch nicht daran, dass seine Freundin Brigitte neben ihm im Auto gesessen hatte. Für uns war es jedesmal furchtbar, ihn so hinhalten zu müssen, und wir waren uns einig, dass wir das Spiel nicht mehr lange durchhalten würden. Besonders die beiden Töchter von Brigitte bewiesen eine unglaubliche und bewundernswerte Stärke. Sie kamen oft zu Markus ans Krankenbett, und an einem dieser Besuchstage sagte er zu ihnen: »Ich verstehe das gar nicht. Ihr alle wart schon hier, um mich zu besuchen. Nur eure Mutter noch nicht.« Mit fester Stimme hatte Tina geantwortet: »Sie wartet nur darauf, dass es dir wieder besser geht. Im Moment hat sie sehr viel Arbeit, aber am Wochenende wird sie sich bei dir melden.« Falko, Tinas Freund stand bei diesen Worten daneben und erzählte später, dass ihr Gesicht in diesem Moment wie versteinert ausgesehen hätte. Die beiden verließen kurz darauf unter einem Vorwand das Krankenzimmer. Alle Reserven waren nun verbraucht. Was das junge Mädchen in diesen Minuten ertragen musste, erscheint mir unglaublich! Nicht viele Menschen hätten diese Kraft aufgebracht. Wir alle hatten eine unglaubliche Hochachtung vor ihr und waren ihr gleichzeitig dankbar, dass sie alles darangesetzt hatte, um Markus zu schonen. Und mit genauso viel Respekt und Bewunderung verfolgten wir, wie Tinas Schwester Tanja sich nach dem schweren Unfall sehr um Markus kümmerte und jederzeit für ihn da war, obwohl sie selbst gerade die wohl schwerste Trauerphase ihres Lebens durchlitt. Die Haltung dieser beiden jungen Mädchen gab uns die Kraft, weiterzumachen.

Von nun an fuhr ich nur noch jeden zweiten Tag aus der Eifel in die Kölner Uniklinik, denn meine anderen Geschwister und ich wechselten uns jetzt bei den Besuchen ab. Wir richteten es so ein, dass immer einer von uns bei Markus war. Zusätzlich kümmerte sich nun Eva Berger, die Psychologin, intensiv um ihn. Sie opferte sogar manchmal ihre Freizeit, wenn sie merkte, dass Markus ihre Hilfe brauchte. Der Tag rückte näher, an dem sie ihm zusammen mit unserer Mutter die ganze Wahrheit sagen wollte.

Markus

Ein paar Tage nach dem merkwürdigen Verhalten von Brigittes Töchtern kam eine Krankenhauspsychologin zu mir ins Zimmer, Eva Berger. Sie stellte sich vor, und ich hatte sofort das Gefühl, dass ich mich mit ihr gut verstehen würde. Frau Berger war sehr sympathisch und hatte eine sehr nette Art, auf Menschen zuzugehen. Nun begann sie ein Gespräch mit mir. Langsam arbeitete sie darauf hin, mit mir über den Unfall zu reden. Allerdings fühlte ich mich seelisch nicht so sehr angeknackst, dass ich glaubte, die Hilfe einer Psychologin nötig zu haben, und fragte mich die ganze Zeit, was sie denn eigentlich von mir wolle. Aber ich ließ es geschehen, denn ich unterhielt ich mich gerne mit ihr. Langsam entwickelte sich ein Vertrauensverhältnis zwischen uns. Durch mein fehlendes Zeitgefühl weiß ich allerdings nicht mehr, wie oft sie bei mir war. Bei jedem ihrer Besuche spürte ich, dass sie irgendetwas auf dem Herzen hatte, das sie mit mir besprechen wollte. Und auf diesen Zeitpunkt wartete ich nun geduldig. Eines Tages war es dann soweit. Frau Berger betrat gemeinsam mit meiner Mutter mein Krankenzimmer. Beide wirkten sehr ernst. Mein Zimmernachbar wurde gebeten, eine Weile draußen zu warten. Ich ahnte, dass nun etwas Schlimmes auf mich zukommen würde, konnte mir aber nicht erklären, was. War vielleicht mein Bein mit dem zertrümmerten Knie nicht mehr zu retten? Wollten mir die beiden eröffnen, dass es amputiert werden muss? Aber ich hatte mich geirrt. Was nun kam, war viel, viel schlimmer!

Marion

Der Termin, den die Psychologin ausgesucht hatte, an dem sie Markus endlich alles erzählen wollte, war der 23. Februar, knapp zwei Wochen nach dem Unfall. Ich wartete zu Hause und rief gegen Mittag ungeduldig meine Mutter an. Sie war völlig am Ende! Am Morgen hatten sie und Frau Berger sich zu Markus ans Bett gesetzt und behutsam begonnen, vom Unfalltag zu erzählen.

Frau Berger hatte das Gespräch mit den Worten eröffnet, dass es ein sehr schwerer Unfall gewesen wäre. Ein Jugendlicher hätte Markus' Wagen gerammt, und in dessen Auto seien vier junge Menschen gestorben. Meine Mutter fügte dann hinzu: »Markus, in deinem Auto saß auch jemand.«

Es folgte atemlose Stille, aber dann fragte er: »Wer?« – »Die Brigitte.« Ein bleischweres Schweigen lag in der Luft. Markus holte tief Luft. Er schluckte. Dann brach er in Tränen aus und weinte hemmungslos. Lange Zeit konnte er sich nicht beruhigen, so überwältigt war er von Kummer und Schmerz.

Meine Mutter saß nur schweigend neben ihm, hielt

aus, versuchte, durch ihre Anwesenheit Trost zu spenden. Aber nichts half in diesem Augenblick, in dem Markus die ganze, schlimme Wahrheit erfuhr. Das hatte er nicht geahnt!

Am Abend rief ich besorgt bei ihm an. Er stand völlig unter Schock und sagte nur zu mir: »Marie, das muss ich jetzt erst einmal verarbeiten, ich kann nicht mehr!« Ich beendete das Gespräch und betete, dass Markus sich von diesem Rückschlag bald erholen würde. Zu sehr hatten wir um sein Leben gezittert, zu lange auf Besserung gewartet! Außerdem zwang ich mich, nicht an den Unfallfahrer zu denken: Er, der den BMW gesteuert hatte, war mit ein paar leichten Prellungen und einem Schock davongekommen. Nur würde er jetzt damit leben müssen, dass er den Tod von fünf Menschen verschuldet hatte. Diese furchtbare Tatsache würde immer auf seinem Gewissen lasten, und damit musste er fertig werden. Nachdem Markus nun Bescheid wusste, rief ich bei Tina, Brigittes Tochter, an. Ihr Freund Falko war am Apparat und reagierte deutlich erleichtert. »Wir waren so weit, dass wir Markus nicht mehr hätten besuchen können. Bald hätten wir das Spiel nicht mehr mitmachen können!«, gestand er mir. Wir alle fühlten uns sehr erleichtert, dass wir nun nicht mehr lügen mussten.

Markus

Ich lag im Krankenbett, und meine Mutter und Frau Berger sahen mich ernst an. Meine Gedanken rasten. Was konnte es bloß sein, das sie mir sagen wollten? Musste ich mich einer Gehirnoperation unterziehen? Würde ich an den Rollstuhl gefesselt bleiben? Ich kam zu keiner Lösung. Mein netter Zimmernachbar wurde für einen Moment hinausgebeten, und Frau Berger begann sofort das Gespräch: »Herr von der Heyde, wie Sie wissen, hatten Sie einen Verkehrsunfall. Im Auto des Unfallfahrers starben vier Personen. Und bei Ihnen im Auto saß auch jemand, der ums Leben kam.« Ich weiß nicht mehr, wer mir mitteilte, dass es Brigitte war. Es muss wohl Frau Berger gewesen sein. Auch an meine Reaktion darauf habe ich keine Erinnerung mehr. Ich muss mich danach wohl eine Zeitlang zurückgezogen haben, wollte mit niemandem sprechen. Brigitte also! Jetzt klärte sich manches auf: Das Verhalten ihrer Töchter. Warum sie nie zu Besuch kam ... Einen Moment lang dachte ich: Warum haben sie es mir nicht früher gesagt? Diese Ungewissheit die ganze Zeit über war das Allerschlimmste! Aber die Gewissheit, die ich nun hatte, konnte ich am Anfang auch kaum ertragen! Wichtig für mich war es nun, genau zu wissen, ob ich Schuld an dem Unfall trug. Alle beteuerten mir, dass ich unschuldig sei. Auch Brigittes Töchter kamen zu mir und sagten: »Markus, dich trifft keine Schuld!« Kurz darauf erschien auch die Polizei an meinem Krankenbett. Solange mein Zustand noch labil war und ich die ganze Wahrheit nicht kannte, hatten sie mich nicht vernehmen können. Nun fragten sie mich nach dem Unfallhergang, zu dem ich ihnen aber nicht viel erzählen konnte. Auch die Polizeibeamten schlossen eine Schuld, ja sogar eine Mitschuld völlig aus. Das beruhigte mich ein wenig und half mir, meinen Schmerz über die Unfallopfer zu überwinden.

Marion

Von diesem Tag an, als Markus nun alle Einzelheiten des Unfalls kannte, wartete er auf ein Zeichen, eine Nachricht des Unfallfahrers. Aber nichts geschah. Weder der junge Mann noch seine Eltern meldeten sich. Es kam kein Anruf, nicht einmal eine Karte. Markus empfand keinen Hass und damals nicht einmal Wut gegenüber dem Fahrer. Was er empfand, war eher Mitleid. Immerhin hatte der junge Mann fünf Menschenleben auf dem Gewissen. Und mit dieser Tatsache würde er den Rest seines Lebens fertig werden müssen! Bei meinen Gesprächen mit Markus hatte ich sogar den Eindruck, er würde dem jungen Fahrer am liebsten helfen! Aber das konnte er natürlich nicht.

Markus war in keiner Weise schuld an diesem Unfall. Ganz sicher waren wir allerdings erst, als auch die Polizei nach ihren Untersuchungen offiziell sogar eine Mitschuld meines Bruders ausschloss. Natürlich beruhigte uns diese Tatsache sehr, denn bei allem, was Markus durchmachen musste, wäre dies sicherlich zu viel für ihn gewesen! Diese Gewissheit hätte er nicht ertragen können, denn schließlich hatte eine seiner besten Freundinnen bei dem Unfall ihr Leben verloren! Aber auch so dachte Markus unentwegt über diesen Schicksalstag nach, das konnten wir ihm anmerken. Es arbeitete in ihm und er konnte sich auf nichts anderes konzentrieren. Markus begann mit zwei Krankengymnasten das Laufen wieder zu üben. Das war am Anfang sehr viel schwieriger, als wir angenommen hatten. Besonders sein Kreislauf machte ihm zu schaffen, und der Trümmerbruch an der rechten Hand behinderte ihn sehr, weil er sich dadurch kaum aufstützen konnte. Die Krankengymnasten gaben sich außerordentliche Mühe mit ihm, denn sie wussten, dass er so schnell wie möglich wieder auf die Beine kommen wollte. Diese Aufmerksamkeit und das Verständnis, das ihm alle entgegenbrachten, taten Markus sehr gut. Wir alle freuten uns wie die kleinen Kinder über jeden Fortschritt, den wir an ihm beobachten konnten.

Mehrere Wochen nach dem Unfall unterbreiteten uns die Ärzte, dass Markus demnächst in eine Rehabilitations-Klinik verlegt werden könnte. Da sich eine dieser Kliniken ganz in der Nähe unseres Hauses befand, bemühte ich mich, meinen Bruder dort unterzubringen. Mir lag sehr viel daran, ihn in meiner Nähe zu wissen und oft bei ihm sein zu können. Ich wollte gerne seine Fortschritte miterleben und auch schnell zu ihm fahren können, wenn er seelischen Beistand brauchte. Denn nach alledem, was passiert war, wollte ich ihn mit seinen psychischen Qualen nicht alleine lassen. Jeder meiner Geschwister dachte genauso wie ich: Uns allen war bewusst, dass wir ihn beinahe verloren hätten. Aus diesem Grund hingen wir nun eng zusammen und wollten alles für ihn tun, um ihn wieder auf die Beine zu bringen. Natürlich blieben andere dabei ein wenig auf der Strecke: Mein Mann Jürgen zum Beispiel fühlte sich in der Zeit, die Markus in der Uni-Klinik verbrachte, doch sehr vernachlässigt. Immerhin war unser normaler Tagesablauf komplett durcheinandergewirbelt worden! Nichts war mehr so wie zuvor! Aber die Sorge um Markus ging vor, und auch mein Mann nahm großen Anteil an seiner Genesung! Also blieb ihm nichts anderes übrig, als sich an die neuen Umstände zu gewöhnen! Nach einigen Telefonaten und Absprachen mit den Ärzten und der Versicherung sollte Markus in ein Reha-Zentrum verlegt werden.

Markus

Genau einen Monat nach meinem schweren Unfall, Anfang März, wurde ich entlassen. Die Ärzte wollten mich eigentlich noch nicht gehen lassen, aber ich dachte nur an eins: Ich musste hier raus! Also ließ man mich auf eigene Verantwortung gehen. Meine Schwester hatte inzwischen mit verschiedenen Ärzten gesprochen und sich nach einer Reha-Klinik für mich erkundigt. Es gebe eine in der Eifel, nicht weit von ihrem Wohnort entfernt. Dort bekam ich schnell einen Platz und sollte schon am kommenden Montag nach meiner Entlassung dort aufgenommen werden. Das Wochenende dazwischen war für meine »Heimkehr« reserviert. Ich bewohnte damals ein kleines Appartement im

Dachgeschoss eines Hauses, in dem die ehemalige Freundin meines Bruders Bernd, Andrea, wohnte. Ich hatte mich dort ganz gemütlich eingerichtet und war zufrieden. Nun war ich aufgeregt, als ich zum ersten Mal nach dem Unfall wieder in mein »Reich« ging. Dazu kam, dass während meines Aufenthaltes im Krankenhaus in die Wohnung eingebrochen worden war. Andrea hatte mich im Krankenhaus angerufen und es mir schonend beigebracht: »Reg' dich nicht auf!«, sagte sie immer wieder.

Natürlich regte ich mich doch auf, als ich hörte, dass Diebe in die Wohnung eingedrungen waren und alles durchwühlt hatten. Allerdings wurde bei Andrea mehr gestohlen und zerbrochen als bei mir. Oben in meinem Dachgeschoss-Appartement hatten die Einbrecher nur ein paar Regale durchsucht und Akten aus den Schränken gerissen. Sie hatten wohl nach Geld gesucht, aber nichts gefunden, oder sie waren durch irgendetwas gestört worden.

Bei meiner Ankunft in dem Haus betrat ich die Wohnung, stieg die Treppen zum Dachgeschoss hinauf – und schon das überforderte mich völlig: Oben angekommen brach ich vor Erschöpfung zusammen! So hatte ich mir meine Heimkehr natürlich nicht vorgestellt! An diesem ersten Wochenende zu Hause versorgten mich meine ehemalige Schwägerin und meine Mutter. Sie brachten mir alles hoch in mein Appartement, denn ich konnte die Treppen, die ich mühsam hinaufgestiegen war, nicht wieder hinuntergehen. Das war mehr als frustrierend! Zum ersten Mal wurde mir richtig bewusst, wie geschwächt ich war, wie sehr mein Körper in Mitleidenschaft gezogen worden war!

Das kannte ich nicht an mir. Immerhin bin ich sehr sportlich gewesen und habe lange Zeit in einem Verein geboxt. Auf meine Kraft und meinen durchtrainierten Körper konnte ich mich immer verlassen. Und nun das! Als ich den Unfall hatte, wog ich 85 Kilo. Jetzt hatte sich mein Gewicht auf 72 Kilo reduziert! Ich war ein Leichtgewicht geworden, im wahrsten Sinne des Wortes.

Dabei hatte ich immer großen Wert auf meine Gesundheit, meine Fitness und meinen Körper gelegt. Sport gehörte einfach immer zu meinem Leben dazu, ob es nun Schwimmen, Skaten oder Moto-Cross-Fahren war. Vor einigen Jahren, 1996, merkte ich plötzlich, dass ich nicht mehr ganz so topfit war, wie ich es gerne gewesen wäre. Also beschloss ich, wieder etwas mehr Sport zu treiben. Zunächst konnte ich mich nicht entscheiden, welche Sportart ich anfangen sollte: Leichtathletik hatte ich als Schüler betrieben, aber das reizte mich nun gar nicht mehr. Body-Building fand ich etwas zu affig, und so kam das für mich auch nicht in Frage.

Durch Zufall hörte ich von einem neu eröffneten Kampfsport-Center in Frechen bei Köln. Der Leiter, ein ehemaliger Deutscher Meister im Kickboxen, machte auf mich sofort einen sehr sympathischen und kompetenten Eindruck. Also meldete ich mich dort probeweise zum Boxtraining an. Es gefiel mir sehr gut und machte richtig Spaß. Anfangs besuchte ich das Studio zweimal wöchentlich, später ging ich bis zu viermal in der Woche dorthin. Begonnen hatte ich als sogenanntes freies Mitglied, aber bald unterschrieb ich einen festen Trainingsvertrag. Obwohl mir Boxen als

Sportart eigentlich gar nicht so zusagte, tat mir das Training außerordentlich gut, und ich merkte, wie ich langsam wieder in Form kam. Wenig später holte ich noch einen Freund von mir dazu, und gemeinsam arbeiteten wir an unserer Technik, bearbeiteten den Sandsack und machten Sparring im Ring. Die körperliche Fitness, die ich dadurch wiedererlangte, half meinem Körper später, den schweren Unfall relativ schnell und gut zu verkraften.

Obwohl es mir am Freitag, dem ersten Tag meines Wochenendes zu Hause nach dem Krankenhausaufenthalt, nicht sehr gut ging, wollte ich am nächsten Tag auf keinen Fall darauf verzichten, mit den beiden Töchtern von Brigitte an die Unfallstelle zu fahren. Sie holten mich mit ihrem Auto ab, und mir bereitete schon das Einsteigen große Mühe. Die Fahrt wurde für mich zur Tortur. Zuerst einmal war es ungewohnt, wieder eine längere Strecke im Auto zu fahren. Bisher hatte ich nur für ein kurzes Stück von der Uniklinik bis zu meiner Wohnung im Mercedes meiner Mutter gesessen. Und der war gut gepolstert gewesen! In Falkos Auto saß ich wesentlich unbequemer. Alles rappelte und schepperte und ich wurde ordentlich durchgeschüttelt. Mein ganzer Körper schmerzte. Mein rechtes Bein konnte ich wegen des Trümmerbruchs im Knie gar nicht bewegen. Außerdem waren meine Augen extrem empfindlich gegen Helligkeit. Und verursacht durch die Gehirnblutung sah ich alles doppelt! Aber ich biss die Zähne zusammen. Ich wollte auf jeden Fall durchhalten! Dann waren wir da. Die Unfallstelle lag direkt vor uns. Wir stiegen vorsichtig aus und näherten uns dem Ort mit schmerzlichen Gefühlen. Gründlich schauten wir uns um. Ich wollte die Stelle sehen, an der mein Leben so umgewälzt und an der das Leben von fünf anderen Menschen brutal zerstört worden war. Ich erkannte Brems- und Schleuderspuren auf der Fahrbahn. Kleinere Unfallteile, Splitter, lagen herum. Man konnte noch die Markierungen erkennen, die die Polizei an jenem Tag angebracht hatte. Jemand hatte ein kleines Kreuz aufgestellt, um an den Tod von fünf Menschen, an die Vergänglichkeit unseres Lebens zu erinnern.

Wir standen zunächst stumm da, jeder von uns mit seinem eigenen Leid, mit seinen eigenen Gedanken und Gefühlen beschäftigt. Dann versuchte ich anhand der Spuren zu klären, wie sich der Unfall wohl ereignet hatte. Ich kam zu keinem schlüssigen Ergebnis, denn ich konnte mich tatsächlich an nichts erinnern. Wieder und wieder fragte ich mich damals, wie das alles hatte passieren können. Vom Unfalltag habe ich nur eine bruchstückhafte Erinnerung, und bis heute kann ich mich nicht an weitere Einzelheiten erinnern. Am Unfalltag rief mich morgens mein Bruder Ernst an und bat um Hilfe. An seinem Auto funktioniere etwas nicht. Ich versprach, zu ihm zu kommen, und fuhr los. Ich inspizierte sein Auto, konnte die Reparatur aber nicht selbst vornehmen und schleppte seinen Wagen in eine Werkstatt. An diesen Vormittag konnte ich mich selbst nicht erinnern; mein Bruder Ernst erzählte mir nachträglich davon. Doch der Nachmittag war in meinem Gedächtnis: Ich weiß noch, dass ich zu Brigitte fuhr, um sie abzuholen. Wir aßen bei ihr eine Kleinigkeit, wahrscheinlich eine Suppe. Dann machten wir uns auf den Weg.

Offensichtlich wollten wir nach Bornheim, denn Brigitte hatte ihren beiden Töchtern einen Zettel geschrieben, auf dem stand: »Wir sind nach Bornheim gefahren, uns Autos ansehen. Es wird spät werden. Mum!« Sie kam nie zurück.

Ich erinnere mich noch genau, wie ich Brigitte kennengelernt hatte – nämlich über ihre Tohter Tina. Ich arbeitete damals für eine Firma aus Süddeutschland. In ihrem Auftrag baute ich in einem Düsseldorfer Markt ein neues Warensortiment auf. Da erhielt ich einen Anruf von meinem Chef. Er zog mich aus Düsseldorf ab und schickte mich zu einem Markt in Köln-Poll. Dort warte eine junge Frau auf mich, die Marktservice machen wollte. »Marktservice« bedeutete: Waren aus dem Lager holen, Regale umräumen, neu füllen, ein neues Sortiment aufbauen. Ich sollte mich mit ihr treffen und ihr zeigen, was sie zu tun hatte.

Also fuhr ich los, kam aber wegen der starken Verkehrsdichte eine Stunde zu spät am Treffpunkt an. Die junge Frau war schon wieder nach Hause gegangen. Mein Chef rief sie an, entschuldigte sich für meine Verspätung, und sie kehrte noch einmal zurück. Als ich Tina damals zum ersten Mal sah, gefiel sie mir sehr gut: Sie war jung, hübsch, hatte eine super Figur und lange blonde Haare. Tina war gerade 18 und sehr engagiert in ihrem Job. Also erklärte ich ihr alles, was sie wissen musste, und überlegte dabei, wie ich sie besser kennen lernen könnte. Nachdem wir fertig waren, bot ich ihr an, sie nach Hause zu fahren. Immerhin war es ja jetzt schon spät geworden! Aber sie sagte: »Das geht nicht, ich bin mit dem Fahrrad da.« Wir gingen vor das Geschäft, und sie zeigte mir ihr klappriges Rad, das zudem noch lila angestrichen war. Ich ließ mich aber nicht entmutigen: »Dein Fahrrad kann ich gut in mein Auto einladen!«, bot ich ihr an und führte sie zu dem riesigen Ami-Schlitten, den ich damals fuhr. Tina sah mich an – ich trug damals die Haare schulterlang, war sehr muskulös –, dann das Auto ... Später erzählte sie mir, dass sie anfangs ein wenig Angst vor mir hatte. Trotzdem stieg sie ein und ich brachte sie nach Hause. So kannte ich schon einmal ihre Adresse. Zum Abschied bat ich sie, mir auch ihre Telefonnummer zu geben. Es könnte ja immer mal etwas Unvorhergesehenes passieren ... Nun hatte ich auch noch ihre Nummer und war guter Dinge.

Von diesem Tag an arbeitete Tina hin und wieder im Marktservice, und ich holte sie öfters von zu Hause ab. Dabei lernte ich auch ihre ältere Schwester Tanja kennen, die genauso hübsch war wie Tina, und die Mutter der beiden – Brigitte. Die drei waren vor ein paar Jahren aus Ostdeutschland gekommen. Tanja war schon in ein eigenes Appartement gezogen, aber Tina und Brigitte lebten wie zwei Freundinnen zusammen in einer kleinen Wohnung in Köln-Poll. Aus der Wohnung blickte man direkt auf den Poller Friedhof, auf dem Brigitte nun liegt. Brigitte war damals Anfang 40, als ich sie kennenlernte. Sie war mittelgroß und hatte kurzes, dunkelbraunes Haar, das sie jünger und irgendwie pfiffig aussehen ließ. Sie war quirlig, munter und sehr lebenslustig. Selten habe ich einen so liebenswerten, charmanten und gut gelaunten Menschen getroffen. Brigitte benahm sich weniger wie eine Mutter, sondern mehr wie eine Freundin ihrer Töchter. Sie war für jeden Spaß zu haben, und mit ihr konnte man Pferde stehlen!

Von ihrer Vergangenheit erfuhr ich nur sehr wenig. Sie hatte ihren Mann, den Vater von Tina und Tanja, in Ostdeutschland zurückgelassen und war zunächst nach Hamburg gezogen. Dort fand Brigitte einen Freund, der mit ihr in eine gemeinsame Wohnung ziehen wollte. Allerdings stellte er eine Bedingung – die Töchter durften nicht mit. Und da streikte Brigitte: Nicht ohne meine Mädchen!

Also verließen sie die Stadt wieder und kamen nun nach Köln. Hier lebten sie sich relativ schnell ein. Brigitte arbeitete als Altenpflegerin, Tanja bei einer Versicherung, und Tina war noch Schülerin. Ich nahm Tina immer häufiger zum Arbeiten in die Märkte mit und freute mich, dass sie dadurch ein bisschen Geld verdiente. Dann kam Tinas Geburtstag heran, und ich lud mich quasi selber ein: »Wenn du Geburtstag hast, dann komme ich mal vorbei. Bist du zu Hause?«, fragte ich.

Sie antwortete zunächst ausweichend, sagte dann aber: »Du kannst ruhig kommen. Nur ... mein Ex-Freund wird auch da sein.« So kam ich also an Tinas Geburtstag zu ihr in die Wohnung und war sehr gespannt auf den »Ehemaligen«. Als ich ihn sah, konnte ich meine Überraschung kaum verbergen und dachte nur: »Meine Güte, der ist ja noch ein Kind!« Trotzdem verstanden wir uns alle an diesem Abend prima und hatten viel Spaß. Tinas »Ex« hatte versucht, einen Wasserhahn anzuschließen, was zur Folge hatte, dass das halbe Bad nun unter Wasser stand. Solche lustigen Sachen passierten in dem Zwei-Mädel-Haushalt ziemlich oft und wir hatten viel zu lachen.

Zwei Wochen später eröffnete Tina mir in ihrer gewohnt umständlichen Art und erst nach längerem Herumdrucksen: »Heute kommt jemand zu mir zu Besuch!«

Als ich fragte, wer das denn wäre, brauchte sie wieder eine ganze Zeitlang, ehe sie mit der Wahrheit herausrückte: »Der Falko. Das ist mein neuer Freund.« Falko entpuppte sich als sehr netter junger Mann, und von da an waren wir oft zu viert unterwegs: Tina, Falko, Brigitte und ich. Wir verstanden uns gut und hatten viel Spaß. Brigitte machte alles mit und sagte spontan ja, wenn ich sie zum Beispiel fragte, ob wir zusammen in die Stadt gehen wollten. Es machte ihr große Freude, mit mir im großen amerikanischen Straßenkreuzer durch die Kölner Innenstadt zu fahren und in der einen oder anderen Bar anzuhalten und ein Glas Kölsch zu trinken.

Zu dieser Zeit jammerte Brigitte immer öfter darüber, dass ihr Weg zur Arbeit mit der Bahn so lange dauern würde. Es wäre für sie viel einfacher, wenn sie ein eigenes Auto hätte. Also besorgte ich ihr einen kleinen roten Fiesta. Er war etwas zerbeult, aber fahrtüchtig, und Brigitte war außer sich vor Freude! Sie setzte sich hinein und versuchte, ihre gerade gewonnene Fahrkenntnis nun in die Praxis umzusetzen. Das Lustige daran war: Brigitte hatte überhaupt kein Gefühl für Autos, weder fürs Gasgeben, noch für die Kupplung oder die Lenkung. Ich beobachtete ihre Fahrversuche und dachte nur: »Mein Gott, was habe ich da gemacht? Wenn sie nur einen Tag damit unterwegs ist, ist sie tot!« Heute klingt dieser Gedanke von mir sehr makaber, aber wie hätte ich damals wissen sollen, dass Brigitte tatsächlich ihr Leben in einem Auto lassen würde? Immer öfter fragte ich sie nun, ob sie nicht Lust hätte, auch mit in die Märkte zu kommen und beim Auffüllen der Regale zu helfen.

Manchmal sagte sie ja und begleitete mich dann. Mit Brigitte zusammen zu sein bedeutete immer, dass wir viel Spaß hatten. Oft machte sie sehr lustige Sachen: Zum Beispiel ließ ich mich eines Tages von ihr bei einem Bekannten absetzen und wollte anschließend zum Boxtraining gehen. Brigitte versprach, mich nach dem Training an der Halle abzuholen: »Ich weiß genau, wo das ist, ich komme pünktlich um neun Uhr vorbei!«, sagte sie und verschwand.

Als das Boxtraining beendet war, saß ich da und wartete. Nur Brigitte kam nicht. Die Wartezeit wurde immer länger, und ich begann schon, unruhig zu werden. Schließlich, eine dreiviertel Stunde später als verabredet, tauchte sie endlich auf. Sie lächelte mich schelmisch an und erzählte mir eine haarsträubende Geschichte, wie sie die falsche Abfahrt von der Autobahn erwischt, sich verfahren und dann stundenlang nach der richtigen Straße gesucht hatte ... Da konnte ich ihr natürlich nicht böse sein. Im Gegenteil – solche Geschichten von Brigitte brachten mich immer zum Schmunzeln.

Einmal erzählte sie mir ganz aufgeregt, dass sie gerade einen Müllwagen gerammt hatte. Das alte Auto, das ich ihr besorgt hatte, war optisch ohnehin nicht im besten Zustand. Jetzt hatte es sogar noch ein paar Beulen mehr und war wirklich keine Augenweide.

Aber Brigitte liebte und pflegte es, so gut sie konnte. Wenn ich sah, wie sie den Wagen putzte und auf Hochglanz brachte, mit welcher Affenliebe sie daran hing, war es mir beinahe peinlich, dass ich für sie kein besseres Fahrzeug aufgetrieben hatte.

Einmal, nachdem sie von ihrem Dienst als Altenpflegerin gekommen war, erzählte sie mir, dass sie versehentlich die Pillen verwechselt hatte, die sie einem Patienten geben sollte. Dabei gluckste sie vor Lachen und amüsierte sich prächtig. Mit gespieltem Ernst sagte ich: »Aber Brigitte, das kannst du doch nicht machen! Wenn dabei etwas passiert wäre ...« Aber sie lachte weiter und meinte: »Ach, das war doch nicht schlimm, nur ein ganz harmloses Mittel!«

Sie nahm alles sehr leicht und schien sich niemals echte Sorgen um etwas zu machen. Langsam entwickelte sich die Wohnung von Brigitte und Tina als Treffpunkt. Brigitte hatte immer für alle und jeden ein offenes Ohr, sie hörte zu, diskutierte mit uns und versuchte zu helfen. Meistens kochte sie auch für alle, die zu Besuch kamen, und war für jedes Unternehmen und jede Verrücktheit zu haben. Wir verstanden uns hervorragend und waren bald richtig gute Freunde!

Marion

Am Wochenende vor Beginn der Rehabilitation durfte Markus für zwei Tage nach Hause. Mit Bernd hatte ich verabredet, dass er unseren Bruder am Sonntag zu mir in die Eifel bringen sollte. Er würde dann bei uns übernachten, und am nächsten Morgen wollten wir ihn in die nur wenige Kilometer entfernte Klinik fahren.

Als Markus in seiner Wohnung ankam, fern von den hilfreichen Einrichtungen des Krankenhauses, merkte er, wie mühsam ein Leben auf Krücken war. Der Aufenthalt verlief überhaupt nicht so, wie er es sich vorgestellt hatte. Ich telefonierte mit Andrea, bei der Markus zur Untermiete wohnte, und sie erzählte mir, wie verzweifelt unser Jüngster war. Er habe sich auf sein Bett gelegt, furchtbar geweint und mit seinem Schicksal gehadert. Immer wieder habe er gefragt: »Warum hat man mir das angetan? Warum hat man mir das angetan?« Wir hatten großes Mitleid mit ihm: Er musste sich für noch ungewisse Zeit auf Krücken fortbewegen und litt dabei ständig unter starken Schmerzen. Seine Boxhandschuhe sah Markus an einem Nagel hängen und war sich bewusst, dass er seinen Lieblingssport wohl nie wieder so ausüben konnte wie früher. Nachts lag er alleine in seinem Bett mit allen Ängsten und Erinnerungen und der bangen Frage: Wie geht es weiter? Seine seelischen Qualen kann wohl keiner von uns nachempfinden!

An diesem Wochenende hatte er auch zum ersten Mal die Gelegenheit, sich die Videoaufzeichnungen von seinem eigenen Unfall anzusehen. Wir würden die schrecklichen Bilder auf Markus wirken? Was denkt ein Mensch, der seinen eigenen, beinahe tödlichen, Unfall sieht? Der sieht, wie alle anderen Beteiligten in Blechsärgen abtransportiert werden? Das völlig zerstörte Auto, in dem seine Freundin Brigitte zu Tode kam, war oft genug überdeutlich im Bild. Wie mochte er das überstehen? Ich hatte zum ersten Mal richtig Angst um ihn. Angst, dass er sich vor lauter Verzweiflung etwas antun würde. Mir wäre es lieber gewesen, wenn er noch gewartet hätte, aber Markus wollte das Video unbedingt sehen, und niemand konnte ihn daran hindern!

Markus

Der Schock kam, als ich den ersten Abend zu Hause alleine verbrachte. Ich lag in meinem Bett, und alles stieg in mir hoch: der Unfall, das Krankenhaus ... Meine Gedanken rasten, und ich konnte das Erlebte nicht so schnell verarbeiten. Auf eigenen Wunsch hatte ich mir das Video von meinem Unfall angesehen. Meine Schwester hatte in der Unfallnacht die zahlreichen Nachrichten aus dem Fernsehen aufgezeichnet. Also starrte ich immer und immer wieder auf die Bilder, die ich selbst am Unfalltag ja nicht gesehen hatte: zwei total demolierte Autos, Sanitäter, Notärzte, Feuerwehrmänner. Marion hatte sicherlich Angst, dass ich es nicht verkraften könnte. Aber da ich nun so vieles überstanden hatte, konnte mich das nun auch nicht mehr aus der Bahn werfen! Im Gegenteil: Ich war neugierig, mehr über den Unfall zu erfahren. Immerhin war es der schwerste, den es in den vergangenen Jahren im Raum Köln gegeben hatte! Das Unfallfahrzeug war etwa 100 Stundenkilometer schnell gefahren, mein Wagen hatte glücklicherweise nur 40 km/h auf dem Tacho. Wahrscheinlich hatte ich den Unfall kommen sehen und war auf die Bremse getreten, sonst wäre ich sicher auch schneller gefahren und die Auswirkungen wären noch verheerender gewesen! Alle beteiligten Gutachter hatten gesagt: Das kann eigentlich niemand überleben! Nun, ich hatte es geschafft, und wollte jetzt alles darüber wissen. Also sah ich mir die aufgezeichneten Berichte an. Natürlich musste ich mehrfach schwer schlucken, aber nun konnte ich alles mit dem Abstand und der Gewissheit betrachten, dass ich dieses Unglück überlebt hatte. Ich erfuhr, dass das ganze Dorf, in dem der Unfallfahrer lebte, trauerte. Immerhin hatten vier junge Männer aus dem hiesigen Fußballverein dabei ihr Leben gelassen. Bei der Beerdigung der Opfer ließ man Luftballons in der Vereinsfarbe grün steigen. Der Fahrlehrer, bei dem der Unfallfahrer gerade eine Woche zuvor den Führerschein gemacht hatte, hatte seine Schule kurzfristig geschlossen und war mit unbekanntem Ziel verreist. Kurz gesagt – alle Betroffenen waren zutiefst geschockt und mitgenommen von dem, was dort passiert war. Der Fahrer selbst absolvierte gerade eine Lehre als Energieanlagenelektroniker. Er war Mitglied der örtlichen Feuerwehr und hatte dort mit den Vätern der Jungs zu tun, die bei dem Unfall getötet wurden. Angeblich befand er sich lange Zeit nach dem Unfall in psychologischer Behandlung.

Am nächsten Morgen, einem Sonntag, holte meine Schwester mich zu sich in die Eifel. Sie hatte mich eingeladen, diesen Tag bei ihr und ihrer Familie zu verbringen: »Markus, es wäre schön, wenn du kommen würdest! Ich hole dich ab, mache was Leckeres zu essen ...« Da konnte ich nicht nein sagen.

Wir verbrachten einen entspannten Tag und versuchten, einmal nicht über das Geschehene zu reden. Marion sorgte sich wie eine Mutter um mich und das erinnerte mich an unsere Kindheit.

Geboren wurde ich am 19. März 1966 in Bonn, und zwar als jüngstes von vier Geschwistern. Meine Eltern wohnten damals in Wesseling in einem Mehrfamilienhaus. Ich muss wohl ein freches Kind gewesen sein, denn ich stellte allerlei an: Zum Beispiel setzte ich mich eines Tages in den Opel Admiral meines Vaters. Er hatte ihn auf einer Schräge geparkt und die Handbremse angezogen, damit der Wagen nicht wegrollte. Ich war damals ein vierjähriger Junge und interessierte mich natürlich sehr für Autos und Technik. Also setzte ich mich in das Fahrzeug und spielte ein wenig an der Handbremse herum. Plötzlich fing das Auto an zu rollen, die Schräge hinunter, auf die Straße, und fuhr genau in den Garten des Nachbarn gegenüber! Ich weiß nicht mehr genau, wer sich am meisten erschreckte: Ich, mein Vater oder der Nachbar!

Ein anderes Mal saß ich auf unserem Balkon und warf Dachziegel, die dort aufgestapelt standen, auf die Straße hinunter. Es knallte so herrlich, wenn die Ziegel unten in 1000 Stücke zersprangen! Meine Eltern fanden dieses neue »Hobby« von mir aber gar nicht lustig ...

Insgesamt betrachtet war unsere Kindheit allerdings nicht besonders rosig und wurde von mehreren Dingen geprägt: Da war zum ersten unsere Mutter, eine etwas wankelmütige Frau, die mal herzensgut war und dann sehr streng und ungerecht sein konnte. Sie war mit uns vier Kindern oft überfordert, und nicht selten machte sie ihrem Ärger mit lautstarken Schimpftiraden und harten Strafen Luft. Das führte dazu, dass wir Kinder ein eher distanziertes Verhältnis zu ihr hatten. Wir liebten sie – keine Frage. Aber da ihre Launen ständig wechselten und wir eigentlich nie wussten, ob sie in einem Moment gut oder schlecht auf uns zu sprechen war, wussten wir Kinder nie, woran wir bei ihr waren. Mein Vater war dagegen ein sehr ruhiger Mensch. Leider musste er in seinem Beruf als Ingenieur sehr viel arbeiten und war nicht oft zu Hause. Wenn er da war, fuhren wir meist zusammen Fahrrad. Als er älter wurde, wollte er immer, dass ich ihm zusah, wenn er Autos und Fahrräder reparierte. Im Nachhinein kann ich nur sagen: Vielleicht hat dieses Bemühen meines Vaters mit dazu beigetragen, dass ich heute solch ein großes Interesse an Autos habe. Und reparieren kann ich inzwischen auch fast alles.

Wir vier Geschwister waren Schlüsselkinder. Ich teilte mit meinem Bruder Bernd ein Zimmer und ärgerte mich oft über ihn, denn er saß immer nur auf seinem Bett und spielte Gitarre. Schon damals hatte er großen Spaß an Musik, heute arbeitet er als Musiker und Musiklehrer. Aber mir ging das früher ziemlich auf die Nerven: Er spielte nämlich hundert Mal dasselbe Lied! Ich fand das furchtbar und konnte nicht verstehen, dass er üben musste. Der Altersunterschied von fünf Jahren zwischen uns war eben doch ziemlich groß. Als Rache dafür, dass ich mir immer seine Musikübungen anhören musste, ärgerte ich ihn gelegentlich. Bernd liebte zum Beispiel Bausätze. Er bastelte wahnsinnig gerne alle möglichen Dinge zusammen:

Autos, Schiffe, Kräne, Flugzeuge. Einen dieser Bausätze wollte er mit Farbe verschönern, manche kleinen Teile rot anmalen. Und was tat ich? Ich wollte unbedingt mitmischen, »helfen«, wie ich es nannte. Also schnappte ich mir die Farbe und pinselte den kompletten Bausatz rot an! Mein Bruder hatte wirklich seine helle Freude an mir ...

Mein ältester Bruder Ernst war ein lustiger Typ. Er brachte oft Freunde mit nach Hause und verzog sich mit ihnen in sein Zimmer. Natürlich experimentierte er damals schon mit Alkohol, und einmal schlossen Ernst und ein paar Freunde sich in seinem Zimmer die ganze Nacht ein. Am nächsten Morgen klingelte der Wecker in seinem Zimmer lautstark, aber niemand schaltete ihn ab. Schließlich wachten auch meine Eltern auf, und meine Mutter rannte wutentbrannt die Treppen zu Ernst hinunter. Als sie in sein Zimmer wollte, fand sie die Tür verschlossen. Drinnen lagen Ernst und seine Freunde und kurierten den Kater der vorigen Nacht aus. Heimlich hatten sie am Abend vorher etliche Gläser Kräuterschnaps getrunken und schliefen nun so tief und fest, dass sogar der laute Wecker neben Ernsts Bett sie nicht aufwecken konnte! Und von außen konnte niemand hinein, denn um bei ihrem verbotenen »Gelage« nicht gestört zu werden, hatten sie von innen abgeschlossen. Das gab ein Donnerwetter, als die müden Krieger endlich aufwachten!

Wenn ich an Ernst denke, fallen mir noch weitere lustige Geschichten ein, die wir mit ihm erlebten: So war es typisch für ihn, dass er einmal vor einer jungen, gut aussehenden Frau mit seinem neuen Auto angeben wollte. Er rangierte mit dem Wagen so kunstvoll wie möglich vor ihren Augen herum und wollte sie so mit seinen Fahrkünsten beeindrucken. Nur leider blieb er dabei beim Rückwärtsfahren mit der Stoßstange an einem Laternenpfahl hängen. Das hat die junge Frau dann doch eher zum Lachen als zum Staunen gebracht.

Insgesamt hatte ich zu beiden Brüdern ein gutes, aber kein sehr enges Verhältnis. Der Altersunterschied war doch zu groß: Als ich zehn Jahre alt war, waren die beiden schon 15 und 16 Jahre und fuhren Mopeds. Und als ich dann endlich so weit war und auch ein Moped bekam, besaßen sie schon längst ihr erstes Auto. So hinkte ich immer ein wenig hinter ihnen her und beneidete sie um all die Dinge, die sie schon tun durften und ich nicht.

Etwas anderes war das mit Marion, der ältesten von uns vier Geschwistern. Sie kümmerte sich viel um mich, aber ich glaube, dass ich sie ziemlich genervt habe. Marion hatte große Angst vor Spinnen, und ich half ihr – aber nur gegen Bezahlung. Immer, wenn sie also eines dieser Furcht erregenden Tiere sah, rief sie mich. Gegen »Zahlung« von Schokolade beispielsweise rettete ich meine Schwester vor dem »Untier«. Hatte sie ihre Freundinnen zu Besuch oder später den ersten Freund, war es mein größter Spaß, sie zu ärgern und zu stören! Ich als kleinster Bruder wollte immer dabei sein und alles mitbekommen.

Einen von Marions Freunden fand ich wirklich toll. Er besaß ein Motorrad, und jedes Mal, wenn ich ihn sah, zwang ich ihn, mich ein paar Runden mitfahren zu lassen. Aber komischerweise beschwerte sich Marion nie. Auch später, als sie ihre erste eigene Wohnung hatte, konnte ich zu ihr kommen, wann ich wollte. Sie hatte von ihrem leiblichen Vater etwas Geld geerbt und sich davon eine Boutique in Köln gekauft. Aber dabei hat sie uns Geschwister nie vergessen, sondern war immer darauf bedacht, dass es uns auch gut ging. Oft nahm sie mich in ihrem Käfer-Cabrio mit nach Köln und wir verbrachten viel Zeit miteinander. Nun, nach dem Unfall, war es auch wieder Marion, die sich am meisten um mich kümmerte. Sie hielt die Familie in den schweren Wochen nach meinem Unfall zusammen. Und sie war es auch, die mir den Platz in der Rehabilitationsklinik besorgte.

Marion

Ich war heilfroh, als Markus am Sonntag zu uns kam. Mir hatte es nicht gefallen, dass er alleine in seiner Wohnung gesessen und wahrscheinlich endlos gegrübelt hatte. Als er ankam, musste er sich von der einstündigen Autofahrt erst einmal erholen und legte sich für eine Weile auf unser Sofa. Immer dann, wenn er lange saß oder stand, plagten ihn starke Schmerzen. Jede einzelne Bewegung zehrte an seinen Kräften, war für ihn sehr anstrengend und brauchte viel Zeit. Wegen seines Trümmerbruches an der Hüfte benötigte er ständig einen Toilettenaufsatz. Wir gingen an diesem Tag oft nach draußen, Markus machte ein paar Schritte an der frischen Luft, dann gingen wir wieder hinein. So hielt mein Bruder seinen Kreislauf in Schwung. Am Abend sprachen wir über seinen 32. Geburtstag, der eine Woche später, am 19. März, bevorstand. Diesen Geburtstag wollte ich mit unserer Familie, mit Tina und Tanja sowie ein paar weiteren guten Freunden und Bekannten, die in dieser schweren Zeit zu ihm standen, bei uns in der Eifel feiern. Markus freute sich schon sehr darauf, und ich war froh, ihm diesen Vorschlag gemacht zu haben. Wir gingen früh zu Bett und die Nacht verlief ruhig.

Als meine Familie am nächsten Morgen gefrühstückt hatte und aus dem Haus war, weckte ich ihn. Während Markus ins Bad ging, bereitete ich das Frühstück vor. Es war schön, mit meinem Bruder einmal ganz allein und gemütlich an einem Tisch zu sitzen. Wir verstanden uns einfach gut, auch ohne viel reden zu müssen. Als wir gegessen hatten, packten wir seine Sachen und fuhren in die Reha-Klinik. Als alle Formalitäten erledigt waren, bekam Markus von einem Krankenpfleger ein schönes Zimmer zugewiesen. Ich freute mich und dachte, dass er sich hier wohlfühlen würde. Außerdem war ich sehr erleichtert, denn nun musste es einfach wieder aufwärts gehen. Jetzt, wo er hier war, konnte ich ihn jederzeit in unser kleines, nur wenige Kilometer entfernte Eifeldörfchen holen, ihm etwas Abwechslung bieten, seine Wäsche in Ordnung halten. Immer wieder zu ihm nach Köln zu fahren, wäre für mich weitaus schwieriger gewesen.

Markus

Am darauf folgenden Montagmorgen brachte meine Schwester mich also in die Klinik, in der ich drei Wochen verbringen sollte. Der erste Eindruck war ganz gut, denn die Einrichtung erinnerte eher an ein Hotel als an ein Krankenhaus. Ich wurde in einem Zweibettzimmer untergebracht, das ich mit einem Polizisten teilte. Er entpuppte sich als sehr netter Zimmernachbar, der jeden Tag gegen elf Uhr zur Behandlung seiner Knieverletzung in die Klinik kam. War die Behandlung beendet, fuhr er sofort wieder nach Hause, denn er wohnte quasi »um die Ecke«. Nach vier Tagen wurde er entlassen und ich bewohnte das Zweibettzimmer nun allein.

Nachdem ich mich in meinem Raum eingerichtet hatte, lernte ich den leitenden Arzt kennen. Wir unterhielten uns kurz, dann gab er mir eine Terminkarte und sagte, ich solle mich überall vorstellen und mir meine Behandlungstermine selbst aussuchen. In den folgenden drei Wochen besuchte ich regelmäßig das Schwimmbad, wo ich Geh-Übungen im Wasser und Rückenschwimmen machte. Außerdem bekam ich Elektro-Therapien und versuchte, möglichst oft in den Kraftraum zu gehen. Leider war dieser ziemlich oft überfüllt. Um meine Knochen wieder in Ordnung zu bringen, wurde hier alles Mögliche getan – nur um meine Hirnverletzung kümmerte man sich nicht. Das störte mich damals allerdings nicht so sehr, denn das Ganze war mir eher unangenehm, und ich konnte mir gar nicht vorstellen, wie man mir und meinem Kopf eigentlich helfen wollte.

Insgesamt gefiel mir der Aufenthalt in der Reha-Klinik sehr gut, allerdings gab es oft Gedränge – egal, ob im Fahrstuhl oder bei den Kursen. Ich lernte ein paar nette Menschen dort kennen. Besonders erinnere ich mich an einen Jungen, der wohl gerade mal 17 oder 18 Jahre alt war. Er saß in einem Rollstuhl und hatte eine große Zickzacknarbe am Bein. Ich unterhielt mich hin und wieder mit ihm, denn er war ein sympathischer Kerl. Natürlich fragte ich ihn auch, woher er denn die gewaltige Narbe hätte. Der junge Mann erzählte mir, dass er von einem Auto angefahren worden war. Sein Becken war an beiden Seiten zertrümmert und ebenso die Gelenke. Ich dachte nur bei mir: Mein Gott! Wenn ich mir vorstelle, ich müsste 20 Jahre lang in einem Rollstuhl sitzen! Das würde ich nicht aushalten. Schon so, in meinem jetzigen Zustand, fühlte ich mich alles andere als wohl. Vor dem Unfall war ich 100-prozentig fit gewesen! Nun bescheinigten mir die Ärzte eine 50-prozentige Behinderung. Immerhin konnte ich noch gehen und war nicht ans Bett oder an einen Rollstuhl gefesselt!

Marion

Der Tag von Markus' Geburtstag rückte langsam näher. Während er in der Reha-Klinik seine Therapiestunden besuchte, bereitete ich alles vor. Jürgen und ich legten den Termin für die Feier auf den 21. März, einen Samstag, zwei Tage nach seinem eigentlichen Geburtstag. Dann hatten wenigstens alle Zeit und konnten länger bleiben. Ich war glücklich, Markus damit eine Freude machen zu können. Ich hatte meinen Bruder nicht verloren, worüber ich jeden Tag unendlich dankbar war. Was es bedeutete, Geschwister und eine Familie zu haben, konnte ich nun erst so richtig empfinden. Und ich denke, meinen beiden Brüdern Ernst und Bernd ging es ebenso. Wir hatten keine sehr leichte Kindheit. Die Familie funktionierte einigermaßen bis zu dem Tag, als mein Vater krank wurde. Er erlitt einen schweren Herzinfarkt und musste später auch operiert werden. Leider ist der Eingriff nicht so gut verlaufen wie erhofft. Danach war er linksseitig gelähmt und somit schwer behindert.

Ich erinnere mich noch, wie meine Mutter Markus zu einem Krankenbesuch an das Bett meines Vaters mitnehmen wollte. Ich sprach mich dagegen aus, weil ich sicher war, dass mein kleiner Bruder es nicht verkraften würde, seinen Vater so krank zu sehen. Unsere Mutter setzte aber ihren Willen durch und nahm unseren Jüngsten mit. Er muss während des Besuches sehr still gewesen sein, und zurück zu Hause warf er sich weinend auf sein Bett und rief unter Tränen immer wieder: »Das ist nicht mein Vater! Das ist nicht mein Vater!« Ich ahnte damals schon, dass dieser Tag sich auf sein weiteres Leben auswirken würde. Für meinen damals 13 Jahre alten und sehr sensiblen Bruder war die Situation einfach nicht mehr zu ertragen!

In dieser Zeit hatten wir sehr viele Sorgen um Vater und ziemlichen Stress mit unserer Mutter. Auch sie war oft überfordert: Sie arbeitete, kümmerte sich um ihren Mann Joachim und auch noch um uns vier Kinder. Sie war ständig nervös und reagierte dadurch oft jähzornig und ungerecht. Also versuchten wir, möglichst alleine klarzukommen, jeder für sich. Damals sprachen wir auch untereinander nur sehr wenig über unsere schwierige Lage. Erst viel später, als wir alle schon längst erwachsen waren, schafften wir es, in zahlreichen gemeinsamen Gesprächen diese beinahe traumatischen Jahre unserer Kindheit und Jugend aufzuarbeiten. Auch Markus und ich sprachen wieder darüber an seinem ersten Geburtstag nach dem Unfall. An jenem Abend besuchte ich meinen Bruder in der Klinik. Ich brachte ihm seine saubere Wäsche sowie eine Flasche Sekt mit. Markus hatte mit weiterem Besuch gerechnet, aber außer mir ließ sich niemand blicken. Kein Wunder – alle hatten für die Feier am Samstag zugesagt! Wir beschlossen, das Beste daraus zu machen, und öffneten den Sekt. Obwohl wir ihn nur aus Pappbechern tranken, schmeckte uns das Tröpfchen gut, und wir unterhielten uns angeregt. Bald kamen bei Markus und mir alte Kindheitserinnerungen wieder hoch.

Wir unterhielten uns, wie schon oftmals vorher, über unseren lieben und gütigen Vater, der mittlerweile schon zehn Jahre tot war. In unser aller Augen war dieser wunderbare Mann viel zu früh gestorben, und wir vermissten ihn sehr. Vater war immer eine Seele von Mensch gewesen, meistens gut gelaunt und lustig, in jeder Situation mit einem kleinen Scherz auf den Lippen. Seit seinem Tod ist kein Tag vergangen, an dem ich nicht an ihn denke oder mich sogar in Gedanken mit ihm unterhalte, als würde er neben mir stehen. Bei unserem Gespräch fiel mir nun auf, dass

Markus große Ähnlichkeit mit ihm hatte. In seinem Gesicht, das nach dem Unfall oft einen hilflosen Ausdruck zeigte, sah ich das Gesicht unseres Vaters wieder, als dieser schon sehr krank und vom Tode gezeichnet war.

Markus regte meine Erinnerung mit kleinen Geschichten an: »Weißt du noch, was er immer sagte, wenn wir etwas angestellt hatten? Er sagte: Heute Abend geht ihr zur Strafe barfuß ins Bett.« Darüber haben wir Kinder immer wieder gelacht und ihm unerschrocken ständig Streiche gespielt. Zum Beispiel drehten wir einmal den Verschluss einer Ketchup-Flasche auf, die auf dem Tisch stand, und legten ihn nur leicht oben auf den Flaschenhals. Wir wussten: Wenn Vater die Flasche zur Hand nahm, schüttelte er sie immer kräftig! So auch dieses Mal! Er schüttelte, und der Ketchup flog durch das ganze Zimmer.

Zuerst regte er sich furchtbar auf, fing dann aber an zu lachen und wir Kinder lachten mit ihm! Seitdem Vater nicht mehr lebt, treffen wir Geschwister uns regelmäßig zum Weihnachtsessen, mal bei dem einen und mal bei dem anderen. Dabei geht es immer hoch her, unsere Kinder werden reichlich beschenkt und kämpfen sich nach und nach durch einen riesigen Berg von Geschenkpapier. Genauso sahen wir als Kinder aus: Erhitzt, mit rotem Kopf vor lauter Aufregung, rissen wir damals unsere Päckchen auf, genauso wie unsere Sprösslinge es heute machen. Und nun, nach dem Unfall, war mir besonders bewusst geworden, wie viel mir meine Familie bedeutete. Und so freute ich mich schon im März auf das nächste Weihnachtsessen!

Nach einer Stunde bei Markus in der Reha-Klinik fuhr ich wieder zurück nach Hause, denn durch die Familie und die anfallende tägliche Arbeit war meine Zeit immer sehr begrenzt. Dennoch versuchte ich stets, allen gerecht zu werden und mein Bestes zu geben, damit niemand zu kurz kam. Ein Unterfangen, das mir ganz schön an die Substanz ging.

Markus

An meinem Geburtstag besuchte mich Marion in der Reha-Klinik. Sonst kam niemand, obwohl ich es eigentlich erwartet hatte. Aber so waren wir zu zweit und machten es uns gemütlich. Wir saßen da und erinnerten uns an alte Zeiten. Wie schon so oft begannen wir, von unserem Vater zu sprechen. Noch heute bedrückt es mich, wenn ich an die Zeit denke, in der er krank war und immer schwächer wurde.

Es war im Jahr 1974. Ich war gerade acht Jahre alt und wir waren erst kürzlich in unser großes, neues Haus in Wesseling eingezogen. Es war ein ruhiger Nachmittag. Ich saß vor dem Fernseher und sah mir die Cowboy-Serie »Bonanza« im Fernsehen an. Mittendrin platzte meine Mutter ins Zimmer und sagte: »Vater hat einen Herzinfarkt!« Als Achtjähriger wusste ich nicht genau, was das bedeutete, aber mir schwante Schlimmes. Ich ging ins Schlafzimmer und sah meinen Vater dort liegen. Ich konnte nichts Genaues erkennen, es sah aus, als ob er Grippe oder eine Erkältung hätte. Andere Krankheiten kannte ich damals auch noch gar nicht und ich konnte mir auch nicht vorstellen, was es bedeutete, ein krankes Herz zu haben.

Der Rettungswagen kam, und zwei Sanitäter trugen meinen Vater auf einer Trage hinaus. Darüber habe ich mich schon gewundert, und ich fragte mich, warum er nicht selbst lief. Die Sanitäter brachten ihn in die nächste Klinik. Dort musste er lange bleiben und wurde behandelt. Nach diesem schweren Herzinfarkt wurde ihm geraten, sein Leben völlig umzustellen. Vater hatte immer gerne geraucht und auch hin und wieder etwas getrunken – das war für ihn nun völlig tabu. Ich fragte mich immer wieder, wie ein gesunder, erwachsener Mann plötzlich so krank werden konnte. Ich nahm an, dass auch die vielen Streitereien zwischen meinen Eltern zu dem Stress beigetragen hatten, dem mein Vater ständig ausgesetzt war. Dazu das große Haus, sein Beruf, wir vier Kinder... Trotz aller Schonung bekam mein Vater zwei Jahre später einen zweiten Herzinfarkt. Dieses Mal war eine schwierige Herzoperation nötig. Vater erklärte es mir genau, warum er nun für längere Zeit im Krankenhaus bleiben müsse. Ich war damals zehn Jahre alt und konnte nur schwer auf ihn verzichten. Doch blieb mir nichts anderes übrig.

Die so sorgsam geplante Herzoperation verlief aber nicht so wie erwartet, mein Vater erlitt schwere Folgeschäden. Bevor er ins Krankenhaus ging, war er ziemlich fit und gut gelaunt gewesen. Ich erinnere mich genau, dass die ganze Familie im Wohnzimmer saß und er sich von uns allen verabschiedete: »Das ist kein großer Eingriff, ich bin bald wieder da«, sagte er und machte Witze, um uns zu beruhigen. Das erste

Wiedersehen mit ihm nach der Operation war der reinste Horror: Er lag in einer Art Holzkiste – so kam es mir damals vor – und überall waren Schläuche befestigt. Vater trug ein weißes Hemd – das so genannte Engelshemdchen – und seine Brust war von Drähten durchzogen. Trotz meiner jungen Jahre begann ich zu ahnen, was mein Vater durchmachte. Später erfuhr ich, dass er durch die OP einen Hirnschaden zurückbehalten hatte und halbseitig gelähmt war. Sein Brustkorb war mit Draht verschlossen worden, nachdem man ihn an seinem Herzen operiert hatte. Die Genesung schritt nur sehr langsam voran. Er musste ziemlich lange im Krankenhaus bleiben und kam danach gleich in eine Reha-Klinik – wie ich jetzt. Dort besuchte ich ihn fast jeden Tag nach Schulende. Ich erinnere mich noch, dass ein paar Zimmer von meinem Vater entfernt der bekannte Handballer Deckarm untergebracht war – Sportprominenz in nächster Nähe!

Nach der missglückten Operation war mein Vater linksseitig gelähmt und konnte viele alltägliche Dinge nicht mehr verrichten. Oft, wenn ich ihn in der Reha-Klinik besuchte, erzählte er mir, wie er sich über die Schwestern geärgert hatte. Sie stellten ihm zum Beispiel das Frühstück einfach vor die Nase, obwohl sie wussten, dass er noch nicht einmal in der Lage war, sich sein Brötchen selbst zu schmieren. Mir tat mein Vater so leid, und ich litt sehr unter seinem Zustand.

Als er wieder nach Hause kam, konnte er nicht laufen und saß die meiste Zeit in einem Rollstuhl. Nichts war mehr wie früher. Er war hilflos und hilfsbedürftig. Zu dieser Zeit fing die Sache mit unserer Mutter und Herbert an. Plötzlich saß dieser Mann bei uns im Wohnzimmer, und so langsam dämmerte es uns: Das war Muttis Freund! Wir konnten es erst kaum glauben, aber es wurde immer deutlicher. Anstatt sich ganz der Pflege ihres Mannes zu widmen, trat unsere Mutter die Flucht an – in die Arme eines anderen. Herbert war nun regelmäßig Gast bei uns im Haus, denn er wohnte nur ein paar Straßen weiter. Mein Vater saß hilflos daneben und sah sich alles mit an. Damals lebte ich zwar noch zu Hause, war aber viel unterwegs – das war die Zeit, als ich begann, auf die schiefe Bahn zu geraten. Aber immer, wenn ich da war und meinen Vater sah, schien er mir sehr verzweifelt zu sein. Er litt Höllenqualen – zum einen deshalb, weil er schwer krank war, zum anderen wegen Herbert. Damals begann mein Vater, viel zu trinken, viel mehr, als ihm gut tat, und sehr viel mehr, als er nach ärztlicher Einschätzung durfte. Unter Alkoholeinfluss erzählte er mir öfter, dass das Leben für ihn nicht mehr lebenswert sei. Dennoch dauerte es noch mehrere Jahre, ehe die Krankheit ihn so geschwächt hatte, dass sein Herz für immer aufhörte zu schlagen. Nachdem unser Vater gestorben war, zog Mutter mit Herbert aus dem großen Sechsfamilienhaus aus, das ihr Mann gebaut hatte. Es hätte doch wirklich merkwürdig ausgesehen, wenn sie plötzlich mit einem »Neuen« dort gelebt hätte.

Also suchten die beiden sich eine Mietwohnung. Das große Haus wurde verkauft, weil meine Mutter es angeblich nicht länger halten konnte. Jedes von uns Kindern bekam damals 1000 Mark, unser Erbe! Das war alles, und wir fragten nicht lange nach und gaben uns damit zufrieden. Etwa zwei Jahre später eröffnete Mutter uns, sie wolle mit Herbert nach Walsrode in Norddeutschland ziehen. Dort besaß unser Vater zwei weitere Häuser, ein Ein- und ein Fünffamilienhaus. Wir waren nicht besonders traurig deswegen, denn zu ihr und Herbert hatten wir kein so ein herzliches Verhältnis wie zu unserem Vater.

Mutters Umzug verlief wie geplant, und der Kontakt zwischen ihr und uns Kindern brach zunächst ab. Ein paar Jahre später schien sich die Situation etwas gebessert zu haben: Mutters Laune war nicht mehr durchgängig schlecht und sie vermittelte nicht mehr bei jedem Besuch von uns den Eindruck, dass wir ihr auf die Nerven gingen. Aber dennoch lag bei unseren gegenseitigen Besuchen immer eine gewisse Spannung in der Luft. Nie konnten wir uns bei ihr so wohl fühlen wie bei unserem Vater, den wir alle schmerzlich vermissten! Aber solche trüben Gedanken verscheuchte ich bei meiner Unterhaltung mit Marion schnell wieder – denn immerhin war es mein Geburtstag! Und ich war froh, dass ich ihn überhaupt feiern konnte. Wir tranken unsere Flasche Sekt fast ganz aus, und ich spürte die Wirkung von zwei kleinen Gläschen besonders, denn ich war durch den Unfall noch sehr geschwächt und hatte natürlich monatelang keinen Alkohol mehr angerührt.

Marion

Markus' Geburtstagsfeier bei uns zu Hause rückte näher und bald war alles vorbereitet. Das Essen war hergerichtet, die Getränke kaltgestellt. Für meinen Bruder hatte ich das Sofa reserviert, denn er musste sich wegen seiner starken Schmerzen noch sehr oft hinlegen. Ich holte ihn an diesem Samstag um 15 Uhr ab, und nach und nach trudelten die Gäste ein. Ich glaube, Markus hat das alles sehr genossen: Er plauderte mit jedem, packte Geschenke aus, redete, lachte. Nach seinem wochenlangen Krankenhausaufenthalt konnte er mal wieder feiern, eine schöne Abwechslung. Die Zeit verging schnell, und gegen 19 Uhr mussten wir ihn in die Reha-Klinik zurückbringen. Am nächsten Morgen erzählte er mir am Telefon, wie erledigt er sich nach der kleinen Feier gefühlt hatte. Aber für ihn war es eine schöne Art der Erschöpfung.

Markus

Alle Leute, die nicht in die Reha-Klinik kommen konnten, um mit mir zu feiern, traf ich nun am Samstagabend bei meiner Schwester. Ich freute mich wahnsinnig darüber, was Marion da für mich arrangiert hatte, und genoss die Feier. Leider waren meine sämtlichen Funktionen damals noch stark eingeschränkt. Ich konnte nicht gut sehen, mein Bein schmerzte, und meine Aufnahmefähigkeit ließ sehr zu wünschen übrig. Also saß ich auf meiner Sofaecke und sah mir alles zufrieden an. Ein wenig traurig war ich schon, als ich abends zurück in die Reha-Klinik musste, aber ich fühlte mich auch erleichtert. Endlich liegen können und endlich Ruhe! So schön diese Feier auch war, es war gut, dass ich mich nun wieder ausstrecken und schlafen konnte.

Marion

Der Alltag in der Reha-Klinik hatte Markus nach der Geburtstagsparty schnell wieder eingeholt. Er bekam morgens und abends je eine Behandlung, die aber wohl nicht den gewünschten Erfolg brachte. Nach jeder dieser Anwendungen schmerzten seine Hüften und sein Knie stark. Jedes Mal legte er sich danach auf sein Bett, bekam ein Medikament gegen den Schmerz und das rechte Knie schwoll so sehr an, dass es mitunter doppelt so dick war wie normal.

Markus nahm alle Mahlzeiten in seinem Zimmer ein, und daran merkte ich, wie ruhebedürftig er war. Er sah immer noch alles doppelt, also konnte er weder lesen noch fernsehen. Wenn er mit seinen Krücken herumlaufen wollte, kostete ihn das viel Kraft. Besonders beunruhigte mich aber seine Nachdenklichkeit. Immer wieder traf ich ihn grübelnd an. Auf meine Nachfrage hin sagte Markus nur: »Es hat sich noch niemand bei mir gemeldet!« Sofort wusste ich, wen er meinte: den Unfallfahrer, der schließlich das ganze Unglück verschuldet hatte. Markus hatte lange gehofft, dass er oder seine Eltern sich melden würden, mit einer Karte, einem Anruf oder einem Blumenstrauß. Ihm hätte sehr viel daran gelegen! Auf die Hoffnung folgte bald die Enttäuschung. Nicht nur Markus, sondern die ganze Familie befand nach einer Weile: Von uns hätte sich niemand so verhalten! Jeder von uns, hätte er solch einen schrecklichen Unfall verursacht, wäre mit den Familienangehörigen der Unfallopfer in Kontakt getreten. Das war doch eigentlich eine Selbstverständlichkeit, eine Frage von Anstand und Moral! Niemand von uns hätte es mit seinem Gewissen vereinbaren können, einfach zu schweigen und den Kopf in den Sand zu stecken. Und so konnten wir es überhaupt nicht verstehen, dass der Unfallfahrer überhaupt keine Reaktion zeigte. Ein Wort hätte genügt – ich hätte es mir so sehr für Markus und besonders für Brigittes Töchter gewünscht.

Tina und Tanja mussten dem jungen Mann erst eine Karte mit dem Datum der Beerdigung ihrer Mutter zusenden, ehe sie etwas von ihm hörten: Die Familie schickte einen Kranz und erfüllte damit ihre Pflicht. Tröstende Worte oder Worte der Entschuldigung wären hundertmal wertvoller für die beiden jungen Mädchen gewesen, die nun ganz allein dastanden! Je mehr Zeit verstrich und je öfter ich darüber nachdachte, um so mehr verwandelte sich meine Enttäuschung in Wut. Bald entwickelte ich einen richtigen Hass auf den Unfallfahrer. Das widerstrebte meiner sonstigen Art sehr, aber ich konnte mich gegen diese negativen Gefühle nicht wehren, denn ich erlebte das Leid meines Bruders und von Brigittes Töchtern. Immer wieder fragte ich mich, warum es uns Menschen heute so schwer fällt, miteinander zu reden, aufeinander zuzugehen, einander *menschlich* zu behandeln. Konnte dieser junge Mann sich nicht vorstellen, was in den Hinterbliebenen seiner Todesfahrt vorging? Wusste er nicht, wie sehr alle trauerten und auf ein einziges Wort des Bedauerns von ihm hofften? Und wenn er es durch seine Jugend und mangels Erfahrung nicht nachfühlen konnte, wieso erklärten seine Eltern es ihm nicht? Sie taten doch sonst offensichtlich alles für ihren Jungen, schirmten ihn ab und versuchten, den entstandenen »Schaden« möglichst klein zu halten. Dieser Tag, der 11. Februar, hat unser aller Leben negativ verändert und wird uns bis zu unserem Ende im Gedächtnis bleiben. Wäre es da nicht angebracht, wenigstens einmal »Vergebt mir« zu sagen?

Markus

Sehr oft und sehr lange hatte ich über den Unfallfahrer nachgedacht. Als ich im Krankenhaus aus dem Koma aufwachte, wusste ich zunächst ja gar nicht, was genau geschehen war. Erst nach und nach erfuhr ich Einzelheiten. Als man mir schließlich die volle Wahrheit sagte und ich erfuhr, dass der Fahrer des Unfallwagens und ich die einzigen Überlebenden waren, war ich sehr erschüttert. Ich habe mich oft gefragt, was ich getan hätte, wäre ich schuld an dem Unglück gewesen. Mit Sicherheit hätte ich Kontakt zu den Opfern aufgenommen. Vielleicht wäre das in Form eines

Briefes oder eines Anrufes geschehen, in dem ich mich entschuldigt hätte. Natürlich hätte ich den Familien der Opfer meine Hilfe angeboten. Wenn sie sie ausschlagen und keinen Kontakt haben wollten, hätte ich das verstehen können. Aber meinen Beistand hätte ich ihnen auf jeden Fall angeboten.

Im Krankenhaus war ich zunächst der festen Überzeugung, dass mich Detlef, der Unfallfahrer, besuchen kommen würde. Immerhin ging ich stets davon aus, wie ich handeln würde, und er war schließlich unverletzt und konnte aufstehen und sich normal bewegen. Er wäre bei mir auch nicht auf taube Ohren gestoßen, wenn er an mich herangetreten wäre und sich entschuldigt hätte. Ich wäre wirklich der letzte, der eine ausgestreckte Hand zurückweisen würde. Wenn er kommt, dachte ich bei mir, werde ich das Geschehen als Schicksal annehmen und ihn deshalb nicht anklagen. Schließlich wird er an diesem Unfall selbst noch lange genug zu knabbern haben! Aber mir ging es wie dem Geist in der Flasche, der Tausende von Jahren auf seine Befreiung wartete. Am Anfang versprach er demjenigen, der ihn herausließ, ihn zum König der gesamten Welt zu machen. Aber nichts geschah, und der Geist wurde im Laufe der Zeit immer wütender. Schließlich wollte er dem, der ihn letztendlich doch noch befreite, zum Dank den Hals umdrehen!

Natürlich lagen mir solche brutalen Gedanken fern, aber auch ich wurde immer wütender, je länger ich auf eine Reaktion von Detlef und seiner Familie wartete. Ich hielt es für das allergeringste Maß an Anstand, mich bei den Opfern zu melden, und hätte es, wäre ich an seiner Stelle gewesen, auf jeden Fall getan! Ich selbst bekäme schon ein schlechtes Gewissen, wenn ich einen Hund anfahren würde. Und hier ging es schließlich um mich, einen Menschen! Im Gespräch mit Freunden und Verwandten sagte ich nun immer öfter: »Ich bin doch kein Hase, kein Kaninchen, das man einfach überfahren und dann vergessen kann.«

Einige meiner Freunde versuchten, mich zu beruhigen und sagten: »Sieh' mal, der Fahrer hat schon genug Sorgen, mit denen er jetzt fertig werden muss!«

»Ich auch!«, entgegnete ich dann. »Vor diesem Unfall hatte ich keinen Knochen im Leib gebrochen, und nun seht mich an!«

Marion

Die Zeit in der Reha-Klinik verstrich, und Markus wartete nun sehnsüchtig darauf, wieder nach Hause zu kommen. Es war schade, dass die Anwendungen nicht ganz den erwünschten Erfolg gebracht hatten. Aber er durfte auch nicht zu viel in zu kurzer Zeit erwarten, immerhin hatte er sehr schwere Verletzungen davongetragen.

Als ich Markus nach den drei Wochen abholte, um ihn heimzubringen, konnte er immer noch nicht ohne seine Krücken laufen, aber er hatte die Hoffnung auf baldige Genesung nicht aufgegeben. Er war heilfroh, endlich wieder in seiner gewohnten Umgebung zu sein.

Aber der zu erwartende Frust stellte sich schnell ein,

denn der Alltag erwies sich nun für Markus als äußerst schwierig. Die einfachsten Arbeiten fielen ihm unendlich schwer. So musste er zum Beispiel das schwierige Kunststück versuchen, unter den einen Arm die Mülltüte zu klemmen, sich gleichzeitig auf seine beiden Krücken zu stützen und so die Treppen hinunter zum Mülleimer und dann wieder hinaufzugehen. Auch alle anderen sonst so einfachen Dinge wie einkaufen, Wäsche waschen, kochen oder duschen wurden so zu einem regelrechten Abenteuer. Manches konnte er ohne fremde Hilfe einfach nicht bewältigen. Und so versuchte ich, ihn so oft wie möglich an den Wochenenden zu uns in die Eifel zu holen. Ich freute mich immer sehr, wenn ich ihn bei mir hatte. Immerhin war es ein Wunder, dass er noch lebte.

Die Zeit verstrich, und Markus bemühte sich, die Anforderungen des Alltags so gut wie möglich zu bewältigen. Er musste weiterhin regelmäßig zur Krankengymnastin gehen, und auch ein Besuch in der Augenklinik stand noch auf dem Programm. Denn nach wie vor hatte sich seine Sehkraft nicht verbessert. Er bekam eine Brille, die ihm wenigstens etwas Erleichterung beim Sehen verschaffte.

Markus

Körperlich und seelisch war ich in dieser Zeit sehr angeschlagen. Nichts lief mehr so, wie ich es gewohnt war. Brigitte war tot. Unsere fröhliche Runde, zu der außer Brigitte und mir auch ihre Töchter mit deren

Freunden gehört hatten, war quasi aufgelöst. Natürlich traf ich mich weiter mit Tina und Tanja, aber jedes Treffen hatte diesen bitteren Nachgeschmack: Brigitte war nicht mehr dabei und würde uns nie wieder durch ihre lustige Art und ihre witzigen Sprüche zum Lachen bringen.

Doch diese Sorgen und Probleme waren nicht die einzigen, die mich quälten. Auch meine finanzielle Lage war alles andere als rosig. Bisher hatte ich mich mit den verschiedensten Jobs gut über die Runden gebracht, aber damit war nun Schluss. In einem Punkt war ich dank meiner Mutter gut versorgt: Als ich kurz nach dem Unfall im Koma lag und sie nicht wusste, ob und bei welcher Krankenversicherung ich war, meldete sie mich kurzerhand bei ihrer Versicherung an. Damit würde ich also keine Probleme bekommen. Weitaus schwieriger als gedacht erwies es sich nun, an Geld zu kommen, das mir eigentlich zustand. Die Tatsachen lagen ja so: Ich war das Opfer eines Unfalles geworden, den ein anderer verursacht hatte. Mich traf keinerlei Mitschuld. Die Folgen des Unfalls: Ich war schwer verletzt worden, würde Behinderungen zurückbehalten, konnte nicht weiterarbeiten, musste wochenlang im Krankenhaus und in der Reha-Klinik liegen. Und auch danach war meine Krankengeschichte ja noch lange nicht abgeschlossen. Therapien und Arztbesuche standen auf meinem Stundenplan, und es gab ständige Schäden und bleibende Beschwerden.

Der Fall war also klar – dachte ich! Als »Opfer« müsste nun die gegnerische Versicherung für mich zahlen. In diesem Glauben ging ich Ende April 1998 zu einem

Anwalt, den meine Mutter kannte und mir empfohlen hatte. Er war ein erfahrener und alteingesessener Jurist und erklärte mir gleich bei meinem ersten Besuch, er werde »alles tun, was in seiner Macht steht«.

Ich fühlte mich zunächst gut aufgehoben und wartete auf erste Zahlungen. Seit meinem Unfall waren inzwischen drei Monate vergangen, und ich hatte inzwischen keinen Pfennig mehr! Die Unkosten liefen ja weiter, aber meine Einnahmen lagen bei null. Es wurde also höchste Zeit, dass etwas passierte. Ein paar Wochen lang geschah nichts, und ich wurde immer ungeduldiger. Mehrmals telefonierte ich mit dem Anwalt und gewann immer mehr den Eindruck, dass etwas nicht stimmte. War er wirklich mit vollen Kräften in meiner Angelegenheit im Einsatz? Und warum dauerte alles so wahnsinnig lange? Mir brannte es förmlich auf den Nägeln und ich wartete auf ein wenig Geld wie ein Verdurstender in der Wüste auf ein paar Tropfen Wasser! Erst Monate später kam Bewegung in die Angelegenheit. Mir wurde von der Versicherung des Unfallfahrers ein Betrag von 10.000 Mark gezahlt – als sogenannte »Schnell-Hilfe«. Von »schnell« konnte dabei allerdings kaum die Rede sein – immerhin hatte ich auf das Geld sehr lange gewartet!

Es hatten sich inzwischen Schulden angehäuft, die ich nun durch diese Zahlung einigermaßen ausgleichen konnte. Die Scheine schmolzen dahin wie Schnee in der Sonne. Ich kaufte mir ein Auto – ich wollte so schnell wie möglich wieder fahren und Angst oder Panik gar nicht erst aufkommen lassen – und eine Brille, da ich seit dem Unfall nicht mehr richtig sehen konnte. Dazu kamen ein paar Kleinigkeiten hier, ein paar

Kleinigkeiten da. Und schon stand ich wieder vor dem Nichts!

Ende August schrieb ich also wieder an meinen Rechtsanwalt: Er möge doch bitte noch einmal Geld von der Versicherung fordern. Zwei Monate später trudelten weitere 5000 Mark ein. Inzwischen fand ich die Situation überhaupt nicht mehr lustig. Wie lange sollten 5000 Mark reichen?

Ich hatte noch nie auf großem Fuß gelebt und es immer geschafft, mich zu arrangieren – aber das war nun doch unter der Grenze. Inzwischen hatte ich mein Konto weit überzogen, den Kreditrahmen gesprengt. Wovon ich Geld zum Leben nehmen sollte, wusste ich damals nicht. Immerhin war ich krank, verletzt, nicht arbeitsfähig! Wieder rief ich meinen Anwalt an, der mir am Telefon leicht ungehalten antwortete: »Ich tue, was ich kann, Herr von der Heyde.« Mittlerweile kamen mir allerdings Zweifel daran, dass dies auch stimmte. Ich hatte vielmehr den Eindruck, als ob mein Anwalt sich nur mäßig für mich und meine Probleme interessierte.

Also zog ich Bilanz: Ein halbes Jahr war vergangen, seit ich den Anwalt zugezogen hatte, etwa neun Monate seit meinem Unfall – und bislang hatte ich nur 15.000 Mark von der Versicherung erhalten. Das waren weniger als 2000 Mark pro Monat, die mir zum Leben, Wohnen und für diverse ärztliche Maßnahmen zur Verfügung standen. Zwar hatte ich keine Ahnung davon, was man als Unfallopfer in solchen Fällen erwarten konnte, aber mein Gefühl sagte mir, dass diese Summe eindeutig zu gering war. Also ging ich zu einem zweiten Anwalt, den ich von früher kannte, und erklärte ihm: »Ich bin schon bei einem Kollegen von Ihnen, aber dort fühle ich mich nicht gut vertreten.« Der Anwalt zeigte Verständnis, nahm sich Zeit und hörte sich meine Probleme an. Dann riet er mir, doch noch einmal mit meinem bisherigen Anwalt zu reden.

Ich rief dort an und bat um einen Gesprächstermin im November. Das Sekretariat wimmelte mich ab. Der Herr Anwalt sei momentan ausgebucht, im Dezember fahre er in den Urlaub, und ich könnte leider erst im Februar nächsten Jahres einen Termin bekommen! Das reichte! Wütend rief ich den anderen Anwalt an und erzählte ihm davon. Er hörte mir zu und sagte dann nur knapp: »Kommen Sie zu mir und bringen Sie Ihre Unterlagen mit.«

Ein paar Tage später saß ich in seinem Büro und hatte nun endlich den Eindruck, dass ich einen Menschen gefunden hatte, der sich wirklich für mich einsetzen würde.

In relativ kurzer Zeit erreichte mein neuer Anwalt für mich, dass ich wieder eine Zahlung von der Versicherung bekam – dieses Mal waren es 30.000 Mark! Nur die Freude darüber dauerte nicht lange, denn 10.000 Mark musste ich nicht lange danach an das Arbeitsamt überweisen. Der Grund: Kurz nach meinem Unfall hatte ich ein Schreiben des Arbeitsamtes bekommen. Darin stand, ich solle Stellung nehmen zu meiner Tätigkeit für eine Firma in Süddeutschland. Das brachte mich in die Bredouille, denn ich hatte diese – von mir als »geringfügig« angesehene Arbeit nicht gemeldet und weiterhin Arbeitslosengeld bezogen. Nun hatten die Beamten von meiner Tätigkeit erfahren und festgestellt, dass ich durch meinen Verdienst keinen Anspruch mehr auf die regelmäßigen Zahlungen von Arbeitslosengeld hatte.

Außerdem musste ich die Unterstützung zurückzahlen, die ich erhalten hatte, während ich gleichzeitig gearbeitet hatte. Aber auch hier bewährte sich mein Anwalt wieder. Er schaffte es, die ursprüngliche Rückforderung von 18.000 Mark auf 10.000 Mark zu drücken. Natürlich war auch das eine Menge Geld, aber ich war dennoch erleichtert.

Die größten Probleme machte aber immer noch die Versicherung des Unfallfahrers, die nicht zahlte. Der Anwalt engagierte sich sehr für mich und forderte die Versicherung auf, endlich den fälligen Betrag – den er recht hoch ansetzte – zu begleichen. Der Sachbearbeiter, der mit meinem Fall betraut war, erklärte nun, es könne noch nichts geregelt werden, weil Unterlagen aus dem Krankenhaus fehlten. Wir hatten das Gutachten über die Folgen meines Unfalls am 14. September zur Versicherung geschickt und eine Woche später eine Bestätigung erhalten, dass es eingetroffen sei. Nun war es also auf mysteriöse Art verschwunden. Und ohne dieses Gutachten, so der Angestellte, könne er leider nichts unternehmen.

Mein Anwalt ließ die Sache natürlich nicht auf sich beruhen. Auch ich zeigte Einsatz und ging höchstpersönlich in die Uniklinik. Mit zwei Ärzten hatte ich mich während meines Aufenthaltes besonders gut verstanden, und mit diesen unterhielt ich mich nun. Einer der beiden führte mich in das Sekretariat, in dem das Gutachten abgeheftet war. Die nette Sekretärin schickte es auf mein Bitten ein zweites Mal an die Versicherung. Ein paar Wochen später, mittlerweile war es

Winter 1998, teilte uns der Versicherungsangestellte mit, er habe die fehlenden Unterlagen nun »endlich bekommen«.

Marion

Obwohl Markus nun schon lange »über den Berg« war, konnte ich nicht aufhören, mir Sorgen um ihn zu machen. Schließlich kannte ich seine psychische und seine finanzielle Lage nach dem Unfall, und beides war beunruhigend. Er kümmerte sich zwar selbst um alles, aber so ganz konnte ich mich nicht heraushalten. Ich fühle mich nun mal für meinen Bruder verantwortlich, und meine Familie geht mir über alles! Ich kümmere mich gerne um jeden Einzelnen und blühe dabei richtig auf. Hinzu kommt, dass ich die Familie besonders zu schätzen weiß, weil ich eigentlich immer Schwierigkeiten mit ihr hatte. Die schwierigen Kindheits- und Jugendjahre, die Probleme mit unserer Mutter und die Krankheit meines Vaters waren die eine Seite. Mein Versuch, selbst eine Familie zu gründen, war die andere. Dabei begann alles so einfach ...

Als älteste von vier Geschwistern war ich natürlich auch die Erste, die das Haus verließ. Ich freute mich schon lange darauf, endlich einmal für mich sein zu können. Durch die Berufstätigkeit meiner Eltern war ich ständig in der Situation, helfen zu müssen. Besonders dann, wenn mein Vater oder meine Mutter ganz ausfielen, weil sie krank waren, wurde ich in die Pflicht genommen. Oft hieß es: »Marie, wisch' doch bitte das Treppenhaus.« Oder: »Marie, spül' doch mal das Geschirr ab.«

Dabei blieb es jedoch nicht. Es dauerte nicht lange, und ich musste den gesamten Haushalt für sechs Personen erledigen. Natürlich sagte meine Mutter auch häufig zu mir: »Marie, pass' doch bitte auf die Jungen auf.«

Dieser ständige Arbeitseinsatz in unserem Haushalt führte natürlich dazu, dass ich mich nicht so intensiv der Schule widmete, wie ich es sonst vielleicht getan hätte. Dabei fing alles ganz gut an: Als ich eingeschult wurde, freute ich mich darüber sehr. Ich besuchte wirklich gerne den Unterricht und stand irrtümlicherweise auch schon mal am Samstag oder am Sonntag vor dem verschlossenen Schultor! Ohne nachzudenken war ich nach dem Aufstehen losmarschiert, obwohl ich eigentlich schulfrei hatte. Und es war eine große Enttäuschung für mich, wieder nach Hause gehen zu müssen.

Fast jeden Morgen begleitete mich meine Freundin Karin zur Schule. Da ihr Haus direkt auf dem Weg lag, klingelte ich bei ihr und holte sie ab. Und jedes Mal bat mich ihre nette Mutter herein und fragte, ob ich denn nicht ein Häppchen mitessen möchte. Eigentlich wollte ich nicht, aber Karins Mutter schaute mich immer so freundlich an, dass ich nicht nein sagen konnte. Das Schlimme daran war, dass es stets Haferflockenbrei gab, den ich eigentlich gar nicht mochte. Ich aß ihn nur der netten Mutter zuliebe.

Zu einer meiner Grundschullehrerinnen hatte ich ein besonders gutes Verhältnis und mochte sie sehr. Auch mit zehn Jahren besuchte ich sie immer noch ab und zu. Wir saßen oft zusammen auf ihrem kleinen Balkon, auf dem sie Tomaten zog, und unterhielten uns. Da ich eine eifrige Schülerin war, wechselte ich nach der Grundschule auf das Gymnasium. Aber hier ließen meine Leistungen bald stark nach, und der Lehrer teilte meinen Eltern mit: »Marion kann sich einfach nicht konzentrieren!« Und das stimmte tatsächlich. Ich ertappte mich damals oft, wie ich im Klassenzimmer saß, an die Tafel starrte und im Stillen zu mir sagte: »Du musst zuhören! Du musst zuhören!« Aber genau das tat ich nicht, sondern war mit meinen Gedanken ganz woanders.

Vielleicht war es ja nicht der einzige Grund, aber meine vielen häuslichen Pflichten spukten mir damals ständig im Kopf herum und lenkten mich ab. Wie soll man sich auf Mathematik konzentrieren, wenn man als Zehnjährige zu Hause einkaufen, kochen und die Wäsche waschen muss? Dazu kamen die Launen unserer Mutter, die uns Geschwister sehr beschäftigten. Ständig dachte ich an sie und ob sie sich beruhigt hatte, bis ich mittags aus der Schule kam. Denn es verging kaum ein Morgen, an dem sie nicht mit einer Tasse, einer Büchse Dosenmilch oder Besteck herumwarf. Mutters Wutausbrüche waren unberechenbar, und wir Geschwister saßen wie unbewegliche Puppen am Frühstückstisch und hofften, dass nichts Schlimmeres passierte.

Eines dieser Erlebnisse werde ich niemals vergessen: Ernst, damals fünf Jahre, und Bernd, drei Jahre alt, saßen abends gemeinsam in der Badewanne. Irgendetwas hatte meine Mutter wahnsinnig aufgeregt, ob es nun das Toben der beiden war oder das Wasser, das über den Wannenrand gespritzt war, keiner wusste es. Ich sah nur, wie sie mit wutentbranntem Gesicht, einem Kleiderbügel und einem Gürtel bewaffnet ins Badezimmer stürmte, dann hörte ich nur noch das Geschrei meiner Brüder. Helfen konnte ich nicht, denn sie hatte die Badezimmertür abgeschlossen. Als sie zitternd und schimpfend wieder herauskam, gönnte sie sich, wie jedes Mal, zur Beruhigung ein Glas Weinbrand, setzte sich hin und weinte.

Ich ging zu Ernst und Bernd, holte sie aus der Wanne und beruhigte sie. Dabei sah ich, dass ihre Rücken voller Striemen waren. Die beiden kleinen Jungen setzten sich später auf ihr Dreirad und fuhren schnurstracks zur Polizei, wohl in der Annahme, dort Hilfe zu bekommen. Aber natürlich schickten die Polizeibeamten sie wieder nach Hause. Von diesem Tag an schwor ich mir, mich gegen meine Mutter zu stellen, wenn sie wieder die Hand gegen meine Brüder erhob. Manchmal musste ich sie so stark festhalten, dass meine Handgelenke blau angelaufen waren, wenn ich sie wieder losließ. Aber ich glaube, ich habe einiges verhindern können ...

Meine Leistungen in der Schule dagegen wurden nach und nach immer schlechter, und nach zwei Jahren musste ich vom Gymnasium abgehen und zur Hauptschule wechseln.

Dort allerdings war ich nicht so gerne und hatte während meiner gesamten restlichen Schulzeit nur den einen Gedanken: »Hoffentlich bist du bald fertig!«

Ich konnte es auch kaum erwarten, bis ich 18 wurde und ausziehen durfte. Endlich wollte ich mein eigenes Leben leben, meine eigenen Wünsche verwirklichen! So hatte ich mir in den Kopf gesetzt, Grafikerin zu werden. Schon als Kind hatte ich immer sehr gerne gemalt und gezeichnet und sah nun darin einen wunderbaren Beruf für mich. Aber leider klappte es mit einer solchen Ausbildung nicht, und mir blieben nur zwei Berufe zur Auswahl: Friseurin oder Arzthelferin. Spontan entschied ich mich dafür, eine Friseurausbildung zu absolvieren. Aber da stellte sich meine Mutter quer: »Das kommt mir überhaupt nicht in Frage«, sagte sie energisch und drängte mich, lieber Arzthelferin zu werden. In ihren Augen war dieser Beruf besser angesehen.

Also fügte ich mich in mein Schicksal und begann 1974 eine Ausbildung als Zahnarzthelferin in Wesseling. Rückblickend kann ich nur sagen, dass ich heute vieles anders machen würde. Zuerst einmal hätte ich das Gymnasium beendet. Dann wäre ich gerne Ärztin geworden. Ein Beruf, der mit Helfen zu tun hat, spukt mir auch heute noch im Kopf herum. Vor einigen Jahren erst habe ich mich erkundigt, ob ich Rettungssanitäterin werden kann. Das wäre allerdings mit einer zeitaufwendigen Ausbildung verbunden gewesen – und diesen »Luxus« konnte ich mir mit einer Familie und zwei Kindern nicht leisten. Damals, als Teenager, wusste ich überhaupt nicht, welche Berufe es überhaupt gab, und schon gar nicht, welche davon mich interessieren würden. Wenn ich heute noch einmal die Wahl hätte, würde ich im medizinischen Bereich arbeiten wollen oder vielleicht in den Medien. Auf jeden Fall sollte die Arbeit mit Menschen zu tun haben, denn ich könnte mir auf keinen Fall vorstellen, alleine in einem Büro zu sitzen.

Im Alter von 15 Jahren begann ich also meine Ausbildung zur Zahnarzthelferin. Mein damaliger Chef hatte drei Patientenzimmer und er erkannte schnell, dass ich gerne eigenverantwortlich Aufgaben erledigte. Also sagte er nach kurzer Zeit: »Marion, du kannst im Prothetikzimmer arbeiten.« Das bedeutete für mich ein selbstständiges Arbeiten: Ich machte Abdrücke, entfernte Zahnstein und war ganz zufrieden. Damals verliebte ich mich auch zum ersten Mal. Er hieß Klaus und weckte Gefühle in mir, die ich bis dahin noch für keinen anderen Jungen empfunden hatte. Wir waren eine Clique und hatten einen Treffpunkt im Ort, das »Mäuerchen«. An dieser kleinen Mauer trafen wir uns stets und planten von dort weitere Unternehmungen. Damals war »Eisdielenzeit«, was bedeutete, dass sich die jungen Leute eher in Eisdielen als in Kneipen oder Discos herumtrieben.

Doch die Schwärmerei für Klaus hielt nicht sehr lange. Kurz darauf lernte ich Martin kennen, meinen ersten richtigen Freund. Er war zwei Jahre älter als ich. Auch wir beide waren wieder Teil einer Clique, die aus drei Pärchen bestand. Eines der Paare hat sogar später geheiratet und ist jetzt noch zusammen.

Nach Beendigung der Ausbildung, ich war gerade 17, wechselte ich in ein Zahntechnisches Labor. Dort bestand meine Arbeit in den nächsten zwei Jahren hauptsächlich darin, Abdrücke abzuholen, sie auszugießen und dann zu den Zahnarztpraxen zurückzubringen.

Von meinem Lohn konnte ich es mir mit 18 Jahren leisten, auszuziehen. Ich fand eine kleine Wohnung, die mich 240,– Mark warm im Monat kostete. Dazu kam ein eher unerwarteter Geldsegen, den meine Mutter mir verschafft hatte. Als sie sich von meinem leiblichen Vater scheiden ließ, hatten die zwei vereinbart, dass mir an meinem 18. Geburtstag ein kleines Häuschen in der Nähe von Köln überschrieben wurde, das bis dahin meinem »Erzeuger« gehört hatte. Ich musste nur ein paar Papiere unterzeichnen, in denen ich unter anderem von weiteren Erbansprüchen Abstand nahm. Und so war ich gerade volljährig, alleinlebend und Hausbesitzerin!

Sobald ich konnte, besichtigte ich mein Eigentum. In dem Haus lebten damals Mieter, und direkt nebenan wohnte mein leiblicher Vater mit seiner neuen Frau. Später bekam er mit ihr noch einen Sohn, der etwa so alt ist wie Markus. Diesen weiteren Halbbruder von mir habe ich allerdings noch nie gesehen.

Ich beschloss nach einiger Überlegung, das Haus zu verkaufen. Geld brauchte ich damals mehr als alles andere. Mit einem ansehnlichen Bankkonto ausgestattet überlegte ich, was ich nun weiter tun konnte, um mir ein schönes Leben zu machen. Als erstes marschierte ich in ein Reisebüro und sagte zu der Mitarbeiterin: »Ich möchte gerne irgendwohin, wo es warm ist.« Sie nannte mir ein Reiseziel, an das ich mich gar nicht mehr erinnere, und ich fragte nur: »Wie viele Flugstunden?«

»Drei«, antwortete sie. »Zu wenig«, meinte ich energisch. »Ich will richtig weit weg.«

Wir einigten uns auf Jamaika, das war weit entfernt von zu Hause, sehr exotisch und mit ziemlicher Sicherheit war es dort auch warm. Insgesamt flog ich drei Mal innerhalb von eineinhalb Jahren zu meinem neuen Lieblings-Reiseziel. Die Mitarbeiterin des Reisebüros, die mich so gut beraten hatte, hieß Claudia, und wir freundeten uns mit der Zeit sogar ein bisschen an. Sie war es, durch die ich Jahre später meinen Mann Jürgen kennen lernen sollte. Aber damals hieß mein vorrangiges Ziel: Reisen.

Meinen ersten Jamaika-Trip trat ich im Juni an. Ich verbrachte dort zwei Wochen in einem schönen Hotel, ging oft an den Strand und freundete mich mit zwei Frauen an, Martina und Rita, die dort ebenfalls ihren Urlaub verbrachten. Die Tage waren schön und erholsam, und alles gefiel mir unglaublich gut. Noch an Ort und Stelle beschloss ich gemeinsam mit den beiden Frauen, die Reise ein paar Monate später zu wiederholen.

Im November trat ich also den zweiten Jamaika-Urlaub an. Dass Jamaika insgeheim als Sextourismus-Ziel für Frauen galt, wusste ich damals nicht und es interessierte mich auch nicht sehr. Anders Martina und Rita: Die beiden hatten bei ihrem ersten Trip die Lage gepeilt und kehrten nun mit eindeutigen Absichten in das exotische Paradies zurück. Anstatt wie beim ersten Mal die Tage zu dritt zu verbringen, glänzten die beiden nun öfters durch Abwesenheit. Mal hatte die eine, mal die andere eine Bekanntschaft. Es kam auch vor, dass beide gleichermaßen beschäftigt waren und ich allein am Strand lag. Aber das machte mir wenig aus, und ich erholte mich fabelhaft.

Nach und nach bekam ich auch mit, dass die Jamaikaner auf gutbetuchte weiße Frauen standen. Und natürlich bekam auch ich die eine oder andere Offerte – aber ich blockte immer ab. Solch ein »Sex-Urlaub« war nun wirklich nichts für mich. Und außerdem hatte ich Angst, alleine mit einem Fremden zu sein. Was da alles hätte passieren können! Da blieb ich lieber für mich und machte mir eine schöne Zeit.

Die dritte Reise unternahm ich bereits gemeinsam mit meinem neuen Freund Daniel. Ich lernte Daniel in einer Kölner Disco durch meine Freundin Sabrina kennen. Sie fand ihn sehr attraktiv und schickte mich vor, um herauszufinden, ob er sie auch mochte. Ich antwortete Sabrina ehrlich, dass er sie wirklich nett fand – aber mehr auch nicht. Stattdessen hatten Daniel und ich uns ineinander verliebt, und so fragte ich meine Freundin: »Du, hättest du etwas dagegen, wenn Daniel und ich ...?« Sie hatte nicht.

Kurz darauf kam sie an einem Samstagmorgen bei mir vorbei. Daniel schlief noch, und Sabrina fragte mich, ob sie einmal kurz durch die Tür nach ihm schauen könnte ... Na klar, sagte ich, und wir schlichen zum Schlafzimmer. Meine Freundin öffnete die Tür, und von drinnen drang uns ein lautes Schnarchen entgegen. Wir sahen uns an, brachen in Lachen aus und zogen uns schnell ins Wohnzimmer zurück. Ich glaube, spätestens in diesem Moment hat sich Sabrina von ihrem »Traummann« gelöst. Kurz darauf tröstete sie sich bereits mit einem anderen.

Ich arbeitete noch eine Weile weiter im Zahntechnischen Labor und erfüllte mir nach den drei Fernreisen einen weiteren Wunsch: Ich kaufte mir einen VW-Käfer Cabrio. Mein Vater war damit einverstanden und lobte meine Wahl: »Ein sehr gutes Auto.«

Keine so gute Wahl war meine dritter und letzter Wunsch, den ich mir mit dem ererbten Geld erfüllte:

Ich kaufte eine kleine Boutique in Köln und wollte darin teure, exklusive und ausgefallene Mode anbieten. Die frühere Besitzerin, von der ich das Geschäft übernahm, wusste, warum sie es verkaufen wollte: Es lief nämlich nicht sehr gut. Nur ich mit meinen 21 Jahren und ohne jede Erfahrung in diesem Bereich berücksichtigte das natürlich nicht.

Ich freute mich wie eine Schneekönigin: Statt Assistentin im Zahnlabor war ich nun Boutique-Besitzerin! Täglich war ich umgeben von den schönsten und exklusivsten Mode-Artikeln. Endlich konnte ich mich kleiden wie ich wollte. Als Kind und Jugendliche hatte ich immer sehr unter dem konservativen Geschmack meiner Mutter gelitten. Ich erinnere mich noch genau an meine Konfirmation: Alle Mädchen trugen Miniröcke, die damals gerade hochmodern waren. Nur meine Mutter bestand auf einem knielangen Rock. Meine Haare wurden umständlich auf Wickler gedreht und ich fand mich überhaupt nicht hübsch. Auch in der Schule musste ich oft altbackene Kleidung tragen, für die ich mich schämte. Und nun war ich die Herrin über all die verrückte Mode!

Ich fuhr zur Modemesse nach Paris und kaufte dort ein. Auf einen Schlag legte ich mir 20 Paar Schuhe zu, anstatt mir, wie andere Leute, ein einziges Paar zu kaufen. Das war ein Fest! Ich schwelgte in schönen Dingen, gab das Geld mit vollen Händen aus und bedachte auch meine Familie stets mit Geschenken. Meine Ausgaben standen allerdings in einem krassen Gegensatz zu den Einnahmen. Ich merkte bald, dass ich die Boutique nur halten konnte, wenn ich ständig Geld hineinsteckte – verkaufen ließ sich so gut wie nichts! Wahrscheinlich waren die Modelle viel zu exklusiv und zu teuer.

Einmal vertrat mich eine Tante für zwei Wochen in der Boutique, als ich im Urlaub war. Als ich zurückkam, fand ich mehrere Kundinnen mit Beschwerden in meinem Geschäft vor. Sie hatten angeblich teure Stücke bei mir gekauft und diese hatten sich nach dem Waschen verfärbt. Ich sah mir die Textilien an und konnte mit Gewissheit sagen, dass dies keine Kleidungsstücke von mir waren. Kurz darauf fand ich heraus, was passiert war: Meine Tante hatte minderwertige Ware von verschiedenen Märkten geholt und sie in meiner Boutique teuer verkauft! So etwas war natürlich regelrecht geschäftsschädigend!

Aber auch ohne solche Zwischenfälle war die Boutique nicht ewig zu halten. Nach knapp drei Jahren musste ich die Segel streichen. Mein Geld war verbraucht, und ich gab das Geschäft auf. Nun suchte ich mir einen neuen Job in Köln und fragte auch bei mehreren Bekleidungsgeschäften an. Ein Boutiquebesitzer stellte mich auch tatsächlich ein und ich begann dort meine Arbeit. Als ich mich am dritten Tag bei meinem Chef kurz abmeldete, weil ich auf die Toilette gehen wollte, sah er mich strafend an und sagte: »Dafür haben Sie doch die Mittagspause!« Da packte ich kurzerhand meine Sachen und ging. Nun begann ich, im Sekretariat und im Verkauf der Firma von Daniels Vater zu arbeiten. Immerhin waren Daniel und ich damals schon eine Weile zusammen und verstanden uns sehr gut. Ein bisschen sah er aus wie Wolfgang Niedecken von der Kölner Rockgruppe »BAP«. Das fiel mir auf, als Markus mir einmal eine

Platte der Band schenkte, auf der alle Musiker abgebildet waren.

Daniel war ein sehr sensibler Mensch, was mir sehr gut gefiel, und unsere Beziehung wurde immer fester. Wir zogen in eine gemeinsame Wohnung, die über dem Büro lag, in dem wir zusammen arbeiteten. Daniels Eltern waren geschieden. Seine Mutter wohnte weit entfernt in einer anderen Stadt, und mit ihr sowie mit seinem Vater verstand ich mich außerordentlich gut.

Irgendwann aber begann sich meine Beziehung zu Daniel zu verändern. Durch die gut laufenden Geschäfte seines Vaters hatte Daniel genügend Geld, das er ausgeben konnte. Er fuhr zuerst einen tollen BMW, dann einen Porsche. Das war ein Lebensstil, der mir natürlich auch gefiel. Ich fühlte mich wohl an seiner Seite, und wir führten eine Zeitlang ein schönes, unbeschwertes Leben mit vielen ausgelassenen Feiern. Daniels Lebenslust und Großzügigkeit lockten allerdings ziemlich schnell jede Menge »gute Freunde« an, die immer gerne dabei waren, wenn bei jemandem das Geld locker saß. Wenn Daniel ausging, dann zückte er nicht sein Portemonnaie – sondern er holte gleich ein ganzes Bündel gerollter Geldscheine aus der Hosentasche! Das machte Eindruck, und Daniel gefiel es in dem Kreis seiner so genannten Freunde immer besser.

Während ich abends früh schlafen ging und müde vom harten Arbeitstag war, feierte er immer öfter – ohne mich. Am nächsten Morgen war er übernächtigt und stand oft erst gegen Mittag auf. So musste ich viel Arbeit in der Firma alleine erledigen. Mir gefiel es überhaupt nicht, dass Daniel sich von seinen Bekannten so ausnutzen ließ. Ich fand außerdem, dass er zu dieser lärmenden und vergnügungssüchtigen Horde überhaupt nicht passte. Irgendwann führten wir gar keine richtige Beziehung mehr, sondern hatten nur noch eines gemeinsam: die Arbeit in der Firma.

In dieser Zeit kam öfters ein Mann zu uns, der mir sehr gut gefiel. Aber er war verheiratet und ich in festen Händen – jeden Gedanken an eine weitergehende Beziehung zu diesem Kunden habe ich also von Anfang an verdrängt. Leider stellte sich bald heraus, dass mein lieber Freund Daniel nicht ganz so dachte.

Eines Abends ging ich mit ein paar der Angestellten in eine Kneipe. Wir wollten gemeinsam nach Feierabend noch ein Bier trinken. Als wir dort so saßen, fasste sich einer meiner Kollegen ein Herz und zeigte in Richtung Theke. Ich wunderte mich und wusste nicht, was er mir damit sagen wollte. Alles, was ich sah, war eine ziemlich betrunkene, schlampig aussehende Frau. »Verstehst du nicht, Marie?«, fragte mich mein Kollege und deutete auf diese Frau. »Rate mal, warum Daniel so oft hierher geht! Und rate mal, wo gestern Nacht sein Porsche stand? Mach doch mal die Augen auf!« Noch immer fiel bei mir nicht der Groschen. Nun wurden die Andeutungen meiner Kollegen deutlicher, und schließlich klingelte es auch bei mir: Daniel hatte ein Verhältnis! Mit dieser Frau! Ich konnte es nicht glauben! Wenn sie wenigstens attraktiv und verführerisch gewesen wäre ... Ich rannte nach Hause und warf außer mir vor Wut und Enttäuschung Daniels Wäsche aus dem Wohnungsfenster. Als er heimkam, schrie ich ihn wütend an: »Wenn du schon zu dieser Frau gehst, kann sie dir auch deine schmutzige Wäsche waschen!« Trotz dieses Wutausbruchs renkte sich unsere Beziehung wieder einigermaßen ein, und wir blieben noch weitere drei Jahre zusammen. Wahrscheinlich war es Gewohnheit, der tägliche Trott oder die Verflechtung in der Firma seines Vaters, was uns zusammenhielt. Ich kann es heute nicht mehr genau sagen. Wir lebten auch nicht eigentlich als Paar zusammen, sondern eher wie in einer Art Wohngemeinschaft, in der jeder kam und ging, wann er wollte. Das bedeutete auch, dass jeder tat, was er wollte. Mal hatte Daniel eine Liebelei, mal ich.

In dieser Zeit kam auch der Kunde wieder zu uns, den ich schon immer mehr als sympathisch gefunden hatte. Jedes Mal, wenn er das Geschäft betrat, erstarrte ich, und das Herz schien mir vor Aufregung aus der Brust zu springen. So ganz nebenbei erzählte er mir eines Tages, dass er sich von seiner Frau getrennt habe und nun in einem eigenen, kleinen Appartement leben würde. Ein paar Tage später klingelte es abends an unserer Wohnungstür. In dem Glauben, es sei Daniel, der mal wieder seinen Schlüssel vergessen hatte, öffnete ich nur mit einem Bademantel bekleidet die Tür.

Der nette Kunde stand draußen und wollte sich von Daniel ein Video ausleihen, aber mein Freund war mal wieder unterwegs. Unsere Blicke trafen sich, und ich fragte ihn ohne zu zögern, ob er Lust hätte, mit mir ein Bier trinken zu gehen. Innerhalb kürzester Zeit war ich angezogen, und wir fuhren in ein gemütliches Bierlokal. Als er zärtlich meine Hände berührte, war ich überwältigt vor Glück und nicht mehr in der Lage, irgendetwas zu sagen. Von diesem Abend an waren wir ein Liebespaar und verbrachten eine herrliche Zeit miteinander. Mein neuer Freund war damals 43, ich gerade mal 24 Jahre alt. Ich schaute zu ihm auf und dachte, auf ihn könne ich mich verlassen. Er hatte schon gelebt, besaß viel Erfahrung und würde mich bestimmt niemals enttäuschen!

Doch einige Wochen später – wie hatten gerade einen wunderschönen Abend miteinander verbracht – wurde er ganz still und wollte mit mir etwas besprechen. Er erzählte mir, er habe eine Frau kennen gelernt, Mitte dreißig, und er wollte gerne mit dieser Frau zusammenleben. Ich wäre doch viel zu jung für ihn und wollte doch sicherlich noch eine Familie gründen. Deshalb wäre es besser für mich, einen jüngeren Mann zu finden. Wie betäubt fuhr ich an diesem Abend nach Hause, und die Enttäuschung brannte wie ein Höllenfeuer in mir. Ich verstand erst später, was er gesagt und gemeint hatte: Aber er sollte Recht behalten mit seinen Worten.

Markus

Ich glaube, jeder in unserer Familie ist ein Einzelkämpfer. Jeder Einzelne ist so stark, dass er die verschiedenen Schicksalsschläge meistern kann, die ihm das Leben wie Knüppel zwischen die Beine wirft. Besonders Marion war immer so ein Typ. Sie schaffte es stets, sich durch alle Widrigkeiten durchzuboxen. Und wie sich bald herausstellen sollte, musste auch ich einiges einstecken. In der Grundschule war ich einer der Stärksten – für kleine Jungs ist das ungeheuer wichtig. Es ist nun einmal so, dass auf dem Schulhof und in den Pausen geschubst und gerangelt wird, und die Schwächeren haben natürlich mehr zu leiden als die Starken.

Eines meiner Lieblingsfächer war von Anfang an der Sport. Ich war ein bewegungsfreudiges Kind, fuhr viel Rad und war ein As auf dem Skateboard. Besonders viel Spaß machte mir das Schwimmen, und als ich neun Jahre alt war, trat ich in den örtlichen Schwimmverein ein. Nacheinander errang ich alle möglichen Abzeichen und machte bei vielen Wettkämpfen mit. Damals hatten wir fast jeden Nachmittag Training, und so war ich in der Zeit, in der meine Mutter arbeiten ging, gut untergebracht. Mein Tagesablauf als Zehnjähriger sah so aus: Ich ging morgens zur Schule und kam gegen Mittag nach Hause. Da uns niemand öffnen konnte – mein Vater war krank und meine Mutter arbeitete –, hatten wir Geschwister einen eigenen Schlüssel. In der Küche fand ich immer Tiefkühlkost, die meine Mutter aus der Kantine mitgebracht hatte. Ich wärmte mir mein Essen auf, und danach machte ich meine Hausaufgaben. Manchmal machte ich sie auch nicht, und es war ja auch niemand da, der mir deswegen ständig im Nacken saß und mich kontrollierte.

Zwischen drei und fünf Uhr nachmittags trainierte ich beim Schwimmverein. Wenn ich danach nach Hause kam, war auch meine Mutter von der Arbeit zurück und wir aßen gemeinsam zu Abend. Nach der vierten Klasse wechselte ich auf die Realschule. Sie war in einem riesigen Gesamtkomplex untergebracht, zu der auch noch das Gymnasium und zwei Hauptschulen gehörten. Es gab eine »Hauptschule I« und eine »Hauptschule II«. In der »I« waren mehr deutsche Kinder untergebracht, in der »II« hauptsächlich ausländische.

Als Schüler war ich so »mittelprächtig«. Sport und Geschichte mochte ich sehr gerne, in Mathe war ich ziemlich schlecht. Wir hatten sehr unterschiedliche Lehrer, mit denen ich mich mal gut, mal weniger gut verstand. Aber wichtig für mich war hauptsächlich unsere Klassenlehrerin, die wir Kinder sehr mochten. Vom Unterricht kann ich leider nicht dasselbe behaupten: Von den zwei Jahren, die ich in der Realschule verbrachte, ist mir besonders der Handarbeitsunterricht in Erinnerung geblieben. Daran mussten wir teilnehmen, Jungen und Mädchen, ob wir wollten oder nicht. Ich war davon nicht sehr begeistert, aber ich konnte nichts dagegen tun. Also protestierte ich auf meine Art und Weise: Zum Häkel- und Strickunterricht bei unserer bayerischen Lehrerin erschien ich jedes Mal ohne Wolle und Nadeln. Natürlich konnte ich meistens nicht mitmachen, und meine Lehrerin beschimpfte mich auf gut Bayerisch mit: »Du alter Schlamper!« Darüber muss ich heute noch lachen. Sie hat wirklich geglaubt, dass ich meine Sachen regelmäßig unabsichtlich vergaß. Aber natürlich war es reine Absicht von mir: Ich war ein junger Mann mit ganz anderen Interessen und wollte einfach nicht häkeln lernen!

Nach der 6. Klasse wurde meinen Eltern nahegelegt, mich doch aufgrund meiner schlechten Leistungen von der Realschule zu nehmen und stattdessen auf die Hauptschule zu schicken. Also landete ich auf der »Hauptschule I« und ließ meinen damaligen besten Freund in der Realschule zurück. Ich war ziemlich traurig über den Wechsel, aber mein Freund war völlig fertig und konnte es gar nicht fassen, dass ich nicht mehr gemeinsam mit ihm die Schulbank drückte! Nun war ich also auf der gefürchteten »anderen Seite«. Die Hauptschüler waren nämlich für die Jungen und Mädchen der Realschule und des Gymnasiums ein Gräuel. Da alle Schulhöfe beinahe nahtlos ineinander übergingen, machten sich einige Hauptschüler regelmäßig einen Spaß daraus, ausgesuchte Realschüler oder Gymnasiasten in den Pausen zu ärgern und zu verprügeln. Diese Überfälle waren gefürchtet. Nun gehörte ich also selbst dazu.

Wenn ich meine Erinnerungen an die »H I« zusammenfassen soll, dann denke ich spontan an das Buch »Durchs wilde Kurdistan«. So wild und abenteuerlich kam mir mein Leben als Hauptschüler damals vor. Rückblickend kann ich nur feststellen: Man hätte uns die Wahrheit sagen können! Allen Schülern, die auf die Hauptschule heruntergestuft wurden, erzählten die Lehrer dasselbe: Das sei doch alles gar nicht so schlimm, die Hauptschule sei auch eine gute Schule und so weiter. Man hätte uns nicht so psychologisch kommen und für dumm verkaufen müssen. Mir wäre es lieber gewesen, man hätte uns klipp und klar gesagt: »Du bist jetzt hier, weil du es auf der Realschule nicht geschafft hast. Hier ist das Niveau viel niedriger, das wird dir helfen. Wir bringen dir hier so viel Lesen und Schreiben bei, wie wir schaffen, und alle möglichen Variationen des Faustkampfes!« Das hätte mir sicherlich mehr gebracht als das beruhigende Gerede von einer »auch ganz guten Schule«.

Nachdem ich mich eingewöhnt hatte, fand ich das Ganze gar nicht so übel. Besonders gut gefiel mir unser Klassenlehrer. Er war ein väterlicher Typ mit Vollbart, immer locker und gut gelaunt. Das Beste an ihm aber war, dass er für uns Schüler sehr viel Verständnis aufbrachte, und das wollte schon etwas heißen, denn wir Schüler benahmen uns nicht gerade vorbildlich. Genau betrachtet war er eigentlich der beste Klassenlehrer, den ich jemals hatte. In meiner Klasse waren 26 Schüler, darunter neun Ausländer. Es handelte sich dabei um einen Jugoslawen und acht Türken. Einige von ihnen sprachen kaum einen Satz Deutsch. Ich erinnere mich besonders an ein Mädchen, das jede Frage unseres Klassenlehrers mit den Worten beantwortete: »Ich Türkei.« Meistens kam ihr ein türkischer Junge zu Hilfe, der für sie übersetzte. Dann antwortete sie auf Türkisch, und der Junge übersetzte zurück ins Deutsche. Unser Klassenlehrer nahm das Ganze mit Humor, und noch heute bewundere ich ihn wegen dieser lässigen Einstellung.

Es waren die 70er Jahre, die Jeans-Zeit, die Zeit von ACDC, Pink Floyd und Männern mit langen Haaren. Der Klassenlehrer hatte meiner Meinung nach begriffen, dass er an einer Schule für Verlierer unterrichtete, und er versuchte, das Beste daraus zu machen. Zu Anfang des neuen Schuljahres fragte er mich und zwei weitere Jungs, die gemeinsam mit mir »strafversetzt« worden waren: »Na, Jungs, was habt ihr denn so in der Realschule gemacht?« »Gehäkelt!«, antworteten wir, woraufhin unser Lehrer schallend lachte. Er bot uns stattdessen »Motorkunde« an, ein Wahlpflichtfach, das er selbst ins Leben gerufen hatte. Darauf stürzten wir uns natürlich mit großem Eifer. Wir gingen zusammen zum Schrottplatz, holten uns einen alten Motor und lernten daran die Grundkenntnisse der Motortechnik.

In der Hauptschule freundete ich mich mit Wolfgang an. Wir waren gemeinsam von der Realschule »strafversetzt« worden, hatten aber früher nur selten Kontakt gehabt. Nun aber entdeckten wir viele Gemeinsamkeiten, zum Beispiel unser Interesse an Motorrädern. Wolfgang war etwas älter als ich und durfte früher Mofa fahren. Er hatte bereits etwas Geld gespart und holte sich davon eine richtige Moto-Cross-Maschine! Ich war sehr beeindruckt und freute mich besonders, wenn er mich mit seiner neuen Errungenschaft von zu Hause abholte und mit zur Schule nahm.

Nun begann für uns eine herrliche Zeit: Wir waren 15 Jahre alt, die besten Freunde und hielten zusammen wie Pech und Schwefel! Wir fuhren nicht nur gemeinsam zur Schule, wir schwänzten sie auch oft genug gemeinschaftlich! In einem meiner Zeugnisse stand zum Beispiel, dass ich 27 Tage entschuldigt gefehlt hatte und 57 Tage unentschuldigt!

Wir Jungen hatten weit Besseres zu tun, als die Schulbank zu drücken. Im Sommer fuhren wir oft zum nahe gelegenen Vergnügungspark, kletterten an einer unbewachten Stelle über den mannshohen Zaun und machten uns kostenlos einen schönen Tag. Wenn wir nicht auf dem Mofa durch die Gegend fuhren, saßen wir meistens in Wolfgangs »Bude«. Das war ein riesiger

Raum in einem ehemaligen Hühnerstall, den er sich als seinen »Treffpunkt« eingerichtet hatte. Der Bauer, dem der Stall gehörte, war ein Nachbar von Wolfgangs Eltern. Früher hatte er Hühner darin gehalten, die er aber nach einer akuten Hühnerpest alle schlachten musste. Seitdem stand der Schober leer, und Wolfgang nahm ihn mit Erlaubnis des Bauern in Besitz. Vom Sperrmüll hatte er einen alten Ofen und ein Sofa geholt, und eines Tages installierte er dort sogar einen Videorekorder. Diese Apparate, die heute in jedem Haushalt zu finden sind, waren damals der allerneuste Trend, und nicht viele Mitschüler von uns besaßen so einen. Wolfgang und ich hatten also das Privileg, in einem eigenen Raum Horror-Videos anzusehen, die wir eigentlich noch gar nicht ausleihen durften. Wer dachte da noch an Schule?

Im Sommer grillten wir draußen vor Wolfgangs »Bude«, und auch der Sohn des Bauern war oft mit dabei. Sein Vater schickte uns Cola und Hühnchenkeulen herüber, und wir machten uns eine schöne Zeit. Das einzige Störende dabei war meine Mutter: Sie hatte etwas gegen Wolfgang und wollte nicht, dass ich so viel Zeit mit ihm verbrachte. Eigentlich hatte sie ja Recht – aus ihrer Sicht. Aber ich sah darin nur eine Einschränkung und den Versuch, mir den Spaß zu verderben!

Ein Jahr später, nach meiner Konfirmation, bekam ich auch endlich einen fahrbaren Untersatz – und damit auch wieder ein Stückchen mehr Freiheit. Ich hatte mir eine wahnsinnig tolle Geländemaschine ausgesucht. Um sie bezahlen zu können, brauchte ich mein ganzes Gespartes und mein Konfirmationsgeld auf.

Den Rest legte mein Vater dazu. Ich war sehr stolz, als ich mit meinem Mofa die ersten Runden drehte! Inzwischen war auch unser Interesse an Mädchen erwacht, und so fuhren wir hin und wieder mit einer Beifahrerin durch die Gegend. Die Mädchen fanden uns natürlich cool, denn immerhin hatten wir Mofas, während alle anderen noch mit dem Fahrrad fuhren. Wolfgang und ich nahmen die Mädchen manchmal auch mit in unsere »Bude«, und spätestens dann waren sie restlos begeistert!

Diese Mädchen waren allerdings höchstens »Schwärmereien« von mir. Meine erste richtige Freundin hatte ich erst mit 15. Ich lernte sie bei der Abschlussfahrt der neunten und letzten Hauptschulklasse kennen. Wir hatten wirklich eine tolle Fahrt geplant: Es ging für 14 Tage nach Ramsau in Österreich, zusammen mit einer Parallelklasse von uns. Untergebracht wurden wir nicht etwa in einer einfachen Jugendherberge – nein, wir wohnten in einem Jugendhotel der gehobeneren Klasse. Außer unseren beiden Gruppen waren dort noch zwei Gymnasialklassen untergebracht. Nach neun Stunden Anreise mit der Bahn und einer kurzen Busfahrt waren wir endlich da und freuten uns auf eine schöne – und vor allem unterrichtsfreie – Zeit.

Ramsau ist ein idyllisch in den Bergen gelegener Ort, und da die Klassenfahrt am Jahresanfang stattfand, lag dort bei unserer Ankunft der herrlichste Schnee. Die harmonische Umgebung hielt uns Hauptschüler aber nicht davon ab, uns von unserer »besten Seite« zu zeigen.

An unserem ersten Abend gab es zur Begrüßung

erst einmal ein Bier. Die Lehrer verteilten Skier an uns, denn in den nächsten Tagen sollten wir an einem Skikursus teilnehmen. So lange konnten wir Jungs aber nicht warten, sondern wir wollten gleich mal beweisen, was wir draufhatten! Also schnappten ein paar Freunde von mir und ich uns nach dem Abendessen die Skier und stapften in die winterliche Nacht hinaus. Obwohl wir natürlich alle nicht fahren konnten, schnallten wir die Bretter nun an und sausten damit ins Tal hinunter. Das lief soweit ganz gut. Aber als wir unten ankamen, stellten wir fest, dass wir ja auch irgendwie den Berg wieder hinauf mussten, zurück in unsere Unterkunft. Übermütig und frech wie wir damals waren, hatte niemand von uns Lust, den ganzen Aufstieg zu Fuß zu bewerkstelligen. Also brachen ein paar Freunde von mir den Skilift auf, knipsten die Beleuchtung entlang der Skipiste an und setzten den Lift in Bewegung. Das war vielleicht ein Spaß! Anstatt zu laufen, konnten wir nun den Weg hinauf mit dem Lift fahren. Da wir übermütig und unerfahren im Skisport waren, brach sich einer meiner Mitschüler bei dieser Aktion prompt ein Bein.

Das Donnerwetter, das uns bei unserer Rückkehr erwartete, kann sich wohl jeder vorstellen. Es fehlte nicht viel, und unser erster Ferientag wäre auch unser letzter gewesen! Am zweiten Abend fanden wir heraus, dass die Wände, die die Schlafsäle trennten, nur sehr dünn waren. Sie kamen uns vor, als wären sie nur aus Pappe. Direkt neben uns waren die Gymnasiasten untergebracht. Als wir in unseren Betten lagen, fingen wir an, mit den Füßen gegen die Wand zu trommeln. Die Gymnasiasten riefen laut und beschwerten sich.

Als schließlich unser Lehrer kam, um zu hören, was denn los sei, war bei uns natürlich alles totenstill! Niemand regte sich. Auf seine Fragen hin erzählten wir ihm, dass uns die Gymnasiasten von nebenan ärgern würden. Also ging unser Lehrer in ihren Schlafraum und schimpfte sie aus – und wir lachten uns inzwischen ins Fäustchen!

Kaum war unser Lehrer weg, schmissen wir Papierkörbe, gefüllt mit lauten, scheppernden Blechdosen, quer über den Flur und beschuldigten wieder unsere Zimmernachbarn. So ging das den ganzen Abend lang. Immer, wenn unser Lehrer zu uns kam, um zu hören, was denn passiert sei, war es mucksmäuschenstill in unserem Schlafsaal. Er trug nämlich Schuhe mit Gummisohlen, die auf dem Linoleumboden schön laut quietschten und uns sein Kommen stets rechtzeitig ankündigten. Unser geschätzter Klassenlehrer benahm sich wirklich fair. Er schimpfte zwar, hatte aber auch viel Verständnis für uns. Aber irgendwann musste auch ihm mal der Kragen platzen. Als er an diesem Abend die wahren Übeltäter der ständigen Störungen endlich ausgemacht hatte, drohte uns eine furchtbare Strafe – Spüldienst!

Mein Freund Wolfgang und ich mussten also am nächsten Mittag in der Küche antreten und sollten die Teller von sämtlichen Schülern säubern, die sich gerade in dem Jugendhotel aufhielten. Das war aber ganz und gar nicht nach unserem Geschmack! Die ersten zehn Teller spülten wir noch ordnungsgemäß, aber dann packte mich der Zorn: »Hör mal«, sagte ich zu meinem Freund, »wir sind doch keine Küchenhilfen! Ich sehe gar nicht ein, dass ich hier 100 oder noch mehr Teller spülen soll! Wir sind doch nicht die Doofen.«

Wolfgang stimmte mir sofort zu, und so räumten wir nach zehn sauberen Tellern alle anderen ungewaschen wieder in den Schrank ein. Das gab natürlich ein großes Theater, als das schmutzige Geschirr mit den inzwischen harten, verkrusteten Essensresten am nächsten Tag gefunden wurde! Abgesehen von solchen Kleinigkeiten gefiel uns die Abschlussfahrt wirklich gut.

Tagsüber besuchten wir unseren Skikursus, und abends wurden wir sogar mit extra bereitgestellten Bussen in die nächste Disco gefahren. Auch unserem Klassenlehrer machte es großen Spaß. Er hatte sich auch eine sehr nette und gut aussehende junge Lehrerin als Begleitung mitgenommen! In unserem damaligen Jargon eine »echt supergute Schnalle«. Wir beneideten ihn deswegen ein bisschen. Aber auch Wolfgang und ich kamen auf unsere Kosten: Er flirtete mit einer Gymnasialschülerin, und ich freundete mich mit einem Mädchen aus meiner Parallelklasse an. Kurz gesagt: Wir hatten eine schöne Zeit!

Als ich von der Klassenfahrt zurückkehrte und meine Mutter von dem Vorfall mit dem Straf-Spüldienst hörte, stand sie ganz überraschend auf meiner Seite: »Du hattest Recht, Markus«, sagte sie. »Ihr musstet die vielen Teller wirklich nicht spülen!«

Nach der Klassenfahrt war meine Schulzeit nun offiziell beendet. Mein Abschlusszeugnis von der Hauptschule war nicht besonders gut. In den letzten Monaten war ich nicht sehr oft in der Schule erschienen. Ich glaube, meine Freunde und ich wurden von den Lehrern einfach geduldet, obwohl sie uns nur selten im Unterricht sahen. Unser Klassenlehrer bemühte sich trotzdem, uns allen eine Lehrstelle zu beschaffen.

Für mich sprang ein Praktikum in einem kleinen Bäckereibetrieb in Köln heraus. An meinem ersten Arbeitstag erschien ich also bei meinem Chef, der seine winzige Bäckerei führte. Es handelte sich um einen Ein-Mann-Betrieb, und entsprechend viel hatte der Meister zu tun. Er empfing mich mit den Worten: »Junge, das Bäckereihandwerk ist ein hartes Brot. Aber wenn du in den nächsten drei Wochen gut arbeitest, kann ich dich in meinen Betrieb übernehmen.« Danach fing er an zu schuften wie ein Irrer. Jedenfalls kam es mir als damals Sechzehnjähriger so vor.

Von der ersten Minute an hatte ich wahnsinnig viel zu tun, aber das war nichts im Vergleich zu der Arbeit, die der Bäcker leisten musste. Er rannte, hob, knetete und schwitzte, alles musste extrem schnell gehen, damit die Brötchen und Brote rechtzeitig zum Frühstück fertig waren. Er erklärte mir nur kurz und in knappen Worten, was zu tun war. Natürlich klappte nicht gleich alles so, wie er es sich vorgestellt hatte, und ich merkte, dass er unzufrieden war. Dazu kam der wirklich penetrante Geruch von süßen Teilchen, der ständig in der Luft hing und bei mir Übelkeit verursachte.

Gegen fünf Uhr morgens hatten wir die Backwaren fertig und packten die Brötchen in Tüten und fuhren sie aus. In dem kleinen Kölner Vorort schlief noch alles, als mein Chef und ich in einem wahnsinnigen Tempo mit dem Lieferwagen durch die Straßen jagten und hier und da Brötchen auslieferten. Dann rasten wir zurück in die Backstube, und weiter ging es mit der Arbeit. Ich saß die ganze Zeit staunend neben ihm auf dem Beifahrersitz und dachte nur bei mir: »Meine Güte! Entweder er stirbt bei einem Autounfall oder an einem Herzinfarkt!« Wie auch immer: Solch ein Leben war nichts für mich. »Da würde ich schuften und schuften und eines Tages wahrscheinlich tot umfallen!«, dachte ich bei mir.

Nach Ablauf des Praktikums verabschiedete ich mich von dem Bäcker und sagte ihm: »Vielen Dank für Ihr Angebot, aber ich glaube, das hier ist nichts für mich.«

Nun stand ich zwar mit Schulabschluss, aber ohne Ausbildungsplatz da und überlegte, wie es weitergehen sollte. Ich hatte inzwischen ein neues Hobby für mich entdeckt: das Moto-Cross-Fahren. Und dieses Hobby kostete Geld. Also musste ich etwas unternehmen.

Gemeinsam mit meiner Mutter erkundigte ich mich und entschied mich schließlich dafür, zwei Jahre lang die Berufsfachschule für Technik zu besuchen. Technik war ein Fach, das mir lag.

Anfangs lief es in der Schule ganz gut. Ich kam gut mit und hatte viel freie Zeit für mein neues Hobby, das mir ausgesprochen viel Spaß machte. Ich kaufte mir ein kleines Moped, ein Mokick, mit dem ich nur 40 Stundenkilometer fahren durfte. Das Mokick war aber so frisiert, dass es fast 90 Stundenkilometer schnell war. In meinem Wohnort Wesseling gab es einen Moto-Cross-Verein. Wenn die Mitglieder trainierten, war ich immer dabei, sah zu und wünschte mir, auch so fahren zu können.

Durch meine ständige Anwesenheit lernte ich bald

ein paar Moto-Cross-Fahrer kennen. Einen von ihnen fragte ich, ob er mich nicht einmal auf das Vereinsgelände mitnehmen und dort außerhalb der Trainingszeiten fahren lassen könnte. Ich wollte nämlich unbedingt Mitglied in diesem Verein werden. Ein paar der Mitglieder waren ehemalige deutsche Moto-Cross-Meister, und das beeindruckte mich sehr. Einer der Fahrer bemerkte bald mein Interesse und kümmerte sich von diesem Moment an sehr um mich: Er nahm mich oft zu Moto-Cross-Veranstaltungen mit. Außerdem durfte ich die superteuren Cross-Maschinen pflegen und lernte dadurch auch die Technik gut kennen. Als ich gerade 16 geworden war, holte ich mir eine ältere Gelände-Maschine. Und nun wurde das Cross-Fahren noch teurer: Ich musste das Fahrzeug ständig reparieren, und zum Fahren brauchte ich ziemlich viel Benzin. Mein Hobby nahm mich damals sehr in Anspruch, und so vernachlässigte ich die Schule, um die ich mich eigentlich mehr hätte kümmern sollen.

Mein wichtigstes Problem damals war: Ich brauchte Geld.

Eines Tages fiel mir auf, dass mein Freund Wolfgang immer mehrere hundert Mark in der Tasche hatte und nicht nur Zehner und Zwanziger wie wir anderen Schüler. Von seinem Geld hatte Wolfgang sich sogar sein Traumauto gekauft, einen alten Ford Mustang. Damit fuhren wir auf einem großen Hof immer im Kreis herum, denn wir hatten natürlich noch keinen Führerschein und konnten also noch nicht auf der Straße fahren.

Irgendwann war uns allerdings auch der Hof zu eng, und wir wagten uns zu Spritztouren hinaus in den Straßenverkehr! Manchmal fuhren wir in dem Wagen auch zur Schule, denn dorthin zu kommen war ohne Auto wirklich eine Qual. Es fuhr zwar ein Bus in der Nähe unseres Hauses ab, aber wir standen an der vorletzten Haltestelle auf seinem langen Weg, und so kam es häufig vor, dass der Bus hoffnungslos überfüllt war. Manchmal hielt er trotzdem an, aber bei dem Versuch, einzusteigen, scheiterte ich meistens an der Masse der Leute, die drinnen schon eng gequetscht standen. Die Fahrgäste fielen einem beim Öffnen der Bustür förmlich vor die Füße. Und manchmal fuhr der Bus wegen Überfüllung einfach an unserer Haltestelle vorbei! Das ärgerte mich maßlos, denn dann musste ich draußen stehen und auf den nächsten Bus warten. Im Winter, bei Schnee und Eis, oder bei strömendem Regen war das sehr unangenehm. Zum anderen verpasste ich dadurch oft den Beginn des Schulunterrichts. Diese Tatsache an sich hätte mich ja nicht weiter gestört, aber es gab einen Lehrer an unserer Schule, der Wolfgang und mich überhaupt nicht mochte. Und dieser Lehrer versuchte, uns aus unserem häufigen Zuspätkommen einen Strick zu drehen. Da platzte mir wirklich der Kragen! Ich wandte mich an das Busunternehmen und bekam ein Schreiben ausgehändigt. In diesem wurde uns bestätigt, dass das Unternehmen seine Busfahrer anhalte, bei Überfüllung keine weiteren Fahrgäste aufzunehmen. Man bestätigte mir außerdem, dass besonders meine Bushaltestelle davon betroffen sei.

Mit diesem Schreiben ging ich zu unserem Lehrer. Dazu konnte er nichts mehr sagen, und Wolfgang und ich hatten einen Freibrief! Wir konnten nun so oft verspätet zum Unterricht erscheinen, wie wir wollten, und hatten immer eine hochoffizielle Ausrede.

Nun herrschte Krieg zwischen diesem Lehrer und uns!

Eines Tages fuhren wir wieder einmal mit Wolfgangs Ford zur Schule. An einer roten Ampel mussten wir stoppen. Wir alberten ein bisschen herum und warteten darauf, dass die Ampel auf Grün schaltete. Plötzlich tippte Wolfgang mich an und zeigte mit dem Daumen auf einen Mann, der am Fußgängerübergang wartete. Es war der Lehrer, der es sowieso auf uns abgesehen hatte! Er saß da und starrte mit offenen Mund zu uns herüber! In diesem Moment wurde die Ampel grün, und Wolfgang startete durch. Im Rückspiegel sahen wir, wie unser Lehrer drohend etwas hinter uns herrief. In der Schule trafen wir kurz darauf wieder aufeinander, und er kündigte uns an, dass er uns wegen unerlaubten Fahrens ohne Führerschein anzeigen werde! Dafür hätte er jede Menge Zeugen, betonte er, und zeigte dabei auf unsere Mitschüler. Als er anfing, sie zu befragen, schwiegen sie aber alle eisern und solidarisch. Nein, niemand außer dem Lehrer hatte gesehen, dass Wolfgang und ich Auto gefahren seien! Der arme Mann konnte keinen einzigen Zeugen finden, und so kamen wir zum Glück ohne Strafe davon.

Wolfgang und ich waren damals ständig zusammen. Wenn wir zur Schule gingen, machten wir die meiste Zeit über nur Blödsinn. Besonders ein Streich ist mir noch in Erinnerung geblieben, den wir einem Mitschüler, Uli, spielten: In der Zeichenstunde gingen Listen herum. Darauf konnte jeder Schüler eintragen, was er für den Zeichenunterricht in diesem Halbjahr benötigte: Stifte, Lineal, Radiergummi. Jeder von uns kreuzte ein paar Kleinigkeiten an. Als die Liste zu Wolfgang und mir kam – wir saßen klugerweise in der letzten Reihe – fanden wir, dass der liebe Uli ein paar zusätzliche Dinge brauchte. Also kreuzten wir in seinem Namen sämtliche Artikel auf der Bestelliste an. Wir rechneten fest damit, dass der Kunstlehrer beim Einsammeln der Blätter unseren Streich bemerken würde. Aber nichts geschah. Ein paar Wochen später kam er in den Unterricht und brachte uns unsere Bestellungen mit: viele kleine Pakete, und mittendrin ein riesengroßes! Wolfgang und ich mussten schon kichern, brachen aber in schallendes Gelächter aus, als der Lehrer die Päckchen verteilte und das Geld dafür einsammeln wollte: »Heinrich: 3,50 Mark. Michael: 5,20 Mark. Matthias: 2,70 Mark. Uli: 598,70 Mark!« Jetzt riss auch unser Kunstlehrer entsetzt die Augen auf und rief: »Mein Gott – so viel! Was hast du denn um Himmels willen alles bestellt?« Ulis klägliche Antwort: »Ich wollte doch nur fünf Bleistifte!« ging im allgemeinen Gejohle der Klasse unter. Weil Wolfgang und ich am lautesten lachten, hatte uns der Lehrer bald als Verdächtige ausgespäht. Aber wir beteuerten kichernd unsere Unschuld, und beweisen konnte er uns nichts. Dafür schickte er das Riesenpaket mit einem Entschuldigungsschreiben zurück, und Uli bekam nichts als seine fünf Stifte.

Wolfgang und ich waren wirklich die dicksten Freunde, für jeden Unsinn zu haben und gefürchtet bei allen Lehrern. Und eines Tages erklärte mein Freund mir auch, woher er eigentlich das ganze Geld hatte, mit dem ich ihn stets in der Schule und zu Hause sah: »Sieh mal, ich klaue einfach Autoradios. Das geht ganz leicht, und am nächsten Tag kann man sie für 300 Mark verkaufen. Klaust du zwei Radios, gibt es eben 600 Mark!« Das leuchtete mir ein.

Damals, als junger Heranwachsender, hatte ich noch keinen Sinn für Recht oder Unrecht, sondern ich sah in der »Tätigkeit« meines Freundes einfach nur eine leichte Methode, Geld zu verdienen. Und Geld war genau das, was ich brauchte! In den kommenden Wochen war ich bei seinen Diebestouren dabei und sah zu. Dann machte ich mit. Was nun kam, waren ein paar wilde Jahre, die für mich mit einer Haftstrafe endeten. Aber all das konnte ich damals, als Teenager, noch nicht voraussehen. Mir ging es als 17-jähriger Junge nur darum, Spaß und genug Geld zu haben, um jeden Abend ausgehen und feiern zu können. Wenn ich zurückblicke, dann war es auch ein wenig die Flucht vor der Realität. Und die sah für mich damals so aus: Ich hatte keine Lehrstelle und war auch auf der Berufsfachschule immer seltener anzutreffen. Ein Lehrer von mir hatte die Situation einmal treffend beschrieben, als er sagte: »Markus, du bist nicht doof, und ich könnte dir sehr viel beibringen. Aber du hast einfach keine Lust!« Meine Schulkarriere hatte ich schon verpatzt, eine berufliche Karriere lag nicht unbedingt vor mir. Hinzu kam meine häusliche Situation, die langsam immer unerträglicher wurde.

Damals lebte ich noch im Haus meiner Eltern, gemeinsam mit meinem Bruder Bernd. Ernst und Marion waren schon ausgezogen und lebten in eigenen Wohnungen. Mein Vater war inzwischen sehr krank, halbseitig gelähmt, und er durfte weder rauchen noch trinken. Da er sich sehr schlecht bewegen konnte, kam es vor, dass er bei seinen Gehversuchen stürzte. Eines Tages kam ich nach Hause, und mein Vater lag lang auf dem Boden ausgestreckt in einer Blutlache! Mein Herz stockte bei diesem Anblick! Nach einer Schrecksekunde stürzte ich zum Telefon und rief den Notarzt – der Schock saß mir noch lange in den Knochen.

Meine Eltern hatten sich durch die Krankheit meines Vaters sehr entfremdet. Wenn meine Mutter nicht gerade arbeitete, ging sie eigene Wege. Mit mir und meinem Tun war sie schon lange nicht mehr einverstanden, und sie hatte immer etwas an mir auszusetzen. Als ich 18 wurde, hatte ich immer öfter das Gefühl, dass sie mich eigentlich gar nicht mehr im Haus haben wollte. Also war ich viel unterwegs und hielt mich lieber bei Freunden als bei meiner Familie auf.

Von den Radiodiebstählen, in denen ich immer geübter wurde, konnte ich mir bald mein erstes Auto kaufen: Einen riesigen amerikanischen Straßenkreuzer! Das war für mich der Traum schlechthin! Damit fuhren Wolfgang und ich abends regelmäßig in die Kölner Altstadt und feierten. Zwischendurch gingen wir gemeinsam auf Diebestour. Dieses Leben fanden wir sehr cool, denn wir hatten immer viel mehr Geld in der Tasche als unsere Mitschüler in der Berufsfachschule.

Ich geriet nun mehr und mehr in einen Bekanntenkreis hinein, in dem sich alle auf mehr oder weniger kriminelle Weise ihr Geld verdienten. Und deshalb nahm auch niemand an unserem »Treiben« Anstoß. Bald sollte sich unser Duo aber zum Trio erweitern, als Wolfgang und ich Hartmut kennenlernten. Er war ein ziemlich schräger Vogel, aber wir fanden ihn ganz nett. Er war froh, uns getroffen zu haben, und bald unternahmen wir drei viel gemeinsam. Bald nahm Hartmut auch an unseren Diebestouren teil. Als Wolfgang vorübergehend einen Job in einer Tankstelle angenommen hatte, zog ich mit Hartmut alleine los. Das ging etwa zweieinhalb Jahre so. Wir fuhren meistens in kleinere Orte in der Umgebung. Dort suchten wir nach Autos, die man leicht knacken konnte, und entwendeten die Radios. Von dem Geld, das wir auf diese Art und Weise »verdienten«, kauften wir uns neue Autos, und bald hatten wir einen kleinen Wagenpark zusammen. Nur Hartmut teilte unseren Hang für schnelle Fahrzeuge nicht, und was er mit seinem Anteil machte, wussten wir nicht.

Nachdem wir nun schon eine ganze Weile in unserem neuen »Job« tätig waren, bemerkten wir immer häufiger Autos, die uns folgten. Es stellte sich bald heraus, dass es sich dabei um Zivilpolizisten handelte. Nach einer Weile erkannten wir sie schon von weitem. Die Polizisten hatten den Nachteil, dass sie nie wussten, mit welchem unserer vielen Autos wir losfuhren. Natürlich blieb es nicht immer nur beim Beobachten – bald schon gab es erste »Reibereien« mit der Polizei.

So waren Hartmut und ich an einem Abend schon mehrere Stunden durch die Gegend gefahren, als wir endlich ein geeignetes Auto fanden, das wir knacken wollten. Es stand in einem kleinen Eifeldorf vor einem

Hotel. Hartmut stieg aus, holte das Radio und wir brausten los. Plötzlich kam uns auf der hell erleuchteten Hauptstraße ein Polizeifahrzeug entgegen. Ich konnte im Rückspiegel sehen, wie das Auto in die nächste Seitenstraße einbog. Kurz darauf war es hinter uns. Ich gab Gas und fuhr mit etwa 170 Stundenkilometern eine dunkle, schmale Landstraße entlang. Kurz vor uns lag die nächste Ortschaft, wo ich hätte abbremsen müssen. Also rief ich Hartmut zu: »Halt dich fest, und wirf das Radio aus dem Fenster!« Mit 120 Sachen fuhr ich auf das angrenzende Feld und schaltete die Beleuchtung ab. Nun warteten wir im Dunkeln, bis die Polizisten vorbeigefahren waren, ohne uns zu bemerken. Glück gehabt!

Wenn ich nach solchen abenteuerlichen Aktionen wieder nach Hause kam, fand ich wieder dieselbe hoffnungslose, triste Situation vor. Meinem Vater ging es immer schlechter, und ich stritt immer öfter mit meiner Mutter. Sie warf mir zum Beispiel ständig vor, dass sie keine regelmäßige Miete für die Wohnung bekäme, die ich in meinem Elternhaus bewohnte. Denn ich hatte kein regelmäßiges Einkommen und konnte deshalb auch nichts zahlen. Also beschloss ich, Hartmut als Untermieter in meine Wohnung einziehen zu lassen, denn so konnten wir uns die Miete teilen. Auch meine Mutter war zufrieden mit den nun regelmäßig eingehenden Zahlungen.

Eines Tages bekam ich Post – mein Musterungsbescheid lag vor mir! Jetzt sollte es also ernst werden, die Bundeswehr rief! Aber ich wollte mit diesem »Verein« eigentlich nichts zu tun haben und warf den Brief spontan in den Papierkorb. Ein halbes Jahr später klingelte es, und die Polizei stand unerwartet vor der Tür unseres Mehrfamilienhauses. »Ach herrje, die Schmier'!«, dachte ich. »Die wollen mich doch bestimmt zur Bundeswehr holen.« Also wies ich Hartmut an, er solle den Beamten öffnen und ihnen sagen, ich sei nicht da. Dann schlich ich die Treppe hinunter, vorbei an der Haustür und verschwand im Keller.

Hartmut öffnete die Tür und ließ die Polizeibeamten herein. Sie durchsuchten unsere Wohnung und hörten Hartmuts Beteuerungen an, ich sei schon vor längerer Zeit aus dem Haus gegangen, aber er wisse leider nicht, wohin. »Na, erzählen Sie uns mal nicht solche Märchen!«, sagte einer der Polizisten. »Das Bett von Herrn von der Heyde ist doch noch ganz warm, da hat doch vor kurzem einer dringelegen. Wo ist er?«

Aber Hartmut schwieg eisern. Nun kamen die Beamten auf die Idee, den Speicher abzusuchen. Ich hatte mich inzwischen im Keller in einem winzigen Abstellraum hinter einer Sperrholztür versteckt und konnte alles hören, was oben gesprochen wurde. Der Speicher wurde selten benutzt und war dementsprechend staubig. Schon nach kurzer Zeit schimpfte einer der Beamten laut: »So ein Mist! Meine Uniform ist ganz schmutzig!«

»Selber schuld«, dachte ich und kicherte in meinem Versteck vergnügt vor mich hin. Eine Gefahr sah ich nicht, wenn die Polizisten sich weiterhin so anstellten. Aber dann kam einer der beiden doch noch auf die Idee, im Keller nachzusehen. Die Beamten stiegen die Treppe herunter, knipsten das Licht an, kamen immer näher und versuchten schließlich, die kleine Sperrholztür zu öffnen, hinter der ich saß. Ich versuchte noch, die Tür von innen festzuhalten, aber da flog sie auch schon auf.

»Guten Tag!«, sagte ich und steckte den verdutzten Beamten die Hand entgegen. »Ich wollte nur mal nachsehen, ob Russen im Keller sind.«

»Na, das wird wohl der Herr von der Heyde sein«, kommentierte einer der Polizisten meinen Witz trocken. »Dann kommen Sie mal mit. Wir bringen Sie jetzt zur Bundeswehr!«

Folgsam ging ich mit ihnen zurück in meine Wohnung. Ich durfte mich duschen und anziehen, aber ein Beamter stellte sich neben die geöffnete Badezimmertür und ließ mich die ganze Zeit über nicht aus den Augen. Als ich fertig war, fuhren wir direkt zu der Bundeswehrkaserne, in der die Musterung stattfand. Wir mussten an einem Pförtner vorbei, der mit einem kurzen Seitenblick auf mich trocken feststellte: »Aha, Zwangsvorführung!«

Die Beamten nickten und brachten mich in den dritten Stock. Dort musste ich meinen Ausweis abgeben und sollte dann auf meine Musterung warten. Ich blieb aber nur so lange, bis die Beamten wieder gegangen waren. Dann schnappte ich meine Jacke und spazierte aus dem Bundeswehrgebäude hinaus. Dem verdutzten Pförtner, der mich vor ein paar Minuten erst hatte hineingehen sehen, winkte ich freundlich zum Abschied zu und fuhr mit dem Bus zurück nach Hause. Aber wie es der Zufall wollte, **hielt plötzlich der Streifenwagen mit den beiden Po**lizisten neben mir am Straßenrand »Na, schon zurück?«, meinte einer der beiden Beamten. »Wie war's denn?«

»Als Panzergrenadier gemustert«, antwortete ich schlagfertig. »Na also«, sagte der Gesetzeshüter. »War doch gar nicht so schlimm!« Zufrieden fuhren sie weiter, und ich freute mich diebisch über den gelungenen Streich.

Allerdings währte die Freude nicht lange. Zwei Wochen später standen zwei mir bekannte Polizisten wieder vor unserer Wohnung. »Na, Herr von der Heyde? Panzergrenadier, was?«, feixte einer von ihnen, und ich konnte in seinem Gesichtsausdruck sehr viel Verständnis erkennen. Dennoch wurde ich dieses Mal in Handschellen zur Musterung geführt, was natürlich allgemeines Aufsehen erregte. Der Pförtner erkannte mich gleich wieder: »Na, da ist ja unser Patient wieder!«, flachste er. Aber mir war gar nicht nach Witzen auf meine Kosten zumute. »Ich bin kein Patient! Pass' bloß auf, was du redest«, fauchte ich ihn an.

»Aha«, meinte der Pförtner, »ein Härtefall. Na, dich kriegen wir auch noch hin, das wirst du schon sehen!« Bei der Anmeldung mussten wir warten, und wenig später kam eine nette Ärztin zu uns. Sie stellte sich vor und fragte mich dann, warum ich mich nicht mustern lassen wolle. »Ich bin ein Verrückter, ich schieße in die eigenen Reihen, sobald ich ein Gewehr in die Hand bekomme«, redete ich mich heraus.

Alle lachten, und einer der Polizisten sagte entschuldigend zu der Ärztin: »Hören Sie nicht darauf. Der ist immer so witzig.« Sie klärte mich darüber auf, dass ich »nach Ansehen« eingeschätzt werden würde, wenn ich über meinen körperlichen Zustand und eventuelle Gebrechen keine Auskunft geben würde. Ich wiederholte nur, dass ich doch sehr mitteilsam sei, ich hätte ihr schließlich gerade gesagt, dass ich verrückt wäre. Das müsse doch reichen.

Sie blieb gelassen und meinte, sie würde sehen, was sie in meinem Fall erreichen könne. Einer der beiden Polizisten deutete ihr gegenüber an, dass sich mein Fall wahrscheinlich sowieso »bald von selbst erledigen« würde. Es seien gegen mich nämlich »mehrere Verfahren« anhängig. Die Ärztin nickte verständnisvoll. Ich stutzte und dachte darüber nach, was ich gerade gehört hatte: Mehrere Verfahren waren gegen mich anhängig? Natürlich, die Kennzeichen unserer Fahrzeuge waren der Polizei mittlerweile bekannt. Und wir hatten uns schon ein paar Verfolgungsjagden geliefert. Aber bisher war noch nichts passiert, also glaubte ich, ich müsse mir keine weiteren Gedanken machen. Nach dieser sehr kurzen »Untersuchung« bei der Ärztin fuhr man schwerere Geschütze auf. Ich wurde in das Zimmer eines Generals gebracht. Den Polizisten, der mich dort hineinbegleitete, durfte ich mir aussuchen. Ich zeigte auf den einen, sehr verständnisvollen Beamten und sagte: »Den nehme ich mit, der ist immer sehr nett. Den anderen kann ich gar nicht leiden.«

Während der andere Polizist mich wütend anstarrte, führte sein Kollege mich nun in das Büro des Generals. Dieser wichtige Herr saß in einem riesigen Stuhl hinter einem riesigen Schreibtisch und machte einen imposanten Eindruck. Allerdings nicht auf mich. Mit gebieterischem Gebaren sprach er mich an: »Na, mein Junge. Es sieht so aus, als hättest du etwas gegen unsere Bundeswehr!« Mit seinem drohenden Ton versuchte er wohl, mich einzuschüchtern. Aber ich entgegnete ihm, dass ich auf keinen Fall zur Bundeswehr wolle! Daraufhin wurde der General nun richtig wütend, denn solch einen Ton war er wohl gemeinhin nicht gewohnt.

Er schrie und schimpfte und fluchte, und die Audienz war damit beendet. Drei Wochen später bekam ich einen Brief von der Musterungsbehörde. »O weh«, dachte ich in böser Vorausahnung. »Jetzt haben sie dich auf eine U-Boot-Flotte nach Kiel geschickt.« Ich öffnete den Brief, und darin stand: »Ausgemustert«. Ich konnte mein Glück nicht fassen! Von nun an sonnte ich mich im Neid aller Freunde und Bekannten, die es nicht so gut getroffen hatten. Mein Leben auf der »schiefen Bahn« konnte also weitergehen. Ich lernte Ellen kennen, einen weiblichen Diskjockey, und wir mochten uns auf Anhieb. Ich war 18, und sie war 35 – aber der Altersunterschied störte uns nicht. Ellen war ein lockerer Typ, und so verbrachte ich bald viele Tage und Nächte bei ihr. Die Wohngemeinschaft von Hartmut und mir war inzwischen nicht länger haltbar, und wir zogen beide aus der Wohnung in meinem Elternhaus aus.

Ich nahm mir vorübergehend ein kleines Appartement und Hartmut ging ins Obdachlosenheim. Damit hatte er sich das schlimmste Quartier ausgesucht, dass ich je gesehen habe. Es gab mehrere kleine Wohnungen, in denen heruntergekommene Leute lebten. Hartmuts Nachbarn auf der einen Seite waren Vater und Sohn, beide ständig betrunken. Über ihm lebte ein großer, dunkelhaariger und dunkelhäutiger Mann, den wir wegen seines Aussehens den »Indianer« nannten. Er war einer der wenigen Menschen, vor denen wir Respekt hatten, weil er groß und kräftig war und ständig einen finsteren Eindruck machte. Ein anderer Mitbewohner wurde von uns wegen seiner Ähnlichkeit mit der bekannten Zeichentrickfigur nur »Popeye« genannt. Und mittendrin hauste nun Hartmut. Wie er das aushielt, kann ich mir überhaupt nicht erklären. Kurz nach einer ausgelassenen Silvesterfeier erreichte uns eine traurige Nachricht: Ein guter Freund von uns war am Neujahrstag bei einem Verkehrsunfall ums Leben gekommen. Wir konnten es nicht fassen! Der gerade mal 16 Jahre alte Junge hatte in einem gestohlenen Wagen die Kontrolle verloren und war auf der Straße ins Schleudern gekommen. Das Tragische daran war, dass er hätte gerettet werden können, hätte man ihn gleich nach dem Unfall in ein Krankenhaus gebracht. Aber so hatte er die Nacht über unentdeckt auf einem Feldweg gelegen. Kurz darauf stellte die Polizei bei ihren Untersuchungen fest, dass noch eine zweite Person mit ihm im Auto gefahren sein muss. Hätte dieser Beifahrer geholfen, wäre unser Freund am Leben geblieben! Nun suchte die Polizei im Bekanntenkreis nach dem flüchtigen Beifahrer. Auch Hartmut und ich wurden zu Bluttest und Speichelprobe gebeten. Natürlich gingen wir freiwillig. Auf der Polizeistation verlor ich bei den Fragen der Beamten nach meinem Aufenthaltsort in der Silvesternacht die Geduld und schrie sie an: »Warum fragen Sie mich eigentlich? Ich war in der Unfallnacht nicht dabei! Glauben Sie wirklich, ich hätte meinen Freund dort verbluten lassen? Wenn es um Menschenleben geht, dann hört der Spaß doch auf!«

Ich war sehr aufgeregt und konnte mich kaum beruhigen. Der gesuchte Beifahrer unseres Freundes wurde leider nie gefunden.

Marion

In der Zeit, als Markus »auf die schiefe Bahn« geriet, hatte ich kaum Kontakt zu ihm, denn ich war zu sehr mit meinen eigenen Problemen beschäftigt. Wenn ich meine Eltern besuchte, erzählte mir meine Mutter öfter, dass die Polizei nach Markus suchte. Ich aber reagierte kaum darauf. Zum einen war ich vollauf mit meinen eigenen Problemen beschäftigt, und zum anderen konnte ich mir nicht vorstellen, dass irgend etwas davon wahr sein sollte. Auch die wenigen Male, in denen mir Markus andeutungsweise etwas von seinen Diebestouren erzählte, riefen bei mir nur Ungläubigkeit hervor: »Na«, dachte ich, »was er mir da erzählt, das sind doch Spinnereien. Er will sich sicherlich nur wichtig machen!« Auf gar keinen Fall konnte ich glauben, dass er tatsächlich mit gestohlenen Radios handelte! Aber dass er nicht gerade ein seriöses Leben mit geregelter Arbeit führte, das war mir auch klar.

Nun hatte ich selbst auch ein paar bewegte Jahre hinter mir, wenn auch in ganz anderem Sinne als Markus. Aber ich kenne die Situation, wenn man als junger Mensch versucht, den richtigen Weg zu finden. Dass man dabei irrt und stolpert ist mehr als verständlich.

Markus jedoch irrte umher und stolperte auf seinem

Lebensweg, weil er meiner Meinung nach die Krankheit und den frühen Tod seines Vater nicht verkraftet hatte. Vati hat Zeit seines Lebens immer nur hart gearbeitet, und oft sagte Markus später: »Seht ihn euch doch an! Was hat er denn davon gehabt?«

Markus

Natürlich konnte solch ein Leben am Rande der Legalität, das meine Freunde und ich führten, nicht ewig gut gehen. Eines Tages war ich wieder einmal mit Hartmut unterwegs auf »Diebestour«. Eine Polizeistreife hielt uns an und wollte unsere Papiere kontrollieren. Ich zeigte den Beamten meinen Ausweis und den Führerschein. Hartmut hatte seine Papiere allerdings nicht dabei, und deshalb sagten die Beamten: »Herr von der Heyde, Sie können gehen. Aber Ihren Freund hier, den müssen wir zur Wache mitnehmen.« Mein Fehler war es nun, dass ich den Beamten vorschlug, doch einfach Hartmuts Namen im Polizeiregister nachzusehen – dann musste er nicht mit auf die Wache! Die Polizisten nahmen meinen Vorschlag an und sahen nach. Zwei Minuten später stand ein Beamter vor mir und sagte: »Tja, Herr von der Heyde. Bitte steigen Sie aus Ihrem Wagen aus und kommen Sie mit.«

»Was denn!«, protestierte ich. »Sie haben doch gerade gesagt, ich könnte nach Hause fahren.«

»Jetzt nicht mehr«, war die vielsagende Antwort. Der Blick ins Polizeiregister hatte den Beamten klargemacht, wen sie da an der Angel hatten. Nun kamen wir beide nicht heim, sondern landeten in der dunklen und muffigen Zelle einer Polizeistation.

Die Nacht über mussten Hartmut und ich in der Zelle verbringen und wurden erst am nächsten Morgen wieder freigelassen, allerdings nicht ohne den Hinweis, dass uns möglicherweise eine Anzeige drohen würde. Dieses Mal waren wir also gerade noch einmal davongekommen. Aber selbst solche Erlebnisse, die uns eigentlich Warnung genug gewesen sein mussten, brachten uns nicht auf den Pfad der Tugend zurück. Das Einzige, was wir damals daraus lernten, war: Wir mussten in Zukunft einfach vorsichtiger sein!

Aber dieser Vorsatz hielt bei uns jungen Burschen leider nicht allzu lange an: Gemeinsam mit Wolfgang und Hartmut fuhr ich eines Tages an einer Polizeistreife vorbei, die gerade einen Pkw-Fahrer kontrollierte. Wir waren gut gelaunt und übermütig, hatten die Scheiben heruntergekurbelt und Hartmut und Wolfgang riefen den Beamten im Vorbeifahren spöttisch etwas zu. Wir fuhren weiter bis zur nächsten Kreuzung, dann bemerkte ich etwas im Rückspiegel: Mit Blaulicht, Sirene und quietschenden Reifen kamen die Polizisten angebraust, sprangen aus ihrem Fahrzeug und zogen mich mit vorgehaltener Pistole vom Fahrersitz meines Wagens.

»Was soll das? Sind Sie verrückt?«, rief ich wütend. Aber die Polizisten waren nicht zu beruhigen: »Wir nehmen euch jetzt fest! Ihr habt versucht, uns umzufahren!«, riefen sie und verfrachteten uns drei mit Handschellen in den Polizeibus. Wir wurden verhört und dann laufen gelassen. Wenige Wochen später kam ein Schreiben von der Staatsanwaltschaft. Darin stand, dass ich meinen Führerschein wegen Gefährdung im Straßenverkehr abgeben sollte. Das war ja nun wirklich die Höhe! So viel Dummheit konnte mir niemand unterstellen, dass ich versuchen würde, einen Polizisten anzufahren! Wir hatten wirklich nur Spaß gemacht und etwas aus dem Wagenfenster gerufen! Aber die Beamten ärgerten sich offensichtlich so sehr darüber, dass sie sich uns nun richtig vorknöpfen wollten! Sechs Monate später wurde mein Fall vor Gericht verhandelt. Ellen hatte mir einen Anwalt besorgt, den sie gut kannte. Er erreichte, dass ich noch einmal mit einem blauen Auge davonkam. Dennoch wurde mein Führerschein für weitere sechs Monate einbehalten – eine Maßnahme, die mich schmerzlich traf: Nun war ich nicht mehr so mobil und musste meine Wagen in der Garage lassen. Die Beziehung zu Ellen funktionierte bald auch nicht mehr so gut, und wir trennten uns.

Bald darauf lernte ich Denise kennen. Sie war alleinerziehende Mutter von einem einjährigen Sohn. Wir freundeten uns schnell an und ich zog bald darauf bei ihr ein. Wenn meine Freundin arbeiten ging, passte ich in der Zwischenzeit auf ihren Sohn auf, den ich sehr gerne hatte. Da Denise nun die Einzige war, die einen Führerschein besaß, fuhr sie mich und meine Freunde durch die Gegend. Als ich ihr gestand, dass wir Autos knackten, bat sie mich, das doch zu lassen. Wenn ich Geld brauchte, würde sie mir welches geben. Also lebte ich eine Weile von Denise' Verdienst und ging nur noch hin und wieder auf Diebestour. Obwohl Denise sich wirklich liebevoll um mich kümmerte, dankte ich es ihr schlecht und bedauerte es später. Denn mit der Treue hielt ich es damals nicht so genau und hatte mal hier, mal da, eine kleine Liebelei nebenbei.

Eines Tages wurden Wolfgang und ich verhaftet, als wir gerade ein gestohlenes Autoradio in unserem Auto verstecken wollten. Die Beamten passten aber nicht gerade gut auf uns auf, und so konnten Wolfgang und ich uns absprechen. »Markus, sag' einfach, du hättest im Wagen auf mich gewartet. Du hast nicht gewusst, was ich mache. Ich muss sowieso sitzen, dann kann ich die Schuld auch ganz auf mich nehmen.« Ich war Wolfgang dankbar und konnte nach Hause gehen, während Wolfgang seine Haftstrafe antrat.

Nun, da Wolfgang außer Gefecht gesetzt war, zog ich mit Hartmut alleine los. Da keiner von uns beiden einen Führerschein besaß, mussten wir oft zu Fuß gehen. Mittlerweile waren wir der Polizei im Umkreis bestens bekannt, und eine Diebestour ohne Auto war sowieso eine verlorene Sache. Das Netz um uns zog sich immer weiter zu, und schließlich genügte eine Kleinigkeit, um mir eine heilsame Haftstrafe einzubringen: Eines Abends war ich alleine auf Diebestour. Mit dem gerade gestohlenen Autoradio fuhr ich zu einem potentiellen Abnehmer. Auf dem Weg dorthin wurde ich allerdings von einer Zivilstreife gestoppt. Ich gab Gas und versuchte zu flüchten, was aber dieses Mal misslang. Die Polizisten schnappten mich und hielten mich fest: »Guten Tag! Wir wollen mal in ihr Auto sehen!«, eröffneten sie mir. Der Wagen wurde gründlich durchsucht, aber sie fanden nichts. Beim Aussteigen hatte ich mir nämlich das gestohlene Radio unter den Arm geklemmt, wo es bisher von den Polizisten nicht bemerkt worden war. Weil mein Auto »sauber« war, kam nun ein Beamter auf die Idee, eine Leibesvisitation bei mir zu machen. Das war zu viel! Ich versuchte verzweifelt, wegzurennen, und dabei fiel mir das gestohlene Radio herunter! Die Polizisten freuten sich, doch noch etwas gefunden zu haben, und verhafteten mich auf der Stelle!

Ich wurde auf die nächste Polizeiwache geführt, und dort redete mir ein Beamter ins Gewissen: »Herr von der Heyde, es ist besser, wenn Sie alles zugeben. Bei Ihrem Register gehen Sie sowieso ins Gefängnis. Es sei denn ...«, und hier machte er eine bedeutungsvolle Pause, »... es sei denn, Sie kommen uns entgegen.«

»Was soll das denn heißen?«, erkundigte ich mich. »Das heißt, Sie legen ein Lebensgeständnis ab!«, sagte der Polizist. Ich überlegte und war krampfhaft bemüht, mich aus der Sache herauszuwinden. Wenn ich richtig lag, ging es bei mir um die Fluchtgefahr. Würde ich eine Nacht zu Hause verbringen können und am nächsten Morgen wieder auf der Wache erscheinen, könnte jeder erkennen, dass bei mir keine Fluchtgefahr bestand. Und das bedeutete, dass ich nicht in Haft bleiben müsste, sondern frei wäre. Also erklärte ich dem Polizisten mit meinem unschuldigsten Blick: »Na gut, ich werde morgen früh mein Lebensgeständnis ablegen. Aber vorher muss ich nach Hause und mit meinen Eltern darüber reden!«

Der Beamte war sehr zufrieden mit meiner Reaktion, denn er erwartete, durch mein Geständnis viele ungeklärte Fälle lösen zu können. Also ließ er mich auf sein eigenes Risiko gehen. Pünktlich und wie versprochen erschien ich am nächsten Morgen wieder auf der Polizeiwache. Doch hier erklärte ich dem verdutzten Beamten, ich hätte es mir anders überlegt: »Wenn ich es richtig sehe, können Sie mich doch nur wegen des einen Diebstahls belangen, und Fluchtgefahr besteht bei mir auch nicht. Also will ich mein Lebensgeständnis lieber nicht ablegen!«

Der Polizist schäumte natürlich vor Wut, aber er konnte mich nicht umstimmen. Die Gerichtsverhandlung war für ein knappes halbes Jahr später angesetzt. In der festen Annahme, dass man mir nicht viel anhaben könne, ging ich dorthin. Leider hatten sich im Laufe der Zeit viele Kleinigkeiten in meinem Strafregister angesammelt, so dass mein Urteil nun lautete: Zwei Jahre Haft ohne Bewährung!

Der Schreck darüber saß tief, und auf Anraten meines Anwaltes legte ich sofort Berufung ein. Die erneute Verhandlung sollte etwa drei Monate später stattfinden. In dieser Zeit wohnte ich bei Denise, lebte von ihrem Geld und stahl keine Radios mehr. Der Schock einer drohenden Haftstrafe war mir sehr in die Glieder gefahren.

Ich überlegte mir, dass es für die Verhandlung wohl sinnvoll sei, wenn ich mich gut benahm und mir einen Job suchte. Also sprach ich zwei Freunde von mir an, die mehrere Sexshops besaßen, und bat sie, mich einzustellen. »Kein Problem«, sagte mein Bekannter, »aber meinst du, es sieht vor dem Gericht gut aus, wenn du sagst, dass du in einem Sexshop arbeitest?« Damit hatte er Recht, und wir überlegten hin und her, was ich tun könnte.

»Weißt du was«, sagte er dann. »Ich habe in einem meiner Geschäfte auch eine Videothek. Sag doch einfach, dass du dort arbeitest.« Genau das tat ich auch am Tag meiner Berufungs-Verhandlung am Landgericht Köln. Pech war nur, dass sich sowohl der vorsitzende Richter als auch die Staatsanwältin in einer Organisation gegen Pornografie engagierten. Sie hörten meine Geschichte von der Videothek und fragten so genau nach, dass sie bald herausbekamen, dass es sich um eine Videothek in einem Sexshop handelte.

Als es zur Urteilsverkündung kam, rechnete ich immer noch fest damit, als freier Mann den Gerichtssaal verlassen zu können. Aber weit gefehlt! Der Richter musterte mich ernst und erklärte mir: »Sie haben so viel auf dem Kerbholz, Herr von der Heyde. Glauben Sie wirklich, es hilft, dass Sie jetzt seit zwei Monaten arbeiten gehen? Noch dazu in solch einem Geschäft? Ich verurteile Sie wie gehabt zu zwei Jahren Gefängnis, die *nicht* zur Bewährung ausgesetzt werden!«

Ich saß da wie vom Donner gerührt! Damit hatte ich nun wirklich nicht gerechnet! Ich sollte tatsächlich ins Gefängnis gehen! Halb betäubt fuhr ich zu Denise und überlegte, was ich nun tun könnte. Zunächst einmal wartete ich meinen »Stellungsbefehl« ab. Nach etwa drei Monaten kam der gefürchtete Brief, in dem mir Ort und Datum meines Haftantritts mitgeteilt wurden. »Nein, Denise«, sagte ich zu meiner Freundin. »Ich gehe nicht ins Gefängnis!« Auch Wolfgang hatte mir geraten, doch das Land zu verlassen und den Fall verjähren zu lassen. Und genau das hatte ich in meinem jugendlichen Leichtsinn auch vor. Wenige Wochen vor dem Datum meines Haftantritts verabschiedete ich mich von Denise und fuhr nach Frankreich. Aber als ich dort unten saß, alleine in einem fremden Land, ohne Geld, ohne Beziehungen und ohne ausreichende Sprachkenntnisse, merkte ich sehr schnell: Das war auch nicht die Lösung! Also fuhr ich zurück und stand drei Tage nach meiner »Flucht« wieder vor Denise' Tür. Sie war natürlich hocherfreut, mich so unerwartet schnell wiederzusehen! Ein paar Wochen später brachten Hartmut und meine Freundin mich in das »Quartier«, in dem ich die nächsten zwei Jahre zubringen sollte.

Marion

Die Nachricht, dass Markus ins Gefängnis gehen sollte, löste einen Schock in unserer Familie aus. Mit so etwas hatte niemand von uns gerechnet. Wenn Markus von den Radiodiebstählen erzählt hatte, hatten wir ihn gar nicht ernst genommen. Nur einmal wurde ich stutzig, als Markus und ich zusammen in der Stadt unterwegs waren. Ich betrachtete einen wunderschönen weißen Bademantel, den ich in einem Schaufenster sah, und schwärmte Markus davon vor. Allerdings war das gute Stück extrem teuer für meine Verhältnisse und so ging ich seufzend weiter. Da bat mich Markus, auf ihn zu warten, und ging noch einmal zurück. Minuten später kam er wieder, den weißen Bademantel unter dem Arm! Ich staunte und fragte ihn, woher er denn das Geld hätte, mir ein solches Geschenk zu machen. Aber er sagte nur: »Ach, Marie, lass das mal meine Sorge sein. Mir geht es gut!« Ich überlegte und kam zu dem Schluss, dass er das Geld von seiner

Freundin Denise haben musste. Anders konnte es nicht sein! Mein kleiner Bruder als Dieb? Auf keinen Fall! Allenfalls konnte ich ihn mir als Mitläufer, aber nicht als Täter vorstellen und sagte oft eher scherzhaft zu ihm: »Pass' bloß auf, Markus. Die kriegen dich noch!« Nun war aus Spaß Ernst geworden. Man hatte ihn tatsächlich geschnappt, für schuldig befunden und verurteilt!

Innerhalb der Familie wurde gegrübelt, wie er bloß auf die schiefe Bahn geraten konnte! Ich war fest von meiner eigenen Theorie überzeugt: Bei uns zu Hause hatte es ja immer viele Probleme mit unserer Mutter gegeben. Sie konnte sehr jähzornig und ungeduldig sein, und diesen Zorn bekamen wir Kinder zu spüren. Markus als der Jüngste litt wahrscheinlich am meisten darunter. Dafür hing er sehr an unserem Vater, der allerdings schon früh krank wurde. 1974 erlitt unser Vater seinen ersten Herzinfarkt. Damals war er gerade 45 Jahre alt, Markus acht und ich 15. Im Gegensatz zu Markus war ich an diesem Nachmittag nicht zu Hause, als er mit dem Notarztwagen ins Krankenhaus gebracht wurde.

Als ich heimkehrte, war Vater schon weg. Meine Mutter zitterte am ganzen Leib, obwohl ihr der Arzt eine Beruhigungsspritze gegeben hatte. Sechs Jahre später, 1980, hatte sich der Zustand von Vaters Herz so verschlechtert, dass er operiert werden musste. Damals war ich 21 und wohnte schon nicht mehr zu Hause. Ich besuchte Vati in der Klinik, einen Tag vor dem großen Eingriff. Er lachte und scherzte mit mir und ich fragte ihn, ob er denn gar keine Angst hätte. »Ach nein, Marie«, entgegnete er mir. »Du wirst sehen, morgen piefen wir schon wieder eine Zigarette zusammen!« Ich konnte es gar nicht glauben, dass er die bevorstehende Operation so locker sah, denn immerhin sollten ihm drei Bypässe gelegt werden. Am nächsten Tag besuchte ich ihn wieder. Er war frisch operiert und durfte noch nichts trinken.

Als ich am folgenden Tag wieder zu ihm kam, hatte mein Vater eine dicke Beule am Kopf: Er war aus dem Bett gefallen, als er sich eine Flasche Wasser nehmen wollte. In der nun folgenden Zeit wurde sein Zustand nicht besser, sondern immer schlechter. Er war linksseitig gelähmt, und sein linker Arm hing untätig und unbeweglich herunter. Vatis Zustand besserte sich auch nicht nach einem Aufenthalt in einer Reha-Klinik. Zu Hause musste meine Mutter ihm sehr viel helfen, er konnte sich nicht einmal allein die Brille putzen oder sich Fleisch schneiden. Meine Mutter war ratlos und verzweifelt. Ich wandte mich sogar an einen Professor aus Süddeutschland. Aber auch dieser Spezialist für Herzkrankheiten konnte unserem Vater nicht helfen.

Ein paar Jahre später wurde ihm ein Schrittmacher eingepflanzt. In dieser Klinik, so war damals mein Eindruck, schien sich kaum jemand um ihn zu kümmern. Man stellte ihm einfach das Essen hin, obwohl bekannt war, dass er sich kaum bewegen konnte. Bei einem Besuch fand ich meinen Vater weinend und verzweifelt in seinem Bett, das gesamte Mittagessen quer über die Bettdecke verstreut. Er war ungewaschen, ungekämmt und sah erbärmlich aus. Niemand war ihm zur Hand gegangen, und er weinte über seine Hilflosigkeit. Ich wurde fuchsteufelswild und beschwerte mich beim behandelnden Arzt. Dieser erklärte lapidar, das Personal habe zu viel zu tun. Da brach es aus mir heraus: »Ich möchte, dass sofort ein Pfleger kommt und mit meinem Vater an die Luft geht! Und dann möchte ich, dass er auch gewaschen und gekämmt wird! Wenn ich ihn noch einmal in solch einem Zustand vorfinde, gehe ich damit an die Presse!« Von diesem Moment an klappte die Versorgung meines Vaters einwandfrei. Mit ihm selbst aber ging es weiter bergab. Er erlitt nun im Abstand von jeweils einem halben Jahr mehrere Schlaganfälle, die ihn immer hilfloser werden ließen. Nun verließ meinen Vater völlig der Lebensmut. Er saß zu Hause, musste sich pflegen lassen und haderte mit seinem Schicksal. Dazu kam, dass meine Mutter offensichtlich Trost bei einem anderen Mann gesucht – und gefunden – hatte.

Oft genug saß nun Herbert, ihr neuer Freund, mit meinem Vater an einem Tisch. Doch damit nicht genug: Nach und nach nahm Herbert Vaters Stelle ein. Er lebte in einer eigenen Wohnung, die nur ein paar Straßen von unserem Haus entfernt lag, verbrachte aber sehr viel Zeit bei uns.

Ich flehte meine Mutter öfters an, sie solle ihre Treffen mit Herbert auf die Wochenenden beschränken und dann in seine Wohnung gehen. Natürlich ließ sie sich darauf nicht ein, und deshalb war Herbert nun jeden Abend und auch oft über Nacht bei uns zu Gast. Damals fuhr ich beinahe täglich in unser Haus, um meinen schwer kranken Vater zu besuchen. **Meistens fand ich dann alle drei im Wohnzimmer versammelt** vor: Mutter und Herbert saßen Arm in Arm auf dem

Sofa, Vati auf einem Sessel daneben. Er rauchte unentwegt und trank sehr viel, und ihm war deutlich anzumerken, dass er die Situation kaum ertrug. Damals redete er oft davon, dass er sein Leben beenden wolle, was uns Geschwister natürlich tief traf! Ich redete dann jedes Mal auf ihn ein, bat ihn, das doch nicht zu tun, und versprach, mich noch mehr um ihn zu kümmern.

Manchmal flehte er mich an, ich solle ihm doch ein paar Postkarten senden und mit einem fremden Frauennamen unterschreiben. Auf diese rührende und hilflose Weise hoffte er, meine Mutter eifersüchtig machen zu können. Vater konnte sich in seiner Hilflosigkeit nicht wehren und suchte dadurch immer öfter Trost im Alkohol. Kurz darauf lernte ich meinen Freund Daniel kennen und wir machten gemeinsam Urlaub auf Jamaika, als ich einen Anruf meines Vaters erhielt. Zunächst konnte ich kaum verstehen, wer am Apparat war, dann erkannte ich sehr verzerrt seine Stimme. Er erzählte mir weinend, dass er hingefallen war und bluten würde, und die Mutti sei mit Herbert weggegangen. Mir stockte fast das Herz, als ich ihn so hörte. Nur – ich saß auf Jamaika, Tausende von Kilometern entfernt, und konnte ihm am allerwenigsten helfen.

Also versuchte ich, Mutter zu erreichen, was mir aber wegen der schlechten Telefonverbindungen nicht gelang. Mit bangem Herzen saß ich am Palmenstrand und verwünschte sie! Auch meine anderen Geschwister litten unter diesen Zuständen, **aber am schlimmsten traf es wohl Markus. Mutter hatte einen** schweren Fehler begangen, indem sie Markus gleich nach der missglückten Bypass-Operation an Vati mit ins Krankenhaus genommen hatte: Der gerade vierzehn Jahre alte Junge sah seinen geliebten Vater, von Krankheit und Leid gezeichnet, ans Bett gefesselt und völlig hilflos dort liegen. Ich erinnere mich noch, wie Markus zurück nach Hause kam, in sein Zimmer rannte und sich weinend auf sein Bett warf: »Das ist nicht mein Vater!«, rief er immer wieder. Damals, so meine ich, bekam er als noch unreifer Teenager einen seelischen Knacks, der ihm lange erhalten geblieben ist. Er sah mit an, wie sein Vater vor lauter Stress und Arbeit zusammenbrach und danach nur noch ein elendes Leben führen konnte. Damals muss der Grundstein für seinen späteren Lebensweg gelegt worden sein: Anstatt fleißig zu lernen und zu arbeiten, entschied sich Markus für den bequemeren, wenn auch äußerst illegalen Weg. Von diesem Tag an sackten seine Leistungen in der Schule ab. Er gab sich einfach keine Mühe mehr und zeigte kein Interesse für seine Schulaufgaben. In meinen Augen steckte nur eines dahinter: Markus wollte auf keinen Fall so enden wie sein Vater!

Markus

Einige Wochen bevor ich meine Haftstrafe antrat, besuchte ich meine Eltern. Meine Mutter saß bei uns zu Hause in der Küche und blätterte in der Tageszeitung. Dort fand sie einen Artikel mit dem Untertitel »Jugendlicher zu zwei Jahren Haftstrafe verurteilt«. Sie sah mich mit vorwurfsvollem Blick an und meinte: »Siehst du, Markus, das könntest du sein!«

Ich warf einen Blick auf den Artikel, sah meiner Mutter fest in die Augen und sagte: »Du wirst es nicht glauben, aber das bin ich!« Mutter und Vater, der mit am Tisch saß, fielen aus allen Wolken! Damit hatten sie nicht gerechnet! Und ich war mindestens genauso überrascht, dass ausgerechnet an diesem Tag ein Bericht über meine Gerichtsverhandlung in der Zeitung stand! So hatte ich meine Eltern unfreiwillig, aber kurz und schmerzlos von meinem bevorstehenden Haftantritt informiert!

Meine Mutter rang jetzt die Hände und rief immer nur »Ogottogott! Ogottogott!« Mein Vater sagte kaum etwas, aber ich sah ihm an, dass er litt. Ich versuchte nun, die Sache herunterzuspielen, und erklärte, dass meine Strafe wahrscheinlich auf ein Jahr verkürzt werden würde. Außerdem, so beruhigte ich meine Eltern, könnte ich im Gefängnis eine Ausbildung machen. Als ich die beiden da so aufgelöst vor mir sitzen sah, tat es mir schon leid, besonders um meinen Vater. Er war schwer krank, und der Gedanke, dass ich ihn nun lange Zeit nicht sehen konnte, war für mich sehr schmerzhaft! Hoffentlich passierte ihm nur nichts, solange ich im Gefängnis saß. Davor hatte ich wirklich Angst. Und dieser Gedanke an meinen Vater trieb mich auch an, mich in der Haft gut zu betragen und so auf eine Strafminderung zu spekulieren.

Wie Recht ich mit der Sorge um ihn hatte, stellte sich bald heraus: Nur drei Monate, nachdem ich aus dem Gefängnis wieder entlassen worden war, starb er.

Bereits einige Zeit vor Vaters Tod hatte meine Mutter einen neuen Lebensgefährten gefunden, der nun mit ihr und meinem Vater unter einem Dach wohnte. Sicherlich trug diese Tatsache auch dazu bei, dass es meinem Vater schlecht ging. Er war nach einem Schlaganfall halbseitig gelähmt und wurde von meiner Mutter versorgt. In ihrer freien Zeit war sie aber immer mit ihrem neuen Partner zusammen.

Nun stand also mein Haftantritt bevor. Ich war gerade 19 Jahre alt und sollte zwei Jahre hinter die Gitter der Jugendstrafanstalt in Paderborn. Der Richter hatte entschieden, mich etwa 200 Kilometer von meinem Heimatort entfernt unterzubringen, wohl, um mich von meinem bisherigen »Umfeld« fern zu halten. Obwohl ich es damals nicht gleich erkannte, war diese Entscheidung sehr klug. So war ich tatsächlich weitgehend von meinem bisherigen Bekanntenkreis abgeschnitten und konnte mich auch besser davon lösen.

Denise, die sich wegen mir die Augen ausweinte, brachte mich gemeinsam mit Hartmut dorthin. Die letzten Abende in Freiheit hatten wir noch gemeinsam in der Kölner Altstadt verbracht, nun stand ich vor dem Gefängnistor. An der Pforte musste Hartmut warten, nur Denise durfte mich hineinbegleiten.

Drinnen sah es aus wie in einem Schalterraum der Post. Ein Mann saß in einem kleinen Häuschen hinter einer Glasscheibe, und ich musste dort meinen Ausweis abgeben. Dann ordnete man an, ich solle mich auf einen Stuhl setzen und warten. Ich verabschiedete mich von Denise, die heulte wie ein Schlosshund, und setzte mich. Es dauerte etwa eineinhalb Stunden, bis jemand kam, um mich abzuholen. Aber es nützte nichts, sich aufzuregen – von nun an hatte ich ja Zeit, sehr viel Zeit ...

Die Jugendhaftanstalt Paderborn liegt inmitten eines Truppenübungsplatzes. Das ist sehr vorteilhaft, denn es finden beinahe fortwährend Manöver statt, und es sitzen also meistens Soldaten in den angrenzenden Wäldern im Gebüsch. Sollte einer der jugendlichen Häftlinge auf die Idee kommen, zu fliehen, so rannte er höchstwahrscheinlich einem Soldaten in die Arme. Diese bekamen regelrechte Fangprämien, so erfuhr ich später, wenn sie einen Entflohenen erwischten. Klar, dass sie da die Augen offen hielten und es für uns Gefängnisinsassen kaum eine Möglichkeit gab, zu entkommen. Aber daran dachte ich auch gar nicht. Ich hatte mir vorgenommen, mich so mustergültig wie nur möglich zu führen und so meine Haftzeit zu verkürzen. Den ersten Schritt dazu hatte ich schon getan: Wenn man sich selbst freiwillig zum Haftantritt meldet, hinterlässt man schon einen ersten guten Eindruck.

Irgendwann kam ein Beamter und holte mich ab. Nun wurde ich in das Innere der Haftanstalt gebracht. Zunächst musste ich zum Gefängnisarzt, der mich gründlich untersuchte. Dann ging ich in die Kleiderkammer und wurde mit Kleidung und Bettzeug versorgt. Die Sachen fühlten sich hart an und kratzten: Ich bekam eine Wolldecke, Bettzeug, eine Hose, ein blaues Hemd und unbequeme schwarze Schuhe. So ausgerüstet führte mich der Beamte in das so genannte Zugangshaus. Dort werden neue Gefangene zunächst vorübergehend untergebracht und beobachtet. Je nachdem, wie sie sich führen, werden sie auf eines der drei weiteren »Häuser« verteilt. Die nächsten drei Tage verbrachte ich mutterseelenallein in einer Zelle, die ausreichend groß für vier bis sechs Personen war. Nur ein mir zugeteilter Wachmann saß noch als Aufpasser im Flur.

In diesem Gebäude gab es etwa 20 Zellen, in die jeweils zwischen vier und sechs Gefangene hineinpassten. Die Möblierung der Zellen bestand aus Betten, Tischen und Spinden, die Gemeinschaftstoiletten lagen außerhalb. Tagsüber waren die Zellentüren meistens nicht verschlossen, und man konnte in seinem Trakt herumlaufen und seine Mithäftlinge besuchen. Nur ich nicht, denn ich war dort ganz allein. Also saß ich herum, starrte auf den Hof hinaus und dachte nach. Der kaum begonnene Strafvollzug tat bereits seine Wirkung: Ich dachte viel nach und schüttelte den Kopf über all meine Jugendsünden. Damit würde nun Schluss sein, das schwor ich mir! Nach ein paar Tagen fuhr der Gefängnisbus wieder vor und brachte neue Häftlinge. Ich traute meinen Augen kaum, als ich einen Bekannten aus der Kölner Altstadt wiedersah! Auch ihn hatte man in das 200 Kilometer entfernte Paderborn gebracht, genau wie mich! Ich erinnerte mich, dass ich ihn ein paar Tage vor meiner Inhaftierung noch in einer Kneipe getroffen hatte. Weder er noch ich hatten unseren bevorstehenden Gefängnisaufenthalt erwähnt! Er war genauso überrascht, mich zu sehen, aber wir konnten uns nicht unterhalten, denn er wurde ein paar Räume entfernt von mir eingesperrt.

Alle Neuankömmlinge waren ruhig und benahmen sich gut. Nur einer, der ein paar Tage später eintraf, randalierte von Anfang an. Er schrie die Wärter an und begann sofort, sein Bett abzubauen. Das sahen sich die Beamten nicht lange an, und bald wurde er in einer anderen, abgelegeneren Zelle untergebracht.

Nach einer Woche im »Zugangshaus« wurde ich abgeholt und in »Haus 2« gebracht. Als ich dort zum ersten Mal die Flure entlangging, begleitet von einem Beamten, fühlte ich mich schon komisch – überall standen Häftlinge herum und sahen mir, dem Neuen, neugierig entgegen. Ich wurde in die Zelle zu zwei anderen jungen Männern, etwa in meinem Alter, gesperrt: Rolf und Eberhard. Eberhard war betrunken Auto gefahren und hatte dabei einen Unfall verursacht, bei dem ein Freund von ihm ums Leben gekommen war. Da Eberhard sich offensichtlich sehr dafür schämte, erzählte er mir bis zu seiner Entlassung drei Monate später, er würde wegen Diebstahls sitzen. Erst als er längst entlassen war, klärte mich Rolf auf. Rolf war groß und kräftig, aber nicht der Allerhellste. Er saß schon mehrere Jahre im Gefängnis. Das Urteil: Diebstahl und Körperverletzung. Mit beiden verstand ich mich zum Glück ziemlich gut. Rolf war außerdem der Zellenwart in unserem Block, was ihm einige Vergünstigungen einbrachte.

Die Haftanstalt selbst kann ich nur als angenehm bezeichnen. Sie funktionierte eigentlich wie eine große Fabrik mit verschiedenen Arbeitsbereichen. Mein Zellennachbar Rolf war beispielsweise der Schlosserei zugeteilt. Eberhard hatte es sogar noch besser getroffen: Er arbeitete bei einer Autolampenfirma außerhalb des Gefängnisses. In der Mittagspause konnte er sogar in die Stadt gehen und dort bummeln.

Ich traf es zunächst nicht so gut und landete in der »Taucherei«. Die »Taucherei« war eine Halle mit mehreren großen Becken. Darin befand sich entweder eine Verdünnungslösung oder Farbe. Hier wurden nun Auto-Achsen zunächst in die Lösung getaucht und somit entfettet, dann mussten sie in die Farbbecken gesenkt werden. Das alles machten wir Gefangenen ohne besondere Schutzvorrichtungen. Dieselbe Arbeit wurde auch mit Multiböcken verrichtet, und dort sollte ich nun mitarbeiten. Ich sah mir die Sache an, fand sie viel zu gefährlich und beschwerte mich sofort: »Das ist doch nicht gesund, was man hier alles ohne Schutzmaske einatmen muss! Ich will hier weg!«, teilte ich den Beamten mit. Kurz darauf wurde ich in eine andere »Abteilung« versetzt. Nun musste ich die Böcke, die vorher entfettet und »getaucht« worden waren, in Styropor und Folie verpacken. Diese Arbeit war einfacher und vor allem viel ungefährlicher, und so war ich damit zufrieden. Direkt nebenan befand sich die Schlosserei, in der Rolf die Böcke zusammenschweißte. Dort besuchte ich ihn, wenn es ging, und wir unterhielten uns über alles mögliche.

Insgesamt saßen damals etwa 300 Gefangene in der Haftanstalt ein. Ich verstand mich mit allen, die ich traf, gut, und es gab auch kaum Reibereien zwischen den Mitinsassen. Jeder Häftling arbeitete täglich von halb acht Uhr morgens bis etwa halb fünf Uhr nachmittags. Dazwischen gab es eine Frühstücks- und eine Mittagspause. Nach Feierabend hörte ich entweder Musik mit meinem Walkman oder spielte mit den anderen Gefangenen Brettspiele. Einen Fernsehraum gab es auch, aber dorthin ging ich fast nie. Jeder, der Interesse hatte, fernzusehen, konnte sich vorher ein Programm wünschen. Das Programm mit den meisten Stimmen wurde dann gezeigt. Der Fernsehraum war sehr groß und hatte einen Linoleumboden, der wahnsinnig quietschte, wenn man darauf ging. Außerdem raschelten, rumpelten und quietschten die anderen Gefangenen im Fernsehraum mit Stühlen, Schuhen und Chipstüten so laut, dass man in den seltensten Fällen etwas vom Film verstehen konnte. Ohnehin war das Gerät nur zwei Stunden täglich, zwischen acht und zehn Uhr abends, eingeschaltet. Dann wurde im ganzen Gefängnis das Licht gelöscht und für uns Häftlinge hieß es: Nachtruhe!

Mehrere Wochen, nachdem ich ins Gefängnis gegangen war, nahten Weihnachten und Silvester. Die meisten meiner Mitinsassen hatten Ausgang und verbrachten die Feiertage bei Freunden und Familien. Nur ich und zwei, drei weitere Gefangene hatten noch keinen Ausgang, weil wir noch keine drei Monate im Gefängnis saßen. Während andere »draußen« Weihnachtsgans aßen, mussten wir die Zellenbank drücken! Das war ziemlich deprimierend, und ich dachte öfter als sonst an »die Zeit danach«.

Ich wusste damals zwar nicht genau, was ich machen wollte, wenn ich wieder rauskam. Aber eines war klar: Hierher, in die Strafanstalt, wollte ich nicht wieder zurück! Ich nahm mir vor, mein Leben in den Griff zu bekommen und mir Arbeit zu suchen. Wenn man so in seiner Zelle sitzt, dann schießen einem doch sehr viele Gedanken durch den Kopf. Obwohl der Strafvollzug in dieser Haftanstalt relativ milde war, fehlten mir natürlich die Freiheit und die Selbstbestimmung. Meine Freundin vermisste ich mindestens genauso, und das ewig schlechte Essen war manchmal kaum noch zu ertragen ... Später, viel später, nach dem schrecklichen Unfall, dachte ich oft an meine Gefängniszeit zurück. Als ich im Gerichtssaal saß, mein Unfall verhandelt wurde und der Verursacher mit einer sehr milden Strafe davonkam, dachte ich: Das ist nicht korrekt. Ich habe wegen Diebstahls im Gefängnis gesessen. Dieser Jugendliche hat mehrere Menschenleben auf dem Gewissen und kann als freier Mann nach Hause gehen! Da stimmt etwas nicht! Wäre dieser »Junge« nur halbwegs ein echter Kerl gewesen, hätte er als Buße freiwillig ins Gefängnis gehen müssen!

Langsam gewöhnte ich mich an das eintönige Leben im Gefängnis, aber das schlechte Essen stieß mir immer noch auf. Zum Frühstück gab es zwei Scheiben »Knüppelsbrot«. Ich nannte es so, weil es knochentrocken und sehr hart war. Dazu gab es Margarinestückchen in Sternchenform, Wurst und Pflaumenmus. Ich erinnere mich noch daran, wie mir nach einer Woche das Pflaumenmus zum Hals heraushing! Mittags wurde Essen aus eigener Küche serviert, und man konnte es gerade so herunterbekommen. Es schmeckte entweder nach gar nichts oder es war schlecht gewürzt, und oft war es auch noch angebrannt.

Zum Abendessen gab es Brot mit Aufschnitt, manchmal eine Dose Fisch. Das Gelbe vom Ei war unser Speiseplan jedenfalls nicht! Da wir Häftlinge arbeiteten, bekamen wir dafür natürlich auch Lohn. Von diesem Geld wurde uns jeden Monat eine Summe von rund 100 Mark als Taschengeld zugeteilt, und wir durften uns davon Lebensmittel oder Zigaretten kaufen. Das machte die Gefängniskost etwas erträglicher. Ich bestellte mir meistens Chips, Cola, Zucker und Marmelade. Wir mussten unsere Bestellungen auf einer Liste ankreuzen, und die Lieferung kam dann ein paar Tage später im Gefängnis an. Um sie abzuholen, wurden wir in einen großen Raum gebracht und mussten uns dort in einer langen Reihe anstellen.

Einer der Gefangenen, ein großer, kräftiger Mann, fand bald eine Methode, um die lästige Warterei in der Schlange zu verkürzen: Als er eines Tages den Raum betrat, um seine Lebensmittel abzuholen, stellte er sich einfach ganz vorne an. Der erste in der Reihe protestierte und wurde von ihm ohne jeden weiteren Kommentar zusammengeschlagen. Nun wagte es niemand mehr, dem Mann seinen Platz streitig zu machen. Er nahm seine Einkäufe in Empfang und ging wieder. Ein Beamter, der hätte eingreifen können, war zu diesem Zeitpunkt leider nicht im Raum, und so hatte dieser reizende Mithäftling leichtes Spiel.

Als ich etwa drei Monate im Gefängnis war, wurde ein neuer stellvertretender Gruppenleiter für das »Haus 2« gesucht. Die Wahl fiel auf mich, und nun war ich der Stellvertreter von Rolf. Dadurch hatte ich einige Vorteile, zum Beispiel konnte ich nun den Reinigungsdienst einteilen, der die Gänge vor den Zellen schrubbte, und musste selber nicht mehr mitputzen. Ich bekam besseres Essen und durch meine guten Kontakte zur Kleiderkammer auch bessere Kleidung. Das erwies sich in einem Fall als großer Vorteil: Als wir nämlich eines Tages wieder einmal den oberen und unteren Zellenblock unseres Gebäudes reinigen mussten und der wachhabende Beamte nicht in der Nähe war, warf einer der Gefangenen von oben einen mit Wasser gefüllten Luftballon in den unteren Flur. Diese »Wasserbombe« zerplatzte mit lauten Knall vor den Füßen einiger Mithäftlinge, und schon war die schönste Wasserschlacht im Gange! Natürlich lockte der Lärm nach kurzer Zeit die Wachen herbei, und nun taten alle Häftlinge so, als wären sie wahre Unschuldslämmer. Allerdings konnte man die Schuldigen leicht ausmachen, denn sie waren alle klatschnass! Da hatten es Rolf und ich besser. Durch unsere Position als Gruppenleiter hatten wir – im Gegensatz zu allen anderen – eine zweite Garnitur an Kleidung parat.

Als wir die Aufseher kommen hörten, rannten wir schnell in unsere Zelle, rubbelten uns mit einem Handtuch die Haare trocken und zogen uns trockene Sachen an. Die Wärter konnten uns nun nicht mehr nachweisen, dass wir bei der Wasserschlacht dabeigewesen waren. Bis auf Rolf und mich erhielten alle anderen eine Ausgangssperre. So war mein Leben im Gefängnis durch meine neue Stellung einfacher und angenehmer geworden.

Mein Geburtstag stand im März an, und ich kaufte mir von meinem Arbeitslohn einen Kuchen, um mit meinen Mithäftlingen zu feiern. Natürlich durften wir auch Besuch empfangen, alle 14 Tage war eine Visite von ein bis zwei Stunden zugelassen. Meine Schwester Marion und meine Mutter kamen – und natürlich Denise. Einmal brachte mir meine Mutter eine Musikkassette für meinen Walkman mit und steckte sie mir zu. Das war natürlich verboten, und sofort griff ein Beamter ein und nahm sie mir ab.

Marion

Obwohl Markus und ich uns in der Zeit vor seiner Gefängnisstrafe kaum gesehen hatten, sorgte ich mich nun um meinen kleinen Bruder. Wann immer wir konnten, besuchten Mutter und ich ihn in der Haftanstalt und brachten ihm kleine Geschenke mit, zum Beispiel etwas Leckeres zu essen oder Geld, das wir ihm heimlich zuschoben und das er sofort in seinem Schuh verschwinden ließ.

Nachdem es nun wirklich ernst geworden war, sparten wir natürlich nicht mit Vorwürfen und fragten ihn immer wieder, wie er sich denn in diese Situation hatte bringen können! Aber Markus benahm sich bei jedem Besuch ganz normal, war ruhig und sachlich wie immer und sagte nur: »Ach, Marie, mach dir mal keine Gedanken, ich komme schon durch.« Einigermaßen beruhigt fuhr ich dann wieder nach Hause und dachte, er sei in der Haftanstalt wenigstens gut aufgehoben und könne dort keinen neuen Unsinn anzetteln! Zu dieser Zeit schrieben Markus und ich uns viele Briefe, die ich bis heute aufbewahrt habe. Da er öfters am Wochenende Ausgang hatte, schickte ich ihm meistens Briefe, in denen drei Gerichte zur Auwahl standen: Eines konnte er sich als Sonntagsessen für das Wochenende aussuchen. Ich schwor mir, ihn nach seiner Entlassung öfter zu treffen, auch wenn ich mit seiner damaligen Freundin Denise nicht viel anfangen konnte. Es war für uns alle schlimm genug, ihn auf der schiefen Bahn zu sehen. Nach seiner Entlassung wollte ich ihm helfen, dass er wieder in ein geordnetes Leben zurückfand.

Markus

Nachdem ich länger als drei Monate »gesessen« hatte, bekam ich auch Ausgang. An einem Tag im Monat durfte ich zwischen 12 und 18 Uhr raus in die Freiheit. Natürlich reichte dieser eine Nachmittag nicht, um nach Köln zu fahren. Also kam Denise zu mir, und wir genossen jede freie Minute miteinander!

Nach fünf Monaten Gefängnisaufenthalt wurde das Ausgangsangebot erweitert. Da ich mich bis dahin ordentlich betragen hatte, bekam ich pro Monat einen ganzen Tag frei.

Schon kurz nach meinem Haftantritt hatte ich ein Gnadengesuch gestellt, das aber abgelehnt worden war. Dann erkundigte ich mich bei den Gefängnisaufsehern, was ich sonst noch unternehmen könnte, um meine Haftzeit zu verkürzen. Sie waren sehr nett und erklärten mir, ich könnte auf »Halbstrafe« oder »Zweidrittelstrafe« gehen. Das bedeutete, ich müsste einen entsprechenden Antrag stellen und mich gut führen. Alles andere liefe dann beinahe automatisch. Also beantragte ich, früher entlassen zu werden, und wartete nun gespannt auf Antwort! In der Zwischenzeit war noch ein neuer Häftling zu Rolf und mir in die Zelle gekommen. Nach Eberhards Entlassung hatten wir eine Zeitlang zu zweit gelebt.

Unser neuer Mitbewohner hieß Frank, ein kleiner, drahtiger Kerl aus der Umgebung von Köln, der sich schnell anpasste und mit dem wir auch gut auskamen.

Ein paar Wochen später wurde nach Absprache mit den Aufsehern ein Schweiß-Lehrgang im Gefängnis angeboten. Ich nahm das Angebot gerne wahr, denn zum einen lernte ich so etwas Nützliches, zum anderen stellte es für mich eine schöne Abwechslung dar. So ging die Zeit dahin, und eines Tages hielt ich endlich den ersehnten Brief in Händen, die Antwort auf meinen Antrag auf vorzeitige Entlassung. Ich konnte mich kaum fassen vor Freude, als ich dort las, dass ich bereits in etwa vier Wochen nach Hause konnte! Im November 1986 war ich eingesperrt worden, im November 1987 winkte mir nun die endgültige Freiheit!

In diesen letzten Wochen war mir der Gefängnis-Betrieb ziemlich egal und ich sah alles viel lockerer. Natürlich achtete ich darauf, dennoch nicht über die Stränge zu schlagen, denn ich wollte nicht kurz vor Ende meiner Haftzeit noch unangenehm auffallen.

Als der große Tag endlich kam, ging ich den umgekehrten Weg hinaus, den ich hineingekommen war: Am Abend vor meiner Entlassung brachte mich ein Wärter in das Zugangshaus, in dem ich die letzte Nacht verbringen sollte. Ich hatte mich natürlich vorher von meinen Mithäftlingen, ganz besonders von Rolf, verabschiedet. Mit ihm hatte ich verabredet, dass er am nächsten Morgen auf dem Weg zu seiner Arbeit bei mir Station machen sollte. Sein Weg führte ihn nämlich über den Hof, am Zugangshaus vorbei. Aber wir hatten Pech – die Zelle, in der ich untergebracht war, lag nicht zum Hof hinaus, sondern zur gegenüberliegenden Seite. So sah ich Rolf nicht mehr und wünschte ihm nur in Gedanken alles Gute.

Am nächsten Morgen händigte man mir meine alten Sachen aus, das Tor öffnete sich – und da stand Denise und begrüßte mich überglücklich! Sie war sehr froh, mich wiederzuhaben, und wir fuhren gut gelaunt gemeinsam nach Hause.

Am Abend unternahmen wir in der Kölner Altstadt einen Kneipenbummel, und bald war es so, als wäre ich nie fort gewesen. Sofort nach meiner Haftentlassung bemühte ich mich um Arbeit. Ich bekam einen Job als Fahrer bei einer Werbe-Agentur in Wesseling, deren Chef meine Mutter kannte. Mir gefiel die Arbeit gut, und die Leute waren sehr nett zu mir. Alle wussten dort von meiner Vorstrafe und behandelten mich trotzdem sehr freundlich.

Sogar als ich einmal Ärger mit einem übereifrigen Nachbarn hatte, der mich bei meinen Arbeitgebern anschwärzen wollte, hielten der Chef und seine Mitarbeiter zu mir. Der Mann kam nämlich eines Tages während meiner Arbeitszeit in die Werbeagentur gestürmt und rief laut: »Wissen Sie denn überhaupt, dass der Markus im Gefängnis saß?«

Sofort ging eine Mitarbeiterin auf ihn zu und sagte: »Natürlich wissen wir das! Aber das gibt Ihnen noch lange nicht das Recht, so über den Herrn von der Heyde zu reden.« Und sie bat ihn höflich, zu gehen. Darüber habe ich mich sehr gefreut und arbeitete noch lieber für diese Agentur.

Leider machte mir drei Jahre später, 1989, Denise einen Strich durch die Rechnung. Meine Beziehung zu ihr war damals leider nicht mehr so, wie sie hätte sein sollen. Außerdem hatte ich in der Zwischenzeit eine andere Frau, Sylvia, kennengelernt, und wir hatten uns verliebt. Sylvia war eines Tages mit Wolfgang und einem weiteren Bekannten zu mir nach Hause gekommen. Ich fand sie von Anfang an sehr nett und attraktiv, und wir freundeten uns an. Ich hatte damals eine kleine Halle angemietet, in der ich nebenbei gebrauchte Autos wieder herrichtete. Und auch Sylvia kam öfters mit ihrem Auto vorbei ... Eines Tages waren wir dann ein Liebespaar.

Eine Zeitlang trafen wir uns heimlich, aber dann hielt ich es nicht mehr aus. Ich bin ein Mensch, der klare Verhältnisse mag. Wir fuhren zunächst zu Sylvias Freund. Ich stellte mich vor ihn hin und sagte: »Die Sylvia ist jetzt mit mir zusammen!« Er war sehr enttäuscht, machte aber keine weiteren Probleme.

Dann sprach ich mit Denise. Bei ihr lief leider nicht alles so glatt: Sie war völlig aus dem Häuschen und wollte mich nicht einfach so gehen lassen. Sie versuchte nun alles, um mich zu halten, rief ununterbrochen auf der Arbeit an und versuchte, mich zu überreden, doch bei ihr zu bleiben. Als das nicht half, schlug ihre Beharrlichkeit in Wut um. Ich hatte ihr schon alle Möbel in unserer gemeinsamen Wohnung gelassen, nun wollte sie auch noch die Autos aufteilen, die ich zu dieser Zeit besaß und gerade reparierte. Die große Halle hatten wir auf ihren Namen gemietet, und nun schloss sie diese einfach ab und erteilte mir Hausverbot. Zum Glück hatte ich die Autos vorher schon herausgeholt, nur mein Werkzeug bekam ich dadurch nicht wieder zurück. Schließlich hetzte Denise noch einen Bekannten auf mich. Er rief mich eines Abends an und beschimpfte mich am Telefon, ich sei unfair zu meiner Ex-Freundin gewesen. Ich bot ihm an, dass wir uns am nächsten Tag bei Denise treffen konnten. Als ich dort ankam, zuckte ich zusammen, denn vor mir stand ein riesiger Kerl! Aber ich konnte vernünftig mit ihm reden, denn er rechnete mir hoch an, dass ich überhaupt zu der Aussprache erschienen war. Hätte ich allerdings vorher gewusst, wer da auf mich wartete, hätte ich es mir wahrscheinlich auch anders überlegt!

Mit ihm regelte ich nun, wie Denise und ich uns gütlich trennen könnten. Mit meiner ehemaligen Freundin war nämlich inzwischen nicht mehr vernünftig zu reden. Das Gespräch endete zum Vorteil von Denise: Sie schuldete mir noch Geld, das ich ihr nun erließ. Außerdem durfte sie die neue Einbauküche behalten, die wir erst vor kurzem gemeinsam angeschafft hatten. Aber Denise war von dem Ausgang der Geschichte nicht begeistert; wahrscheinlich hatte sie gehofft, ich würde doch noch zu ihr zurückkehren. Sie verfolgte mich also weiter und stand beinahe jeden Morgen in der Werbeagentur, in der ich arbeitete. Sie weinte und flehte mich an, doch bei ihr zu bleiben. Ich versuchte stets, sie abzuwimmeln, aber es gelang mir nicht. Mir war es inzwischen sehr peinlich, vor meinen Kollegen diesen Streit mit meiner Ex-Freundin führen zu müssen, und ich bat Denise: »Bitte, lass das doch sein! Was sollen denn meine Chefs von mir denken? Ich bin hier, um zu arbeiten!«

Als alles gute Zureden nichts nützte, kündigte ich und suchte mir notgedrungen einen neuen Job. In der gesamten Zeit, in der ich mit Denise zusammen war, war mir ihr inzwischen sechs Jahre alter Sohn sehr ans Herz gewachsen. Ich hatte ihn sozusagen mit großgezogen und versuchte auch nach der Trennung von seiner Mutter, ihn regelmäßig zu treffen. Auch meine neue Freundin Sylvia hatte einen Sohn, der damals aber gerade ein Jahr alt war. Nun unternahm ich oft etwas mit beiden Jungs gemeinsam, was Denise überhaupt nicht gefiel. Wir bekamen noch mehr Streit, und schließlich beschloss ich, es wäre besser für den kleinen Frederick, wenn wir uns nicht mehr trafen.

Marion

Nachdem Markus aus der Haft entlassen worden war, bemühte er sich zum ersten Mal ernsthaft um einen guten, festen Job, und darüber waren wir alle sehr froh. Ich selbst hatte nach allerlei Wirren meine berufliche Stellung in Daniels Firma gefunden, jedoch war meine Beziehung zu Daniel sehr unbefriedigend. Wir lebten zwar noch zusammen, aber dennoch fühlte ich mich nicht mehr an ihn gebunden. Zu dieser Zeit unterbreitete mir mein Freund den Vorschlag, wir könnten uns in Köln mit einer eigenen Firma selbstständig machen. Ich sollte in dem geplanten Geschäft Büro und Verkauf übernehmen. Ich unterstützte seine Idee und hoffte, durch die gemeinsame Arbeit würde sich auch unsere persönliche Beziehung wieder bessern.

Schon bald fand er ein passendes Gebäude als Firmensitz. Ich kümmerte mich um die Eröffnung unseres Geschäftes, bestellte ein tolles Buffet und lud Kunden, Bankangestellte, Lieferanten und Mitarbeiter ein. Der Tag der Einweihungsfeier lag nun vor uns, und am Morgen des Festes fuhr ich sehr früh in die Stadt, um letzte Hand anzulegen. Es war gegen zehn Uhr – alle Gäste hatten sich mittlerweile eingefunden –, als ich mit Entsetzen feststellte, dass mein lieber Freund Daniel, immerhin der Inhaber der neuen Firma, noch nicht aufgetaucht war. Ich rief in unserer Wohnung an und weckte ihn. Daniel hatte diesen großen Tag tatsächlich verschlafen! Aber er versprach, so schnell wie möglich zu kommen. Wie ich den Gästen seine Verspätung erklärte, weiß ich nicht mehr. Ich empfand die Situation nur noch als peinlich!

Auch in den folgenden Monaten entwickelte sich nicht alles so, wie ich es erhofft hatte. Ich arbeitete jeden Tag bereits ab sieben Uhr morgens im Büro, Daniel erschien häufig erst am Mittag. Es dauerte nicht lange, und bald ging auch privat jeder wieder seiner Wege.

1988 trat mein späterer Mann Jürgen in mein Leben. Ich machte mir gemeinsam mit einer Bekannten in einem Biergarten einen schönen Abend. Es war Claudia, die Mitarbeiterin des Reisebüros, in dem ich die drei Jamaika-Urlaube gebucht hatte. In der Zwischenzeit hatte sich eine schöne Freundschaft zwischen uns entwickelt.

Wir unterhielten uns an jenem Abend über alles Mögliche, aber schließlich kam Claudia auf einen mir unbekannten Mann zu sprechen: »Also, ich kenne da jemanden, der würde gut zu dir passen, Marion!«, meinte sie und schmunzelte viel sagend. Ich wurde neugierig und fragte weiter, denn nun war mein Interesse geweckt. Ein Mann, der zu mir passte? Na, das wollte ich genauer wissen! Und dann stand das Objekt unseres Gesprächs plötzlich vor uns. »Das ist er. Das ist der Jürgen«, sagte Claudia, ohne zu ahnen, dass sie mir gerade den Mann meines Lebens vorgestellt hatte.

Wir plauderten miteinander und fanden uns gegenseitig sehr nett. Jürgen lud mich für den kommenden Samstagabend zum Essen ein, und ich sagte zu. Meine Beziehung zu Daniel lief damals bereits acht Jahre. Davon waren die ersten fünf gut, die letzten drei eher mies verlaufen. Innerlich muss ich schon längst zum Ausstieg bereit gewesen sein, denn sonst hätte ich der Verabredung mit einem mir noch völlig Unbekannten wohl nicht so schnell zugestimmt.

Der Abend mit Jürgen war wunderschön. Von nun an telefonierten wir täglich und versuchten, uns so oft wie möglich zu treffen. Das war natürlich ziemlich schwierig, weil ich damals ja noch mit Daniel zusammen wohnte und arbeitete und er jetzt auch wieder häufig zu Hause war. Die ersten Treffen mit Jürgen gelangen unter dem Vorwand, ich würde eine Freundin von mir besuchen. Ich zog meinen Jogginganzug an, verabschiedete mich von meinem Freund und fuhr zu Angela. Dort zog ich mich um. Meistens hatte ich meine Kleidung für die abendlichen Treffen mit Jürgen schon mittags in meinem Auto deponiert.

Angela beobachtete meine Verwandlung belustigt, staunte aber nicht schlecht, wenn ich mich aus dem unförmigen Jogginganzug pellte und plötzlich in einem schicken Kostüm mit hochhackigen Schuhen vor ihr stand! Meistens tranken wir noch ein Glas Wein zusammen, ich nahm meine alten Sachen unter den Arm und verabschiedete mich. Und jedes Mal sagte Angela warnend zu mir: »Marie, das geht nicht mehr lange gut!«

Das war mir auch klar, denn ich spürte, dass Jürgen meine große Liebe war: Mit ihm wollte ich mein Leben verbringen, Kinder haben und einfach nur glücklich sein! Ich erinnere mich noch gut daran, dass ich in dieser Zeit einmal mit meiner Mutter telefonierte und ihr sagte, ich würde Jürgen heiraten! Sie nahm mich wohl nicht ernst, genauso wenig wie Daniel, dem ich ein paar Tage später meine Gefühle zu Jürgen gestand. Ich sagte meinem Lebensgefährten auch, dass meine Gefühle für ihn schon lange erloschen seien, dass uns nur noch die Gewohnheit und der Alltagstrott zusammenhielten! Aber er glaubte mir nicht und war bis zur letzten Sekunde der Meinung, wir würden zusammengehören und ich würde bei ihm bleiben. Mein Abschied fiel kurz und nüchtern aus, und erst, als ich schon fast aus der Tür war, begriff Daniel, dass er mich verloren hatte.

Nur drei Wochen nach meiner ersten Begegnung mit Jürgen verließ ich Daniel. All meine Sachen hatte ich kurzerhand in Müllsäcke gepackt und so abtransportiert. Unseren gesamten gemeinsamen Hausrat ließ ich bei Daniel und auch meinen Siamkater »Amor«. Daniel hatte mich darum gebeten, denn er war durch meinen plötzlichen Auszug ziemlich getroffen und meinte, der Kater sei nun alles, was er noch hätte.

Eines der wenigen Dinge, die ich aus unserer gemeinsamen Wohnung mitnahm, war eine Flasche Sekt. Damit wollte ich mit Jürgen die Ankunft in meinem neuen »Zuhause« feiern. Die Mülltüten mit meiner Kleidung lagen überall in seiner Wohnung verstreut, und Jürgen und ich saßen im Schlafzimmer, das nun unser gemeinsames war. Wir sahen uns tief in die Augen, tranken Sekt und stießen auf unser zukünftiges, gemeinsames Leben an. Ich erschrak ein wenig vor mir selbst, als ich feststellte, dass ich gerade eine langjährige Beziehung, meinen Job, den Firmenwagen und alles außer ein paar persönlichen Sachen mit einem Glas Sekt weggespült hatte. Aber leidgetan hat es mir bis heute kein einziges Mal!

Für mich war die Sache klar: Jürgen war der Mann, nach dem ich so lange gesucht hatte! Mir gefiel einfach alles an ihm: Er war Kunstlehrer und arbeitete an einem Gymnasium in der Eifel. Seine Ausbildung hatte er unter anderem bei dem berühmten Joseph Beuys absolviert, und er verwirklichte sich auch selbst als Künstler. Zu Jürgens Arbeiten gehörten wunderschöne Fotos, Gemälde und Skulpturen, die mir sofort gefielen. Mein zukünftiger Mann hatte all die Eigenschaften, die sich eine Frau nur wünschen kann: Er ist ein wundervoller Mensch, der zuhört, wenn man mit ihm redet. Ich spürte bei ihm täglich, wie sehr er mich liebte, fühlte mich verstanden und ernst genommen.

Die Verlustangst, die meine Beziehung zu Daniel ständig belastet hatte, nahm Jürgen mir vollständig. Als er mir eines Tages erzählte, dass er sich einmal pro Monat mit zwei Freunden zu einem »Herrenabend« traf, loderte die alte Angst in mir auf. Nur zu gut erinnerte ich mich daran, was Daniel unter diesem Begriff verstanden hatte!

Jürgen bemerkte meine Sorge und machte mir einen Vorschlag: Ich sollte ihn zu dem Restaurant fahren, in dem er seine Freunde treffen wollte. Und er bat mich, ihn gegen 22 Uhr dort wieder abzuholen. Damit nahm er mir die Angst, die ich verspürt hatte, in ein paar Sekunden! Auch in allen anderen Bereichen, war es nun beim Musik- oder beim Literaturgeschmack, fanden wir sehr schnell Gemeinsamkeiten. Wir wuchsen in kürzester Zeit eng zusammen und wussten instinktiv: Diese Beziehung ist für die Ewigkeit!

Kurz nachdem ich bei ihm eingezogen waren, verbrachten wir unseren ersten gemeinsamen Urlaub. Wie es sich für frisch Verliebte gehört, fuhren wir nach Venedig und zelteten auf einem Campingplatz außerhalb der Stadt. Wir genossen das italienische Ambiente und sonnten uns tagsüber am weißen Sandstrand.

Es war an einem dieser Strandtage, als ich ein süßes, blondes Mädchen entdeckte. Die Kleine war wirklich hinreißend, und ich beobachtete sie eine ganze Weile. Dann stupste ich Jürgen an und sagte zu ihm: »So ein kleines Mädchen wie da drüben hätte ich auch mal gerne!«

Er sah mich lange an und antwortete dann: »Ich auch.« Und nach einer Pause fuhr er fort: »Weißt du was? Wirf' die Pille weg!«

Ich war überglücklich! Nun hatte ich nicht nur den Mann fürs Leben, sondern auch den Vater meiner Kinder gefunden! Wir umarmten uns und freuten uns auf unser künftiges Familienleben. Zu diesem Zeitpunkt, als wir in völliger Übereinstimmung in diesen wenigen Minuten unser weiteres Leben geplant hatten, kannten wir uns gerade einmal acht Wochen. Aber alt genug waren wir: Ich zählte damals 29 Jahre, Jürgens 39. Geburtstag stand kurz bevor.

Im Jahr darauf, es war Oktober 1989, fuhren wir beiden in den Wintersport-Urlaub. Bis zu diesem Moment hatten wir zwar schon oft über das Kinderkriegen, aber nie über das Thema Heiraten gesprochen. Eigentlich wollte ich auch nie eine Hochzeit mit allem Drum und Dran, Jürgen ebenfalls nicht. Während dieses Urlaubs, es war der 12. Oktober, gingen wir in eine kleine Kapelle und zündeten zum dritten Jahresgedächtnis an den Todestag seines Vaters eine Kerze an. Diesen Tag werde ich nie vergessen, denn als wir abends schon gemütlich im Bett lagen, sagte ich zu Jürgen: »Wenn wir schon Kinder bekommen, dann möchte ich eigentlich nicht so gerne, dass sie unehelich sind.«

Jürgen blickte mich erstaunt an und gab zu, dass er auch schon oft daran gedacht hatte, mich zu fragen, ob ich ihn nicht heiraten wollte. Allerdings hatte ihm bislang immer der Mut dazu gefehlt. Und so hatte er die entscheidende Frage mehrere Male aufgeschoben. Nun hatte ich sie sozusagen »durch die Blume« gestellt, und es war ohne weitere Diskussionen klar, dass wir ganz offiziell Mann und Frau werden würden!

Den Termin legten wir auf den 15. Dezember. Wir heirateten standesamtlich im engsten Kreis und überraschten damit vor allem Jürgens Freunde und Bekannte: Sie hatten gedacht, er würde ein ewiger Junggeselle bleiben! Zwei Wochen später, über Weihnachten und Neujahr, flitterten wir bei einem herrlich erholsamen Urlaub auf Gran Canaria.

Markus

Marions Hochzeit, das war so eine Sache! Ich fühlte mich damals ziemlich schlecht, als sie und Jürgen heirateten. Ich war gerade aus dem Gefängnis entlassen worden und fand meinen Vater in schlechtem gesundheitlichen Zustand vor. Dazu kam die Beziehung meiner Mutter zu Herbert, die Vater offensichtlich sehr nahe ging und auch uns Kinder sehr belastete. Die ganze Situation war irgendwie mies, nichts in der Familie war so, wie es sein sollte. Mittendrin lernte ich Jürgen kennen und fand ihn am Anfang irgendwie hochnäsig. Ich war damals ein Teenager und dachte nicht richtig nach. Aber jedenfalls glaubte ich, dass Jürgen sich für etwas Besseres hielt und auf unsere Familie ein wenig herabsah. Was sollte er auch schon von uns denken: Der Bruder seiner Zukünftigen kam gerade aus dem Gefängnis, die Eltern lebten in merkwürdigen Verhältnissen zusammen, der Vater war krank, depressiv und trank viel. Ich bildete mir ein, dass Jürgen all dies glasklar sah und irgendwie oben über uns schwebte.

Zur Hochzeit ging ich mit meiner damaligen Freundin Denise, zu der Marion keinen besonderen Draht hatte. Ich trank wohl etwas zu viel und benahm mich nicht besonders gut. Irgendwann während der Hochzeitsfeier war meine schlechte Stimmung auf dem Höhepunkt, so dass ich meine Wut rauslassen und gerne jemanden verprügeln wollte! Meine Wahl fiel auf den Bräutigam, der mit meiner Misere nun gar nichts zu tun hatte!

Zum Glück hielten mich mehrere Leute davon ab, und der Abend verlief weiterhin friedlich! Wenn ich heute daran zurückdenke, schäme ich mich für mein Verhalten und bin froh, dass nicht mehr passiert ist. Später lernte ich Jürgen besser kennen, und mit meiner neuen Freundin Sylvia besuchte ich Marion und ihren Mann öfters in der Eifel. Ich stellte bald fest, dass mein neuer Schwager ein sehr netter Typ ist, und heute kommen wir sehr gut miteinander aus.

Marion

Zu der Zeit, als Jürgen und ich uns das Jawort gaben, verhüteten wir schon lange nicht mehr und warteten gespannt darauf, dass ich schwanger wurde. Aber nichts dergleichen geschah.

Nach einer Weile kam uns die Situation merkwürdig vor, und wir suchten einen Arzt auf. Dieser stellte fest, dass wir beide organisch gesund seien; er vermutete, ich hätte wahrscheinlich die Pille zu lange genommen. Nach Absetzen dieses Verhütungsmittels sei meistens eine längere Wartezeit nötig, ehe die Patientin schwanger werden könne, erklärte er uns fachmännisch. Wir gaben uns mit dieser Information zunächst zufrieden und versuchten es mit der Temperatur-Messmethode. An der jeweiligen Temperatur konnte ich die fruchtbaren von den weniger fruchtbaren Tage unterscheiden. Also führten Jürgen und ich eine Zeitlang ein Sexualleben nach Zeitplan, was uns nicht besonders gut gefiel. Schließlich beschloss ich, mich einmal ganz gründlich untersuchen zu lassen.

Im Krankenhaus unterzog ich mich einer Bauchspiegelung. Die Ärzte stellten fest, dass der Eileiter verklebt und mein ganzer Unterbauch mit Wucherungen verwachsen war. Das machte eine Befruchtung und die nachfolgende Schwangerschaft natürlich schwierig, wenn nicht gar unmöglich. Der einzige Ausweg dafür war eine Operation. Also ließ ich mir einen Termin im Februar 1990 geben. Während ich auf den OP-Termin wartete, passierte aber etwas ganz Unerwartetes: Meine Periode blieb aus! Ich rief begeistert im Krankenhaus an und sagte die Operation ab, es hatte ja schließlich auch ohne geklappt! Doch bald stellte sich heraus, dass etwas nicht stimmte: Ich bekam starke Bauchschmerzen, die nicht nachließen.

Als Jürgen eines Mittags aus der Schule kam, bat ich ihn, mich ins Krankenhaus zu fahren. Dort wurde beim Ultraschall ein dunkler Fleck ausgemacht, der auf eine Eileiterschwangerschaft hindeutete. Das hieß: Ich war schwanger, aber das befruchtete Ei war auf dem Weg in die Gebärmutter im Eileiter stecken geblieben! Ich wurde für etwa zwei Wochen in die Klinik eingewiesen und sollte noch am gleichen Tag operiert werden. Die Operation gelang, das befruchtete Ei wurde entfernt und der Eileiter verschlossen, damit es nicht noch einmal zu einer Eileiterschwangerschaft kommen konnte. Die Ärzte sagten vor der Entlassung zu mir: »Sie sind jetzt nicht mehr schwanger, wie Sie wissen. Mit dem einen freien Eileiter haben Sie nur noch eine Chance von 10 bis 15 Prozent, ein eigenes Kind zu bekommen. Wenn Ihr Kinderwunsch sehr stark ist, sollten sie es gleichzeitig mit künstlicher Befruchtung versuchen. Dadurch sind Ihre Chancen etwas besser!«

Ich nickte tapfer, lächelte den Professor an, der an meinem Krankenbett saß, und versuchte sogar, ein paar Witze zu machen. Der Arzt blickte mir fest in die Augen und meinte: »Können Sie nicht einfach mal heulen?«

Das tat ich – aber erst, als er draußen war. Niemals würde ich in der Öffentlichkeit meine Gefühle so deutlich zeigen und ihnen freien Lauf lassen. Das war noch nie meine Art gewesen, und die von Markus auch nicht! Darin sind wir beide uns sehr ähnlich.

Jürgen und ich hatten uns auch schon über künstliche Befruchtung informiert und optimistisch, wie wir waren, glaubten wir fest daran, dass es so funktionieren würde. Einer meiner beiden Eileiter war zwar verschlossen, der andere aber war frei und durchgängig. Wenn man mir nun gezielt ein befruchtetes Ei einsetzte, müsste es doch eigentlich klappen!

Ich hatte mich bei verschiedenen Kliniken erkundigt und ein Buch in die Hand bekommen, das mich über die wichtigsten Fakten informieren sollte. Es trug den ziemlich trockenen Titel »Information über die extracorporale Befruchtung (ECB) oder In-Vitro-Fertilisation«. Was aber so schwierig und langweilig klang, war für uns äußerst interessant, denn hier wurden die wichtigsten Fragen einfach und klar beantwortet.

Es folgte eine Odyssee, die ich nachträglich betrachtet niemandem wünsche: Ich ließ von 1991–1993 sechs künstliche Befruchtungen an mir vornehmen. Beim ersten Termin riet uns der Arzt direkt, wir sollten parallel versuchen, doch ein Kind zu adoptieren. So hätten wir eine doppelte Chance. Ich sprach mit Jürgen darüber, und er war sofort einverstanden. Also stellten wir kurz darauf, im Oktober 1990, einen entsprechenden Antrag beim zuständigen Jugendamt. Wir bekamen einen Termin, an dem wir uns vorstellen und unsere Wünsche äußern sollten. Zunächst wurden unsere Familienverhältnisse erkundet, dann hieß es: »Würden Sie auch ein krankes Kind adoptieren, eins, das Aids hat oder herzkrank ist? Möchten Sie ein schwarzes Kind? Kann es auch ein Kind von einer Prostituierten oder einer Inhaftierten sein?«

Diese Fragen waren nur schwer zu ertragen, denn alles, was wir wollten, war ein süßes, kleines Baby! Aber wir antworteten gewissenhaft, machten überzeugend klar, dass in unserer Wohnung genügend Platz für ein Kind sei, und nun blieb uns nichts anderes übrig, als zu warten! Unseren ersten Versuch der künstlichen Befruchtung starteten wir am 30. Dezember 1990. Aber dieser Versuch lief schief – ich bekam wie immer meine Periode! Die zweite Befruchtung wurde kurz darauf, am 2. Februar 1991 bei mir vorgenommen. Dieses Mal glückte der Eingriff, und ich war schwanger!

Diese Schwangerschaft überschnitt sich mit einem anderen wunderbaren Ereignis in unserem Leben: Das

Jugendamt, bei dem wir Monate vorher einen Antrag auf Adoption gestellt hatten, meldete sich: Sie hätten ein süßes, kleines Mädchen für uns! Überglücklich warteten Jürgen und ich nun auf den Termin, an dem wir das Baby zum ersten Mal sehen konnten!

Nie werde ich diesen Tag im April 1991 vergessen: Jürgen und ich kamen gegen 14 Uhr zum Jugendamt und die zuständige Beamtin erzählte uns von dem Kind. Wir erfuhren, dass die Kleine vier Tage alt war. Ich wollte wissen, ob das Baby ganz gesund sei, was bejaht wurde. Dann erklärte uns die Beamtin, wir sollten bitte in eineinhalb Stunden wiederkommen, dann könnten wir das Kind sehen. Viel zu früh kamen wir zum Sprechzimmer des Jugendamtes zurück und mussten noch eine Weile auf die »Ankunft« unseres Babys warten. Schließlich kam eine Frau mit einem Körbchen im Arm herein. Darin lag sie, unsere Kleine! Ich sah hinein und erblickte ein wunderschönes, dunkelhaariges Mädchen. »Theresa«, schoss es mir durch den Kopf. »Das ist Theresa.«

Jürgen und ich hatten uns nämlich schon viele Gedanken über einen Namen für das Kind gemacht. Wäre es ein blondes Mädchen gewesen, hätten wir sie »Marlyn« genannt, für ein dunkelhaariges Baby hatten wir »Theresa« und als zweiten Namen »Marietta« vorgesehen. Nun ging alles sehr schnell: Wir mussten nur ein paar Papiere unterschreiben und dann konnten wir Theresa mitnehmen. Nun lag dieses süße, kleine Mädchen in einem Körbchen auf der Rückbank unseres Wagens, und ich konnte meinen Blick nicht mehr von ihr lassen!

Zu Hause angekommen, stellten wir Theresa samt

Körbchen erst einmal in unser Schlafzimmer. Schon nach kurzer Zeit kam es uns vor, als wäre sie schon immer dagewesen. Ich war überglücklich! Endlich hatten wir ein Kind! Nervosität machte sich aber hin und wieder bei Jürgen und mir breit, denn wir wussten, dass die leibliche Mutter das Recht hatte, die Adoption ihres Kindes innerhalb von acht Wochen rückgängig zu machen. Die Zeit verstrich, und bei jedem Klingeln des Telefons zuckten wir unwillkürlich zusammen! Als die Frist am 25. Mai abgelaufen war, freuten wir uns riesig! Am späten Nachmittag öffneten Jürgen und ich eine Flasche Champagner und stießen auf unser Kind an, das nun für immer unseres bleiben sollte. Dieser Tag fiel außerdem auf den Jahrestag unseres dreijährigen Zusammenseins, und so hatten wir gleich zwei Gründe, zu feiern!

Bei all dieser schönen Aufregung hatte ich die Schmerzen verdrängt, die ich seit ein paar Tagen wieder im Unterleib verspürte. Nicht so schlimm wie beim vorigen Mal, aber sehr deutlich. Ich hatte den Gedanken daran aber einfach weggeschoben und geglaubt, sie würden einfach wieder verschwinden. Außerdem war ich nun viel zu beschäftigt mit unserem kleinen Wonneproppen! Da ich ja an Kinderbetreuung gewöhnt war, fielen mir die ersten Tage mit Theresa sehr leicht – das Kind bedeutete für uns fast überhaupt keine Umstellung! Ich fütterte und wickelte sie, als hätte ich nie etwas anderes getan.

Kurz nach Theresas »Ankunft« hatte ich wieder einen Schwangerschafts-Kontrolltermin bei meiner Frauenärztin. Auch ihr erzählte ich freudestrahlend von unserem Baby, und sie freute sich mit mir. Dann wurde sie ernst und meinte: »Jetzt kann ich Ihnen ja auch die weniger gute Nachricht sagen: Ihr Fötus ist nicht weitergewachsen. Die Schwangerschaft ist zu Ende. Sie müssen sich ausschaben lassen!«

Diese Mitteilung machte mir überhaupt nichts aus, denn schließlich hatten wir ja nun ein Baby. Die Ausschabung verlief problemlos, und ich wollte nur eins: nach Hause zu meinem Kind. Aber kurz darauf bekam ich wieder heftige und stechende Schmerzen, die ich dieses Mal nun wirklich nicht ignorieren konnte! Ich ließ mich abends von Jürgen wieder in die gleiche Tagesklinik fahren, in der auch die Ausschabung vorgenommen worden war. Mein Arzt nahm an, es sei eine Entzündung, und gab mir ein Medikament. Sollten meine Beschwerden über das Wochenende nicht besser werden, so wollte er am kommenden Dienstag eine Laparoskopie vornehmen. Es war Dienstag, der 16. April, als er mich nach der vorangegangenen Untersuchung aus meiner Kurznarkose weckte und mir mitteilte, dass ich sofort mit dem Notarztwagen in eine Klinik gebracht werden müsste. Er habe bei mir eine erneute Eileiterschwangerschaft festgestellt, und diese Mitteilung schockierte mich zutiefst! Ich war also gleichzeitig doppelt schwanger gewesen – diese Vorstellung war für mich fast unglaublich!

Als ich nun auf einer Trage in den Notarztwagen gebracht wurde, hörte ich außerdem, dass der Eileiter bereits geplatzt und viel Blut in meinen Bauchraum gelaufen sei! Das war eine sehr gefährliche Situation, wie mir jetzt bewusst wurde! Hier lag ich nun und wurde im Rettungswagen mit Blaulicht in ein Krankenhaus gefahren! Hätte ich noch einen Tag länger gewartet, dann lebte ich wohl heute nicht mehr! Der Schock saß Jürgen und mir tief in den Knochen, und ich konnte während der Fahrt an nichts anderes denken, als an die Tatsache, dass ich in Lebensgefahr schwebte. Dazu kam, dass ich einen der Krankenpfleger im Notarztwagen sagen hörte: »Schnell, beeilen wir uns! Die Frau hat nur noch 20 Minuten!«

Daraufhin schloss ich meine Augen und dachte immer nur diesen einen Satz: »Ich will nicht sterben! Ich will nicht sterben!«

Im Krankenhaus angekommen, wurde ich direkt in den Operationssaal gefahren. Dort fragte mich eine Schwester barsch, warum ich mir den Nagellack nicht entfernt hätte.

»Ich bin ein Notfall!«, heulte ich schwach.

»Wann haben Sie Ihre letzte Narkose bekommen?«, fragte mich die Schwester weiter.

»Eben gerade«, schluchzte ich, was sie natürlich nicht verstand. Und so fragte sie immer wieder, bis ich ihr unter Tränen erklärt hatte, dass mein Arzt erst eine Stunde zuvor eine Laparoskopie an mir vorgenommen hatte. Irgendwann weinte ich nicht nur, sondern ich schrie! In meinem Inneren herrschte ein unglaublicher Aufruhr! Meine Gedanken überschlugen sich, denn ich glaubte, dass ich nach dieser erneuten Operation nicht mehr aufwachen würde! Das durfte aber nicht sein, denn ich hatte gerade Theresa bekommen, mein süßes, kleines Baby! Ich war völlig am Ende und brüllte meine Verzweiflung laut heraus!

Da geschah etwas Wunderbares und Tröstliches: Als ich auf der Trage lag und auf die Notoperation wartete, erschien mir mein Vater. Er schwebte vor mir, sah mich an und sagte Worte, die klangen wie: »Nein, Marie, deine Zeit ist noch nicht gekommen.« Dann verschwand er wieder, und ich fühlte mich wunderbar getröstet.

Die Operation verlief gut, und ich sollte anschließend drei Wochen im Krankenhaus bleiben. Nach sieben Tagen ließ ich mich aber auf eigenen Wunsch entlassen, denn ich wollte nur bei meinem Mann und unserem Töchterchen sein. Jürgen hatte sich die ganze Zeit über um Theresa gekümmert. Und das war bitter nötig, denn die Operation hatte mich so geschwächt, dass ich die Kleine kaum auf den Armen halten konnte. Ich war froh, dass sie so ein pflegeleichtes Baby war, und erinnerte mich an den Tag ihrer »Ankunft«. Bevor Jürgen und ich sie mit nach Hause nehmen konnten, hatten wir etwa eine Stunde Zeit, um das Nötigste einzukaufen. Ich erfuhr von der Mitarbeiterin des Jugendamtes, welche Fläschchennahrung sie bisher getrunken hatte und holte diese aus der Drogerie, dazu Fläschchen und Windeln. Dann fuhren wir noch schnell zu Bekannten, um von ihnen Babykleidung und ein Körbchen auszuleihen. Um alles neu einzukaufen, dafür blieb uns einfach keine Zeit! Als wir Theresa dann mitnehmen durften, fragte mich Jürgen mit Blick auf das schlafende Kind: »Wann sie wohl wach wird?«

Ich überlegte kurz und antwortete dann: »Wenn sie den Krankenhausrhythmus gewöhnt ist, dann wird sie wohl gegen sechs Uhr abends aufwachen!« Und prompt krähte die Kleine fünf Minuten vor der von mir getippten Zeit!

Zu Hause angekommen, rief Jürgen einen ehemaligen Schüler von sich an und erklärte ihm kurz unsere Situation. Dieser Schüler war inzwischen ein besonderer Freund des Hauses geworden, und wir wussten, dass wir uns jederzeit auf ihn verlassen konnten. So auch dieses Mal! Er stand wenige Minuten später vor unserer Tür und half Jürgen, das Esszimmer auszuräumen und in bunten Farben zu streichen. Schließlich sollte unsere Theresa ihr eigenes Reich bekommen!

Noch in derselben Nacht war das Zimmer fertig, nur die Möbel fehlten noch. Die holten wir am nächsten Tag und ließen gleichzeitig Gardinen für das neue Kinderzimmer und einen Himmel für ihr Bettchen nähen. Innerhalb von zwei Tagen richteten wir so ein komplettes Babyzimmer ein!

Inzwischen hatten wir alle Freunde und Bekannten über unseren unerwarteten Familienzuwachs informiert, und jeder, der noch Baby- und Kleinkindsachen hatte, half uns damit aus. Den Kinderwagen lieh ich mir ebenfalls von Freunden, und so war unsere kleine Familie in kürzester Zeit startklar! Der Umgang mit Theresa fiel mir leicht und kam mir wie selbstverständlich vor. Und auch Jürgen hatte großen Spaß an unserem neuen Familienmitglied. Jede Nacht, wenn die Kleine schrie, stand er mit auf und sah mir beim Wickeln und Füttern zu. »Ich muss doch wissen, wie alles geht, falls mal was passiert!«, sagte er, und ich freute mich sehr über seinen Einsatz. Wie hätten wir damals ahnen können, dass der von Jürgen erwähnte Notfall nur elf Tage später eintreffen würde!

Nun, da die Notoperation überstanden war und ich mich wieder besser fühlte, konnte das Leben wie gewohnt weitergehen.

Und wir ließen auch unsere Pläne bezüglich einer künstlichen Befruchtung nicht fallen. Jetzt, wo wir unser Baby hatten und merkten, wie gut es uns gefiel, eine Familie zu sein, war der Wunsch nach einem zweiten Kind noch größer geworden. Der dritte Versuch wurde Mitte Juli 1992 bei mir unternommen. Danach fuhren wir – zum ersten Mal zu dritt – in den Urlaub. Und dort bekam ich wieder meine Menstruation – ich war also nicht schwanger, der Eingriff war fehlgeschlagen!

Als kleinen Trost schenkte Jürgen mir einen schönen Ring, und wir genossen die Zeit mit unserer Theresa. Mit der nächsten, der inzwischen vierten, künstlichen Befruchtung warteten wir bis zum Januar 1993. Dieser Versuch musste aus »technischen Gründen« abgebrochen werden. Wenn es zu einer Befruchtung kommen sollte, dann hatten wir jedes Mal Stress: Fast zwei Wochen lang muss man nämlich jede Nacht in die Klinik fahren, in der der Eingriff vorgenommen werden soll. Für Jürgen und mich bedeutete das: Um vier Uhr früh aufstehen, um fünf Uhr Ankunft im Krankenhaus, Beginn der Untersuchungen um sechs Uhr. Am Anfang bekam ich stets eine Hormonspritze. Da noch zahlreiche andere Paare warteten, bildeten sich vor dem entsprechenden Behandlungszimmer immer lange Schlangen. Es war also ratsam, frühzeitig da zu sein, um nicht endlos warten zu müssen. Nachdem ich die Injektion bekommen hatte, musste ich in den folgenden Tagen nun jeden Morgen zur selben Zeit zur Ultraschalluntersuchung erscheinen. Dort wurde beobachtet, wie die Eizellen durch die Hormonbehandlung reiften. Wenn nun genügend Eizellen da waren und der natürliche Eisprung bevorstand, dann war der »Tag X« da. Man gab mir die letzte fällige Hormonspritze, die dann innerhalb von 24 Stunden den Eisprung auslöste. Danach fuhr ich heim und packte meine Reisetasche mit Sachen für die nächsten drei Tage. So lange musste man normalerweise in der Klinik bleiben, wenn es zur In-Vitro-Fertilisation gekommen war.

Am nächsten Morgen fuhren Jürgen und ich wieder gemeinsam in die Klinik. Mir wurden dann mehrere Eizellen entnommen und eine Kultur davon angelegt. Gleichzeitig wurde Jürgen in einen kahlen Raum geschickt, in dem ein paar abgegriffene »Animationshefte« auslagen. Nun musste er sein Bestes geben, um ein kleines Röhrchen mit Samen zu füllen, während draußen an der Tür ein Schild mit der Aufschrift »Bitte nicht stören« hing. Ich wundere mich heute noch, wie klaglos Jürgen dies alles mitgemacht hat! Nur einmal erzählte er mir, dass es für ihn nicht leicht gewesen sei. Und dass man den »Samenspender-Raum« ein bisschen netter gestalten könnte! Jürgen nahm die ganze Sache zum Glück mit Humor, und das war gut so. Während er sich im »Spender-Raum« aufhielt, drückte nämlich andauernd jemand auf die Klinke und wollte hinein. Dass Jürgen sich bei solch einer hektischen Atmosphäre überhaupt konzentrieren konnte, wundert mich noch heute. Viele unserer Bekannten meinten später anerkennend, sie hätten das nicht so gut geschafft wie mein Mann! Nachdem er also seine »Arbeit« verrichtet hatte, durfte Jürgen nach Hause fahren. Ich blieb in der Klinik, während aus der Zellkultur meine Eizellen mit Jürgens Samenzellen zusammengebracht wurden.

Alle vier bis sechs Stunden wurde ich nun informiert, ob die Eizellen schon befruchtet seien. Dann steckte meistens eine Schwester den Kopf durch die Tür und rief: »Die erste Eizelle ist befruchtet!« Oder: »Jetzt sind es schon drei Eizellen!« Wenn dies der Fall war, dann wurden als nächstes diese drei Eizellen in meine Gebärmutter verpflanzt. Natürlich bedeutete dies auch, dass Drillinge bei solch einem Eingriff nicht ausgeschlossen waren! Man musste eben auf alles gefasst sein. Besonders schön war für mich immer der Moment, wenn der Arzt die befruchteten Eizellen in meine Gebärmutter zurückspülte und anschließend zu mir sagte: »So, Frau Schmitt! Jetzt sind Sie schwanger!«

Ich freute mich natürlich riesig und redete mir stets Mut zu: »Na, dieses Mal klappt es bestimmt!« Wenn ich dann aus der Klinik entlassen wurde, war ich immer extrem vorsichtig: Ich ging sehr langsam, hob nichts Schweres, trug keine Stöckelschuhe und badete nicht heiß – ich wollte ja auf keinen Fall, dass durch meine Schuld etwas schief ging! Wenn dann leichte Blutungen eintraten, die mir ankündigten, dass es wieder nicht geklappt hatte, ignorierte ich diese Anzeichen meistens. Ich redete mir dann ein, es wäre alles normal, und die Schwangerschaft würde noch bestehen. Wenn dann aber jeder Irrtum ausgeschlossen war und mir klar wurde, dass meine Menstruation eingesetzt hatte, weinte ich hemmungslos. Die Enttäuschung war jedes Mal einfach zu groß!

War der erste Schmerz überwunden, dachte ich gleich an den nächsten Versuch. Nur bei diesem vierten Mal lief alles anders. Ich hatte meine entscheidende letzte Spritze bekommen und war mit meinem Köfferchen wie gewohnt zu dem dreitägigen Klinikaufenthalt angereist. Als ich beim Eintreffen aber untersucht wurde, stellte sich heraus, dass ich meinen Eisprung schon gehabt hatte. Nun konnten keine befruchtungsfähigen Eizellen mehr entnommen werden, und der Versuch musste in diesem Stadium abgebrochen werden.

Ein halbes Jahr später probierten wir es zum fünften Mal. Am 21. Juni, dem Geburtstag meines Vaters, wurden mir drei befruchtete Eizellen eingepflanzt. Das Datum sah ich als gutes Omen an und dachte: »Dieses Mal wird es ganz bestimmt klappen!«

Aber leider waren unsere Hoffnungen wieder vergebens. Nun hatten wir alle Versuche genutzt, die von der Krankenkasse bezahlt wurden. Hätten wir weitermachen wollen, wäre das nur auf eigene Rechnung möglich gewesen. Wir erkundigten uns nach dieser Möglichkeit, aber die Kosten lagen sehr hoch, bei mehreren tausend Mark pro Versuch! Das konnten wir uns zum einen nur schwer leisten, zum anderen waren unsere Kräfte inzwischen erschöpft!

Ich dachte an diese vielen Tage des Wartens, Bangens und Hoffens, die vielen Enttäuschungen! Ich konnte nun einfach nicht mehr weitermachen, und Jürgen und ich beschlossen, die Idee, durch In-Vitro-Fertilisation ein Kind zu bekommen, aufzugeben.

Zwischenzeitlich hatte ich mich auch noch bei anderen Kliniken nach einer neuen Operations-Methode erkundigt. Diese stellte sich aber als eher schwierig und sehr langwierig heraus, und dazu noch ohne Garantie auf Erfolg. Das wollte ich uns nun wirklich nicht antun, denn was würde aus der kleinen Theresa werden, wenn mir dabei etwas zustieß? Nur für Jürgen tat es mir leid, dass wir nun niemals eigene Kinder haben würden – ich hätte ihm zu gerne das Gefühl vermittelt, wie es ist, ein leiblicher Vater zu sein. Aber wenn ich ihn und Theresa ansah und spürte, wie sehr die zwei sich liebten, dann verscheuchte ich solche Gedanken schnell. Und Jürgen selbst bestätigte mir mehr als einmal, dass er trotzdem sehr, sehr glücklich sei.

Markus

Meine Einstellung zu Ehe, Familie und Kindern ist eine völlig andere als die meiner Schwester. Ich selbst war mit zwei Frauen befreundet, die beide einen kleinen Sohn hatten. In beiden Fällen fühlten sich die Mütter oft überlastet mit ihrem Kind, besonders deshalb, weil sie Alleinerziehende waren. Also half ich viel und kümmerte mich um die Kleinen. Deshalb kann ich ungefähr erahnen, was es bedeutet, selbst Kinder zu haben: Man ist sehr eingeschränkt, kann nicht eben mal irgendwohin fahren, sondern muss immer überlegen, wie die Kleinen in das Konzept passen. Andererseits stelle ich es mir sehr reizvoll vor, wenn man einiges an seine Kinder weitergeben, ihnen Dinge zeigen und beibringen kann. Dass Marion diesen Kinderwunsch hatte, kann ich gut verstehen, sie ist eben der Typ dafür. Aber dass sie so viel unternehmen musste, um endlich Mutter zu werden, das fand ich richtig schade, und sie tat mir die ganze Zeit über leid. Manche Leute bekommen Kinder und wollen eigentlich gar keine oder kümmern sich einfach nicht um sie. Und Marion, die eigentlich eine geborene Mutter ist, musste dafür so viel durchmachen!

Ich besuchte sie einmal im Krankenhaus, als es ihr sehr schlecht ging. Damals fragte ich mich schon, ob das alles gerecht und richtig ist ... Als schließlich doch noch alles klappte und sie erst Theresa, dann Anja adoptieren konnte, freute ich mich wirklich sehr für sie! Ich gönnte es ihr und Jürgen, dass sich ihre Wünsche nun endlich erfüllt hatten!

Marion

Als wir die zeitraubenden Versuche der künstlichen Befruchtung endlich aufgegeben hatten, konzentrierten wir uns nun auf andere Dinge: Jürgen unterrichtete in einer Schule in der Eifel und musste jeden Tag einige Kilometer dorthin fahren. Das wollten wir ändern. Schon lange hatten wir davon geträumt, ein schönes, altes Fachwerkhaus zu kaufen. Oft waren wir gemeinsam durch idyllische kleine Eifeldörfer gefahren und hatten Ausschau gehalten. Nun wurden wir endlich fündig: In einem hübschen, abgelegenen Ort gab es ein solches Haus, das meistbietend versteigert werden sollte. Der Begriff »Haus« war damals allerdings sehr übertrieben, denn es handelte sich eher um »Ruinen«, die wir vorfanden. Aber die Räume gefielen uns, und wir gaben ein Gebot ab. Hierbei kam uns das Glück zu Hilfe: Wir lagen knapp über dem zweithöchsten Gebot und erhielten den Zuschlag: Ein großer alter Hof mit verschiedenen Gebäuden – alle in denkbar schlechtem Zustand, aber wunderschön – gehörte nun uns!

Nun begann für meinen Mann eine harte Zeit: Gemeinsam mit einem Bekannten renovierte er das alte Haus. Die Instandsetzungsarbeiten dauerten acht Monate. In dieser Zeit war Jürgen beinahe jeden Tag und jedes Wochenende auf unserer »Baustelle«. Wir waren heilfroh, als wir im Dezember 1993 endlich einziehen konnten! Alles war so geworden, wie wir es uns vorgestellt hatten. Jürgen hatte die ehemaligen Ställe zu Wohn- und Essräumen umgebaut, und innen war das Haus mit schönen Holzmöbeln eingerichtet. Wir freuten uns riesig und fühlten uns hier pudelwohl!

Nachdem wir unser erstes Weihnachtsfest im eigenen Haus gefeiert hatten, meldeten wir uns noch einmal bei unserem jetzt zuständigen Jugendamt. Sie schickten uns eine sehr nette Mitarbeiterin vorbei, die sich bei uns umsah und sich erkundigte, wie es unserer Theresa ging. Und schließlich fragte sie, ob wir planten, noch ein zweites Kind zu adoptieren. Darüber hatten Jürgen und ich uns nach dem Umzug in das geräumige Haus auch schon Gedanken gemacht, und unsere Antwort hieß Ja! Wir sprachen mit der Beamtin darüber, und sie hörte aufmerksam zu. Dann sagte sie in vertraulichem Ton zu uns: »Wissen Sie was? Rufen Sie doch einmal dieses Kinderheim an, und sprechen Sie mit der Leiterin. Sie ist den ganzen Tag erreichbar! Vielleicht kann sie etwas für Sie tun!«

Also meldeten wir uns dort und ließen uns einen Gesprächstermin geben. Die Heimleiterin empfing uns sehr freundlich und stellte uns zahlreiche Fragen über unsere Familienverhältnisse. Wir hatten ein gutes Gefühl und warteten nun auf Nachricht von ihr. Nur vier Wochen nach diesem Kennenlernen, es war Ende Juni, meldete sie sich wieder bei uns: Sie hätte ein kleines Mädchen da, Anja, gerade vier Monate alt. Ob wir nicht vorbeikommen und sie ansehen wollten? Natürlich wollten wir!

Wir packten Theresa ein und fuhren so schnell wir konnten zu dem Kinderheim!

Wir liebten die kleine Anja – wie damals Theresa – vom ersten Moment an! Die Heimleiterin sah unsere Begeisterung, meinte aber, wir sollten es uns überlegen und in einer Woche wiederkommen.

Mein Mann sagte gleich: »Wir nehmen das Baby sofort mit! Wer weiß, wo die Kleine sonst landet!«

Aber die Heimleiterin dämpfte unseren Überschwang: »Das geht nicht! Sie müssen erst zehnmal zu Besuch kommen, ehe ich Ihnen Anja mitgeben kann!« Also fuhren wir unverrichteter Dinge wieder nach Hause. Beim zweiten Termin durften wir die kleine Anja in einem Kinderwagen spazieren fahren. Wir fühlten uns mit ihr gleich wie eine richtige Familie. Aber auch dieses Mal mussten wir sie noch in der Obhut des Kinderheimes lassen. Bei unserem dritten Besuch sagte die kleine Theresa der Heimleiterin sofort: »Heute nehme ich meine Schwester aber mit!«

Wir waren sehr gerührt, denn es gefiel uns, dass Theresa das Baby schon so gern mochte. Ich sprach also mit der Heimleiterin über die Möglichkeit, das Kind mit nach Hause zu nehmen. Aber sie zögerte noch, denn statt der erwünschten zehn hatten wir ja erst drei Besuchstermine wahrgenommen. »Wollen Sie nicht noch einmal so vorbeikommen?«, fragte sie mich. Aber unser Entschluss stand fest: Wir wollten dieses Kind und konnten uns nicht vorstellen, die kleine Anja noch länger in dem Heim zu lassen. Sie gehörte doch zu uns, und wir wollten sie bei uns haben.

Die Heimleiterin erkannte, wie ernst es uns war, und so zögerte sie nicht länger und gab uns Anja mit. War das eine Freude! Nun waren wir ein Quartett! Auch dieses Mal waren wir wieder ganz entzückt von unserem Familienzuwachs und Jürgen sagte, wie schon bei Theresa: »Marie, besser hätten wir beide das auch nicht hingekriegt!«

Markus

Natürlich habe auch ich mich jedes Mal über den Familienzuwachs bei meiner Schwester gefreut! Seit ich nicht mehr mit Denise, sondern mit Sylvia zusammen war, besuchten wir Marion, Jürgen und die Kinder häufiger. Auch ich hatte durch meine neue Freundin eine kleine Familie vorzuweisen: Sie hatte einen kleinen Sohn, der ebenfalls Frederick hieß wie schon Denise' Sprössling, und wir zogen ihn in der Zeit, als wir ein Paar waren, gemeinsam groß.

Die ersten drei Jahre mit Sylvia liefen sehr gut, dann lebten wir uns mehr und mehr auseinander. Dazu kam, dass ich in dieser Zeit mal hier und mal dort arbeitete und ständig einen neuen Job hatte, was sich als ziemlich anstrengend herausstellte. Nachdem ich meinen Fahrerjob in der Werbeagentur aufgegeben hatte, war ich von Februar bis Juli 1992 arbeitslos gemeldet. Dann fand ich aber zum Glück im August Arbeit bei einem Autohändler, der mit amerikanischen Wagen zu tun hatte. Da ich mich für diese US-Straßenkreuzer immer schon interessiert hatte, arbeitete ich dort gern und half dem Besitzer bei der Pflege der Wagen und in der Werkstatt.

Im Februar 1993 musste ich wieder einmal beim Arbeitsamt vorsprechen und erhielt bis Februar 1994 Arbeitslosengeld. Dann arbeitete ich als Kurierfahrer – ein Job, der mir gefiel und auch lag. Ich war ein guter Fahrer und übertraf schon bald die anderen Kuriere, die für dieselbe Strecke oft viel länger brauchten. Dafür bekam ich Lob vom Chef – und Ärger mit meinen Kollegen.

Eines Tages nahm mich einer der anderen Fahrer beiseite und sagte: »Weißt du eigentlich, was du da tust? Du setzt ein ganz neues Tempo, an dem wir anderen alle gemessen werden!« Da erst wurde mir bewusst, dass ich wohl ein bisschen zu übereifrig gewesen war; ich hatte die anderen Fahrer in Schwierigkeiten gebracht. Allerdings bemühte ich mich aus gutem Grund, meine Arbeit so perfekt wie möglich zu erledigen: Ich hoffte, bei dieser Firma fest angestellt zu werden. Hin und wieder kam es nämlich vor, dass ein Aushilfsfahrer, wenn er sich bewährte, in ein festes Arbeitsverhältnis übernommen wurde. In meiner jetzigen Situation gab es nämlich eine ungünstige Regelung: Alle nicht fest angestellten Fahrer mussten nach ein paar Monaten Arbeit eine mehrwöchige Pause einlegen, in der sie natürlich auch nichts verdienten. Deshalb wünschte ich mir eine feste Anstellung mit regelmäßigem Einkommen. Daraus wurde aber nichts, wie mir mein Chef bald darauf mit Bedauern eröffnete. Obwohl er mich als guten Fahrer schätzte, schickte er mich wieder in die Zwangspause. Danach stellte mich dieselbe Firma erneut für eine kurze Zeit ein. Aber dieses Mal wurden Fahrer im Raum Aachen gesucht, was für mich täglich einen recht weiten Anfahrtsweg bedeutete. Dennoch griff ich sofort zu, denn die Arbeit machte mir sehr viel Spaß. Aber wie schon beim ersten Mal war meine Anstellung bei dieser Firma zeitlich befristet.

Der nächste Job, den ich annahm, war der eines Dachdeckergehilfen. Der Chef war meiner Meinung nach echt verrückt: Schon vom ersten Arbeitstag an musste ich zusammen mit den anderen Dachdeckern richtig zupacken. Das heißt: Ich musste ganz ohne Schutzkleidung oder Helm auf freistehenden Dachbalken balancieren und dabei schwere Lasten tragen.

Bei diesem Arbeitgeber hielt es mich nicht lange: Die Arbeit war mir viel zu schwer und zu gefährlich, und so kündigte ich nach ein paar Wochen. Das bedeutete: Ende November 1995 saß ich wieder einmal beim Arbeitsamt.

Da ich als Kurierfahrer auf freier Basis gearbeitet hatte, ich also bei dieser Firma nicht fest angestellt war, zog man beim Arbeitsamt mein letztes festes Brutto-Einkommen zur Berechnung des Arbeitslosengeldes heran. Dafür mussten die Beamten bis 1994 zurückgehen. Damals hatte mein Netto-Lohn DM 1500 Mark betragen. Diese Summe nahm man nun als Grundlage und berechnete mir davon nur die üblichen 60 Prozent als Arbeitslosengeld. Das bedeutete, dass ich nur etwa 900 Mark im Monat bekam! Das war natürlich viel zu wenig! Ich überlegte also, was ich tun könnte, um meine Situation zu verbessern. Überall sah ich mich um und erkundigte mich nach Jobs. Als ich ein paar Angebote eingeholt hatte, meldete ich mich beim Arbeitsamt. Der zuständige Mitarbeiter machte meine Höhenflüge aber ziemlich schnell zunichte. Er erklärte mir, dass jede Arbeit, die über eine bestimmte Stundenzahl und ein bestimmtes Einkommen hinausging, auf mein Arbeitslosengeld angerechnet würde. Im Klartext bedeutete das: Je mehr ich verdiente, um so geringer wurde die staatliche Unterstützung. Grundsätzlich ist das ja eine Tatsache, die logisch erscheint.

In meinem Fall war es aber so, dass ich durch meine geringen Verdienstmöglichkeiten keinen Vorteil davon hatte – im Gegenteil! Würde ich eine Arbeit annehmen, bekäme ich weniger oder fast kein Arbeitslosengeld mehr. Beides zusammen, Lohn und Unterstützung, reichten aber immer noch nicht aus, um mir einen halbwegs vernünftigen Lebensstandard zu finanzieren. Ich war sehr enttäuscht und erzählte meinen Freunden und Bekannten: »Durch diese Regelung vom Arbeitsamt wird man ja regelrecht bestraft, wenn man sich selber um einen neuen Job bemüht! Dabei ist bei mir der Wille doch da, Arbeit zu finden!«

Kurze Zeit darauf bot sich für mich eine interessante Alternative: Eine Firma in Süddeutschland suchte Mitarbeiter, die an verschiedenen Stellen des Landes für sie arbeiteten. Mich würden sie im Raum Köln und

Umgebung einsetzen, was natürlich ideal war. Ich sollte für diese Firma Stände und Regale mit den verschiedensten Produkten in Supermärkten aufbauen, manchmal alleine, ein anderes Mal mit Mitarbeitern, für die ich dann so eine Art Supervisor war. Obwohl für mich die Sache mit dem Arbeitsamt noch nicht ganz klar war, nahm ich den Job als freier Mitarbeiter für diese Firma an. Dem Arbeitsamt hätte ich mitteilen sollen, wie hoch mein Einkommen war. Danach wäre dann die neue Höhe meiner Arbeitslosen-Bezüge berechnet worden. Nur konnte ich nicht sagen, wie viel ich verdienen würde. Meine Auftraggeber riefen immer dann an, wenn Arbeit anstand. Gab es nichts zu tun, verdiente ich natürlich auch nichts. Wie sollte ich mein Jahreseinkommen da im voraus abschätzen können?

So kam ich eine Zeitlang in den Genuss von beidem – Arbeitslosengeld und Arbeitslohn. Zwischendurch kamen mir immer wieder Zweifel, ob dies alles so richtig sei. Ich fragte auch bei meinem Arbeitgeber nach und erklärte ihm meine Situation. Aber er beruhigte mich und meinte, das sei schon alles in Ordnung. Mit meinem Verdienst würde ich unter dem Satz liegen, den das Arbeitsamt gestatte. Und auch ich selber glaubte, dass mir das Arbeitsamt nichts anhaben könnte, solange mein Lohn unter dem Sozialhilfe-Satz von damals rund 1200 Mark monatlich liege.

Das Schicksal meinte es aber nur kurze Zeit gut mit mir und schlug dann doppelt zu: Am 11. Februar 1998 erlitt ich den folgenschweren Unfall, der mein Leben völlig veränderte. Dazu kamen finanzielle Sorgen, denn von diesem Tag an bekam ich kein Geld mehr. Ich konnte ja nicht mehr arbeiten und lag lange im Krankenhaus. Für einen freiberuflichen Mitarbeiter bedeutete das: Der Geldhahn war zugedreht. Dem Arbeitsamt waren außerdem Zweifel gekommen, ob ich nun die ganze Zeit über Anspruch auf Arbeitslosengeld hatte oder nicht. Inzwischen hatte man von meiner Tätigkeit bei der Firma aus Süddeutschland erfahren. Der Grund: Der eigene Bruder hatte den Firmenbesitzer angezeigt und ihm einen Betriebsprüfer ins Haus geschickt. Und dieser Prüfer nahm natürlich auch alle »freien Mitarbeiter« genau unter die Lupe. Auf Umwegen erfuhr das Arbeitsamt also, dass ich ein wenig Geld nebenbei verdient hatte. Sofort begann man zu prüfen und zu rechnen, und wenig später bekam ich dafür die Quittung: Ich sollte das zu viel erhaltene Geld zurückzahlen!

Marion

In der Zeit nach Markus' Unfall schwebte immer eine Sache wie ein Damokles-Schwert unsichtbar über unseren Häuptern: Die Tatsache, dass der Unfallfahrer Detlef sich nie bei meinem Bruder gemeldet hatte und nicht ein Wort der Entschuldigung über seine Lippen gebracht hatte. Das vermittelte uns die ganze Zeit über das Gefühl, dass wir es eigentlich waren, die etwas falsch gemacht hatten – dabei war das natürlich nicht der Fall! Nur einmal gab es den Versuch einer Annäherung: Nachdem Markus die Reha abgeschlossen hatte und so langsam begann, sich in sein »neues Leben« zu Hause hineinzufinden, klingelte bei uns das Telefon. Ein »Timo« stellte sich als Kapitän der Fußballmannschaft vor, in der der junge Mann mitspielte, der den schrecklichen Unfall verursacht hatte. Auch die damals tödlich verunglückten jungen Leute waren Mitglieder in diesem Verein gewesen. Nun erkundigte sich dieser Timo etwas zaghaft nach meinem Bruder. Ich half ihm, Worte zu finden, und wir unterhielten uns recht lange miteinander. Ich erzählte Timo, wie es Markus in der letzten Zeit gegangen war. Er fragte nach der Telefonnummer und der Adresse meines Bruders, und ich antwortete, diese würde ich nicht so einfach herausgeben, ohne Markus' Einverständis zu haben. Der junge Mann erklärte mir, dass er und die anderen Jugendlichen aus dem Verein gerne eine Karte an meinen Bruder senden oder vielleicht sogar eine kleine Feier für ihn organisieren wollten. Ich bedankte mich für den Anruf und das Bemühen der jungen Leute, und Timo nannte mir seine Telefonnummer. Dort sollte ich mich wieder melden, wenn ich mit meinem Bruder gesprochen hatte.

Also redete ich mit Markus über die Anfrage des Fußballvereins, und er sagte sofort, dass ich seine Telefonnummer ruhig weitergeben könnte. Wahrscheinlich war er sehr froh, dass sich nun endlich jemand gemeldet hatte, wenn es auch nicht der Unfallfahrer selbst war. Kurze Zeit darauf wählte ich die Telefonnummer, die Timo mir genannt hatte. Seine Mutter war am Apparat, und ich redete eine Weile mit ihr. Von ihr erfuhr ich, dass die Jugendlichen der Fußballmannschaft schon seit Monaten versucht hatten, Kontakt zu meinem Bruder aufzunehmen. Seine Adresse sei bis vor kurzem niemandem bekannt gewesen. Ich sagte ihr, dass mich das sehr wundern würde. Denn immerhin waren die Personalien des Fahrers und von Markus kurz nach dem Unfall ausgetauscht worden. Und da ihr Sohn sehr gut mit dem Unglücksfahrer befreundet sei, hätte er doch von ihm die nötigen Daten erfahren können.

Timos Mutter gab zu, dass sie alle nicht gewagt hätten, die Familie des jungen Mannes nach der Adresse zu fragen und sie damit auf das heikle Thema anzusprechen. Damit musste ich mich zufriedengeben. Ich bedankte mich für das Gespräch und hängte ein.

Nun verging wieder eine Zeit des Wartens und des Hoffens, aber niemand meldete sich. Obwohl wir alle gespannt waren und ich Markus immer wieder danach fragte – das Telefon schwieg. Mittlerweile waren rund zwei Monate seit Timos Anruf verstrichen, und nichts hatte sich getan. Ich bemerkte, wie enttäuscht Markus auf mein Nachfragen reagierte, und so gaben wir es auf. Die versprochene Karte, die kleine Feier – nichts davon wurde verwirklicht. Nicht einmal ein einfacher Anruf kam zustande, der das Eis vielleicht hätte brechen können. Bald kam ich zu der Überzeugung, dass es reine Neugierde gewesen war, die die Freunde des Unfallfahrers dazu getrieben hatte, sich zu melden. Ich war maßlos enttäuscht, und ich denke, Markus ging es ebenso. Immer wieder fragte ich mich, ob es wirklich so schwer gewesen wäre, diesen ersten Schritt zu machen. Ich war am Telefon doch sehr verbindlich gewesen und hatte es

Timo leicht gemacht. Inzwischen erschien mir Markus sehr desillusioniert; er glaubte nicht mehr daran, dass sich noch jemand melden würde.

Markus

Irgendwann, als ich es schon nicht mehr erwartet hatte, kam ein Anruf von einem Vereinskollegen des Unfallfahrers. Er meldete sich bei Marion und erkundigte sich nach meiner Telefonnummer. Angeblich planten sie eine kleine Feier oder ein Treffen für mich, und ich freute mich auf ihren Anruf. Wenigstens seine Freunde melden sich, dachte ich, wenn er selbst schon nicht den Anstand dazu hat! Aber der Anruf kam nicht, und schließlich gab ich die Hoffnung auf. Nun überlegte ich mir, welchen Grund der junge Mann haben könnte, sich so zu verstecken. Also stellte ich mir vor, was *mir* passieren müsste, damit ich mich so verhalten würde: Entweder ich wäre betrunken gefahren und hätte so den Unfall verursacht – dann würde ich mich in Grund und Boden schämen und vor lauter Verzweiflung niemanden sehen wollen! Dies war aber bei Detlef offensichtlich nicht der Fall, denn seine Blutprobe hatte 0,0 Promille ergeben. Oder ich wäre so blödsinnig Zickzack mit dem Wagen gefahren, dass ich schließlich aus Unerfahrenheit und eigenem Verschulden die Kontrolle über das Auto verloren hätte. Was genau in dem Wagen passiert ist, hat Detlef ja nie erzählt. Angeblich kann er sich auch an nichts mehr erinnern, nur daran, dass beim Tanken an einer Tankstelle seine Freunde im Wagen so stark gewackelt haben, dass er den Zapfhahn fast nicht in den Stutzen hineinbekam. Alles, was ich nachher durch die Medien über ihn zu hören bekam, war: Er ist ja so ein lieber und braver Junge! Ich machte mir aber mein eigenes Bild.

Marion

Markus war körperlich immer noch sehr eingeschränkt und hatte noch lange nicht seine frühere Mobilität und Beweglichkeit erreicht. So setzte er viel Hoffnung in eine erneute Operation. Dabei sollten die Eisenplatte und die Nägel aus seinem rechten Kniegelenk entfernt werden. Nach mehreren Terminverschiebungen wurde die Operation schließlich auf den 14. September festgesetzt. Ein paar Tage vorher untersuchten die behandelnden Ärzte sein Knie noch einmal ganz genau. Ihre Diagnose: Markus werde es nie wieder richtig bewegen können. Außerdem war da noch der Trümmerbruch an der rechten Hüfte. Dadurch würde er sein Leben lang nicht mehr gerade gehen können und fortwährend unter Schmerzen leiden. Früher oder später, so eröffneten die Ärzte ihm, würde Markus wohl ein künstliches Hüftgelenk bekommen.

Als ich Markus an jenem Abend anrief, spürte ich, wie sehr ihn die Diagnose deprimierte. Er hatte auf positivere Nachrichten gehofft und war wieder einmal enttäuscht worden!

Die Knie-Operation überstand Markus trotz aller Depressionen ohne Probleme. Als ich ihn im Krankenhaus besuchte, erzählte er mir voller Freude, wie intensiv sich alle um ihn kümmerten. Schwestern, Pfleger und Krankengymnasten und natürlich Eva Berger, die Psychologin, besuchten ihn und sprachen ihm Mut zu. Ich erinnerte mich zurück an die Zeit des Unfalls vor sieben Monaten, sah das Häufchen Elend auf der Intensivstation liegen und verglich dieses Bild nun mit meinem Bruder, dem es immer besser ging. Er war gut gelaunt, und alle freuten sich mit ihm. Markus übte nach diesem Eingriff eifrig seine ersten Schritte, denn es wartete ein wichtiger Termin auf ihn: Am 22. September 1998 war die Verhandlung gegen den Unfallfahrer angesetzt, und Markus war als Zeuge geladen.

Diesen Tag erwartete unsere ganze Familie voller Spannung. Bernd sowie Tina und Tanja begleiteten Markus zu diesem Termin. Mein Bruder war zwar als Zeuge geladen, konnte sich allerdings an den Unfall überhaupt nicht mehr erinnern. Markus versprach mir, sich am späten Nachmittag – nach Ende der Verhandlung – bei mir zu melden. Als er anrief, klang er ziemlich verstört und aus der Fassung geraten. Und mit Grund: Der junge Unfallfahrer und Führerscheinneuling war lediglich zu einer Geldstrafe von DM 3000 und zu 150 Stunden Sozialdienst verurteilt worden! Seinen Führerschein bekam der junge Mann noch während der Verhandlung zurück, denn er sei weder zu schnell gefahren, noch sei Alkohol im Spiel gewesen!

»Das gibt es doch gar nicht«, rief ich ins Telefon. »Er hat also *nur* die Kontrolle über sein Auto verloren und in ein paar Sekunden fünf Menschenleben ausgelöscht! Da muss man ihm den Führerschein ja zurückgeben!« Ich war entsetzt und empört! Markus war aber viel zu schwach, um zu schimpfen oder zu protestieren. Er sagte mir nur noch, ich solle abends den Fernseher einschalten, er sei für eine regionale Nachrichtensendung interviewt worden. Ich merkte deutlich, dass dieser Tag bei Gericht ihn wahnsinnig aufgewühlt hatte. Alles Vergangene und Verdrängte kam nun noch einmal hoch, und die Gedanken an den Unfall quälten Markus wieder sehr.

Zu der angegebenen Zeit schaltete ich den Fernseher ein und saß ebenso zitternd davor wie vor sieben Monaten, am Morgen nach dem Unfall. Dann kam der Bericht über die Verhandlung, Markus war zu sehen. Er wurde zu seinen noch deutlich sichtbaren Verletzungen befragt, und es sprudelte nur so aus ihm heraus: Er habe an diesem Verhandlungstag ein letztes Mal gehofft, dem Unfallfahrer die Hand zu reichen, mit ihm zu reden, ein Wort der Entschuldigung zu hören. Lange Zeit habe er vergeblich darauf gewartet und heute fest damit gerechnet. Wieder umsonst! Der Reporter fragte Markus auch nach Brigitte, und Markus antwortete nur knapp, dass er das Geschehene niemals vergessen könne. Dabei versagte seine Stimme, und das Gespräch brach ab. Für mich war es furchtbar, mit anzusehen, wie Markus litt. Dieser Tag warf unsere Familie noch einmal völlig aus der Bahn.

Markus

Im September musste ich noch einmal am Knie operiert werden. Die Operation verlief erfolgreich, dennoch würde es nach Aussagen der Ärzte nicht mehr so in Ordnung kommen, wie es vorher war. Der Gedanke deprimierte mich ziemlich, denn das bedeutete einen weiteren Verlust in meinem Leben: Ich würde nie wieder richtig gehen können, und an Sport, wie ich ihn vor dem Unfall betrieben hatte, war überhaupt nicht zu denken!

Also schob ich die negativen Gedanken von mir und konzentrierte mich auf einen wichtigen Termin, nur eine Woche nach der OP: An diesem Tag sollte der Unfall verhandelt und die Schuld oder Unschuld des Fahrers festgestellt werden. Ich war sehr aufgeregt, wenn ich an die Verhandlung dachte, erhoffte mir aber gleichzeitig davon eine Klärung der Dinge, Gerechtigkeit und ein längst fälliges Zusammentreffen mit dem Unfallfahrer.

Dann kam der Tag der Gerichtsverhandlung, und Detlef erschien mit seinen Eltern. Damals traf ich den jungen Mann zum ersten Mal. Bisher hatte ich immer nur Bilder von ihm im Fernsehen oder in der Zeitung gesehen. Waren die Bilder aktuell, war über sein Gesicht ein Balken gelegt, damit man ihn nicht erkennen konnte. Nun ging er an mir vorbei, ohne mich auch nur einmal anzuschauen. Auch seine Eltern würdigten mich keines Blickes. Zu Beginn der Verhandlung musste ich draußen warten, denn ich war als Zeuge geladen und durfte erst später in den Gerichtssaal hinein. Durch meine frische Knie-Operation humpelte ich noch stark. Schließlich wurde ich in den Saal gerufen und machte meine Aussage. Mein Knie schmerzte, und ich konnte weder lange sitzen noch lange stehen. Unter den Zuschauern waren auch die Eltern der getöteten Jungs und außerdem Brigittes Töchter und Falko. Sie alle litten während der Verhandlung sehr, weil der Unfallhergang in allen Einzelheiten noch einmal vorgelesen wurde.

Auch ich musste mich sehr zusammenreißen, als ich so deutlich an den schrecklichen Tag erinnert wurde. Ein paar Minuten lang spürte ich einen dicken Kloß im Hals und konnte kaum reden. Zu deutlich standen mir die Schrecken des Geschehenen wieder vor Augen!

Danach wurde über den Unfallfahrer gesprochen, dem eine Psychologin zur Seite stand. Es wurde berichtet, wie nett er sei und dass er eine schöne und wohlbehütete Kindheit gehabt hatte. Er sei zum Beispiel als kleiner Junge gerne auf Bäume geklettert und auch sonst ein ganz normales, reizendes Kind gewesen. Ich saß währenddessen auf einer der hinteren Bänke im Gerichtssaal und dachte nur die ganze Zeit über: »Das darf doch wohl nicht wahr sein! Wovon reden die da nur?« Weiter wurde vor Gericht erzählt, der Junge sei noch sehr unreif, fast ein Kind, und für seine Tat nicht verantwortlich. »So«, dachte ich bei mir. »Wenn er so unreif ist, warum darf er dann schon Auto fahren?« Tatsache war, dass der Fahrlehrer, der Detlef eine knappe Woche vor dem Unfall den Führerschein ausgehändigt hatte, nach dem schrecklichen Geschehen seine Fahrschule für mehrere Wochen schloss und überstürzt in den Urlaub fuhr! Nun saß sein Fahrschüler auf der Anklagebank, weil er fünf unschuldige

Menschen um ihr Leben gebracht hatte. »Sicherlich wird man seinen Führerschein einbehalten und ihm eine Strafe zur Bewährung geben«, überlegte ich. Aber weit gefehlt! Das von mir und allen anderen Beteiligten mit großer Anspannung erwartete Urteil fiel ganz anders aus: Den Führerschein bekam der junge Mann direkt nach der Verhandlung zurück! Seine »Strafe« waren 150 Stunden Sozialdienst. Sein Anwalt versuchte nun über einen Antrag zu erreichen, dass sein Mandant diesen Dienst bei der heimischen Feuerwehr, in der er sowieso schon lange Mitglied war, ableisten durfte! Aber dieses war selbst dem äußerst milde gestimmten Richter zu viel und er wies den Antrag mit einem »Jetzt hören Sie aber mal auf, Herr Anwalt!« ab.

Außerdem musste der Unfallfahrer eine Geldstrafe von 3000 Mark zahlen. Ich war über alle Maßen enttäuscht! Er stellte sich einfach dumm und unwissend, tat so, als wüsste er nichts, könne sich an nichts erinnern, und kam damit auch noch durch! Mir als Richter hätte dieses Verhalten sehr missfallen! Außerdem ging dieser unerfahrene Autofahrer, der einen der schwersten Unfälle in Nordrhein-Westfalen in den vergangenen Jahren verursacht hatte, mit dem Führerschein in der Hand aus dem Gerichtssaal. Ich konnte es nicht fassen! Gerecht fand ich das alles nicht. In der Pause vor der Urteilsbegründung musste ich ein Bier trinken, um meine flatternden Nerven zu beruhigen.

Der Richter begründete sein mildes Urteil damit, dass Detlef keine groben Fahrfehler nachgewiesen werden konnten. Er hatte nicht getrunken und sei auch nicht zu schnell gefahren. Diese Fakten zählten mehr als die Tatsache, dass fünf Menschen bei diesem

Unfall gestorben waren! Ich war nun völlig fertig und nahe daran, zusammenzubrechen. Nach der Urteilsverkündung interviewte mich ein Kamerateam, und ich brachte kaum einen Satz heraus. In den nächsten Wochen ging ich diesen Tag in Gedanken immer wieder durch und war sehr aufgewühlt. Mir war klar, dass dieser junge Mann weder die körperliche noch die geistige Reife hatte, einen Führerschein zu besitzen. Und dennoch fuhr er bald wieder munter durch die Gegend. Ich nehme an, der Vater und die örtliche Feuerwehr und wer weiß ich noch alles, hatten das geregelt. Für mich sah das nach Klüngelei aus. Von mir dagegen nahm niemand Notiz, und ich fühlte mich sehr mies!

Nach dem Unfall war ich nur noch eingeschränkt fahrtauglich, obwohl ich ein guter Fahrer bin. Bis zu meinem schweren Unfall war ich 13 Jahre lang einwandfrei gefahren! Deshalb bemühte ich mich auch, mich bald wieder hinter ein Steuer zu setzen. Auch die »eingeschränkte« Fahrtauglichkeit wollte ich nicht hinnehmen. Allerdings sagte mir mein Arzt: »Sie haben eine Stammhirnverletzung erlitten, und nach solch einer Verletzung können Sie zunächst einmal gar nicht 100-prozentig fahrtüchtig sein!«

Ich dachte an Detlef, der als fahrtauglich galt, obwohl er gerade erst die Kontrolle über sein Auto verloren und den Tod von fünf Menschen verschuldet hatte – und meine Wut steigerte sich. An der Unfallstelle stand seit dem 11. Februar ein Kreuz zum Gedenken an die Opfer. Aber wen wird das noch in sechs oder sieben Jahren interessieren? Detlef wird dann einen Beruf haben, ein neues Auto vom Vater, und er wird heiraten und Familienvater werden. Mir wird dann ein Chirurg eine künstliche Hüfte einsetzen, denn seit dem Unfall ist der Hüftknochen zertrümmert und wird den Belastungen nicht mehr allzu lange standhalten. Und nach alledem, den Schmerzen, der Angst und den Demütigungen zog ich damals einen bitteren Schluss: Wenn man in dieser Welt ein Schuft ist, kommt man weiter!

Marion

Ein paar Tage später besuchte Markus uns, und wir redeten noch einmal über den Gerichtstermin. Er sagte, durch die Verhandlung seien der Schrecken des Unfalls und die Zeit danach für ihn noch einmal aufgerollt worden. Während er im Gerichtssaal saß, habe er versucht, den Blick des Unglücksfahrers auf sich zu lenken. Aber weder der junge Mann noch seine Eltern erwiderten den Blickkontakt mit Markus. Wir vermuteten, dass sie sich so sehr schämten, dass sie es nicht einmal wagten, Markus anzusehen, geschweige denn, das Wort an ihn zu richten. Meinen Bruder deprimierte diese Verweigerung des Fahrers und seiner Eltern. Wir fragten uns oft, wie unmoralisch und unmenschlich diese Leute sein mussten, dass sie sich nicht ein einziges trostspendendes Wort abringen konnten. Ungeschehen machen konnte man das Unglück nicht – das Leid der Hinterbliebenen lindern schon. Ich versuchte, mich in Markus' Lage hineinzuversetzen, und verstand, wie unendlich traurig er sein musste: Zeit seines Lebens wird er körperlich und physisch ständig an diese wenigen Sekunden erinnert werden, die sein Leben völlig veränderten. Und ich fragte mich seitdem mehr als einmal: Wie wird er das alles verkraften?

Nach dem Prozess gegen den Unfallfahrer beschloss ich, die ganze Geschichte für die Familie aufzuschreiben. Ich setzte mich also in jeder freien Minute an meinen Schreibtisch und arbeitete. Da mein Herz und mein Kopf noch so voll von den aufregenden vergangenen Monaten waren, floss mir der Text nahezu von selbst in die Feder. Nach etwa vier Wochen hatte ich alle Ereignisse und Gedanken zu Markus' Unfall und der Zeit danach zusammengetragen.

Nun hatte ich aber von vielen Menschen in meiner Umgebung das große Interesse an solch einer Geschichte gespürt. Fast jeder, mit dem ich mich unterhielt, hatte schon einmal von solch einem tragischen Unfall gehört oder kannte einen Betroffenen. In den Buchhandlungen fand ich zum Thema aber fast gar keine Literatur. Also sagte ich mir, dass es sich vielleicht lohnen würde, das Buch im Eigenverlag herauszubringen. Nun musste ich den Text noch einmal überarbeiten, denn jetzt sollte ihn ja nicht nur die eigene Familie, sondern ein breiteres Publikum lesen. Also kürzte ich Passagen heraus, die mir zu lang oder eintönig für Außenstehende erschienen, weil sie allein die Familie betrafen. Außerdem war das Ganze auch eine Kostenfrage. Ich war bereit, einiges Geld in das Projekt zu stecken, hoffte aber gleichzeitig, durch den Verkauf der Bücher meine Unkosten einigermaßen decken zu können. Ich wollte vor allem eins: So viele Menschen wie möglich warnen, aufklären und informieren. Durch Prävention, so dachte ich mir, könnte man vielleicht verhindern, dass gerade Führerscheinneulinge solche verhängnisvollen Fahrfehler begehen wie der junge Mann, der diesen Unfall verschuldet hatte.

Ich ließ Plakate drucken, die auf »Der ganz alltägliche Wahnsinn«, so nannte ich meine Erzählung, aufmerksam machen sollten. Als Titelbild nahm ich ein Bild meines Mannes, auf dem sieben verwelkte Rosen abgebildet sind. Diese Blumen sollen die sieben Menschen und ihre Familien symbolisieren, die an dem Unfall beteiligt waren. Dann verteilte ich die fertigen Bücher überall in der Umgebung. Ich legte sie in Buchhandlungen und Büchereien und besonders in Fahrschulen aus. In einigen Fahrschulen las ich auch Passagen daraus vor und suchte das Gespräch mit den Schülern. Sie fanden meine Erzählung allesamt sehr interessant und aufrüttelnd, und ich hoffe, dass die Geschichte bei einigen von ihnen eine nachhaltige Wirkung hat.

Natürlich bemühte ich mich auch, die Presse darauf aufmerksam zu machen. Berichte über Markus, mich und das Buch waren im Fernsehen zu sehen und wurden in mehreren Zeitungen und Zeitschriften abgedruckt.

So schrieb zum Beispiel die »Rundschau an Rhein und Sieg«: »Der ganz alltägliche Wahnsinn‹ heißt der Titel eines 70-seitigen Buches, das Marion Schmitt in diesen Tagen herausgebracht hat. Darin schildert die 39-Jährige aus der Eifel ihre Gedanken, Gefühle und Erlebnisse nach dem schweren Autounfall ihres Bruders, bei dem im vergangenen Jahr fünf junge Menschen zwischen Bornheim und Sechtem ums Leben gekommen waren.«

Im heimischen »Wochenspiegel« war zu lesen: »Mit ›Der alltägliche Wahnsinn‹ hat Marion Schmitt jetzt eine 70-seitige Erzählung veröffentlicht: ›Es passiert täglich auf unseren Straßen; und dennoch ist das Ausmaß eines solchen Unfalls kaum zu beschreiben. Mir und meiner Familie ging es vor dem 11. Februar 1998 genauso. Jeder von uns wird täglich durch die Medien informiert, aber wenn die eigene Familie auf einmal betroffen ist, so ist es für keinen Außenstehenden ermessbar, welche Bedeutung solch ein Unfall hat, dass sie sich oft an der Grenze der Kraft befinden, was es bedeutet, damit umzugehen, sofern dies überhaupt möglich ist. Ich hoffe, mir wird es vielleicht möglich sein, wenn ich das Geschehene zu Papier gebracht habe. Vielleicht verarbeite ich es dann eher. Vergessen können wir es nie!‹«

Auch in anderen Blättern, zum Beispiel in der »Auto-Bild« wurde über den Unfall und mein Buch berichtet. In diesem Artikel lag der Schwerpunkt darauf, welches Risiko junge und unerfahrene Autofahrer auf unseren Straßen darstellen. So heißt es darin unter anderem: »Es herrscht ziemlich aufgekratzte Stimmung an Bord der fünf Jungs der Fußball-B-Junioren von Salia Sechtem. Sie befinden sich auf dem Heimweg von einem Hallenturnier bei Köln. Es ist Mittwoch, der 11. Februar 1998, gegen 21.30 Uhr. Fahrer Detlef freut sich besonders. Der 18-Jährige ist seit einer Woche Inhaber des Führerscheins, und Papa hat ihm den Dreier-BMW geliehen. Doch was genau an Bord los war, darüber schweigt Detlef – und seine vier Freunde kann man nicht mehr fragen. Auf der fast geraden Kreisstraße 42 nach Sechtem ist schlagartig Schluss mit lustig. Detlef verliert bei Tempo 100 die Kontrolle über Papas BMW und kracht mit der Beifahrerseite in einen entgegenkommenden Mitsubishi Colt. Im BMW gibt es ein Blutbad. Nur Detlef überlebt – leicht verletzt.«

Ich wurde nach der Veröffentlichung des Buches und nach zahlreichen Lesungen in Fahrschulen der Umgebung von vielen Menschen angerufen und angesprochen, die sich bei mir bedankten. Sie alle hatten mit großem Interesse mein Buch gelesen und Anteil genommen. Viele der Anrufer hatten selbst solch einen Unfall erlebt oder waren Angehörige von Unfallopfern. Ein Lehrstuhl der Uni Köln bestellte gleich mehrere Exemplare. Aber es gab auch andere Reaktionen.

Eines Tages drehte ein Team von »RTL Extra« mit uns einen Beitrag über diesen Unfall. Am späten Nachmittag befanden wir uns an der Unfallstelle in Bornheim-Sechtem. Plötzlich hielt ein Fahrzeug neben uns an der Unglücksstelle. Ein junger Mann stieg aus, kam auf mich zu und meinte sehr empört, ich sei doch gewiss Frau Schmitt? Und er begann zu erzählen, dass der Presserummel über mein Buch sehr groß wäre und seit Wochen kein Ende mehr nehmen würde. Als er merkte, dass ich ihm sehr ruhig zuhörte, besann er sich und stellte sich erst einmal vor: Er sei der Feuerwehrmann, der meinen Bruder aus dem Fahrzeugwrack gezogen habe. Diesem Retter, dem Markus möglicherweise sein Leben verdankte, so plötzlich gegenüberzustehen, überwältigte mich! Spontan gab ich ihm die Hand und bedankte mich bei ihm für seinen Einsatz.

Ich rief Markus dazu, der etwas weiter entfernt mit dem Kamerateam sprach, und auch er schüttelte seinem Retter herzlich die Hand. Der Journalist, der für den Filmbeitrag verantwortlich war, kam zu uns und erklärte dem Feuerwehrmann, dass dies eine Reportage über junge Führerscheinneulinge werden solle. »Aufhänger« der Geschichte sei die Überlegung des ADAC, ein Sicherheitstraining für Führerscheinneulinge zu fordern und anzubieten, da sich gerade durch diese jungen Fahrer die schrecklichen Unfälle häuften. Da beruhigte sich der Feuerwehrmann etwas, und wir unterhielten uns lange.

Bei dem Unfall waren vier junge Leute ums Leben gekommen, die – wie der Unfallfahrer Detlef – Mitglieder der Feuerwehr waren. Es waren also »Kollegen« der Opfer, die als erste an der Unfallstelle eintrafen und die Toten bargen. Das Tragische daran war: Zwei der Feuerwehrmänner erkannten unter den Unfallopfern ihre eigenen Kinder! Dieses Ausmaß an Trauer und Hilflosigkeit, das seitdem in dem kleinen Ort herrschte, kann man sich kaum vorstellen. Dennoch trugen die Eltern der Getöteten dem Fahrer nichts nach, sie sahen den tragischen Unfall als schreckliches Schicksal an. Nach wie vor ist Detlef aktives Mitglied der Feuerwehr. Dies alles hatte ich in der Zeitung gelesen, und nun stand einer der betroffenen Feuerwehrmänner vor mir. Schließlich verabschiedete er sich, und seine erste große Wut gegen mich und das Buch war verraucht. Nach zwei bis drei Wochen waren alle 400 Exemplare, die ich hatte drucken lassen, vergriffen. Ein paar Monate später rief mich eine Mitarbeiterin des Bastei-Lübbe-Verlages an. Einer der Verlagsleiter, der in Mechernich wohnt, hatte mein Büchlein gekauft und fand, dass das Thema für die Reihe »Erfahrungen« interessant wäre. Zunächst war ich sehr verdutzt über den Anruf, freute mich dann aber riesig. Nun sollte unsere Geschichte noch mehr Menschen bekannt gemacht werden. Das bedeutete für Markus und mich immerhin einen Triumph!

Markus

Es war sehr wichtig, dass meine Schwester dieses kleine Buch geschrieben und eigenverantwortlich herausgebracht hat! Als sie mir davon erzählte, war ich von der Idee sofort begeistert. Uns ging es in erster Linie darum, einmal allen Führerscheinneulingen und Fahranfängern zu zeigen, welche Folgen Unachtsamkeit und Unerfahrenheit am Steuer haben können. Ein kurzer Moment kann das Leben mehrerer Menschen, ja, vieler Familien zerstören. Wir hatten es am eigenen Leib erfahren und wollten diese Informationen weitergeben.

Zum anderen bedeutete es mir sehr viel, dass wir unsere Seite der Dinge schildern konnten. Im Zusammenhang mit dem Unfall war immer wieder die Rede von dem Fahrer, dem »armen Jungen«. Sicherlich – er ist für den Rest seines Lebens gezeichnet und wird diese Tat nie vergessen! Aber mir geht es beispielsweise ganz genauso – nur mit dem großen Unterschied, dass ich an dem Unfall völlig schuldlos war! Auch bin ich mir nicht sicher, dass es gut ist, diesen unreifen jungen Mann so zu beschützen – wie soll er seine Lektion sonst lernen? Dass er unreif ist, kann man an vielen Dingen erkennen, besonders an der Befragung durch eine Psychologin kurz nach dem Unfall. Sie bat ihn, sich vorzustellen, er hätte drei Wünsche frei. Nun sollte er sagen, welche das wären. Detlefs erster Wunsch lautete, er würde gerne einmal einen schönen Urlaub machen. Und an zweiter oder dritter Stelle kam – nach langem Zögern – der Wunsch, dass *ihm* so etwas Schreckliches wie dieser Unfall nie wieder im Leben passieren möge! Noch heute bin ich sprachlos, wenn ich daran denke! *Ihm* soll so etwas Schreckliches nicht noch einmal passieren! Mit keinem Wort sprach er über seine Freunde, die nun alle tot waren, oder über Brigitte, die lebenslustige Mutter zweier Töchter, die es nun nicht mehr gab. Er wünschte sich nicht, den Unfall ungeschehen zu machen, und auch nicht, dass seine Freunde noch am Leben seien. Er sprach nur von sich, und das entsetzte mich am meisten! Nur schwer konnte ich diese Gedanken, die sich mir immer wieder aufdrängten, beiseite schieben.

Mein Leben sah für mich damals völlig trostlos aus: Ich war verletzt und litt immer noch sehr unter den Folgeschäden des Unfalls. Ich hatte keinen Job und somit kein Einkommen mehr. Außerdem saß mir das Arbeitsamt im Nacken und verlangte die Rückzahlung zu viel geleisteter Beiträge. Und eine Freundin, die mich hätte trösten können, gab es damals in meinem Leben auch nicht.

Meine Beziehung zu Sylvia war zur Zeit des Unfalls

schon lange beendet. Sylvia hatte nämlich eine Beziehung zu einem jungen Mann begonnen, den sie durch mich kennen gelernt hatte. Ich traf Marc, einen Belgier, als er gerade in einer großen Lebenskrise steckte. Weil ich ihn mochte, half ich ihm, so gut ich konnte, praktisch und auch seelisch. Ich lieh ihm mein Auto, damit er umziehen konnte, und hörte mir stundenlang an, wie er sein Leid über eine gerade in die Brüche gegangene Beziehung klagte. Ich nahm ihn zu Ausflügen und Kneipenbummeln mit, und wir feierten auch Silvester zusammen. Sylvia kümmerte sich auch sehr um meinen neuen Freund – wie sehr, das merkte ich erst, als es schon zu spät war: Sie hatte mich mit ihm betrogen! Eins kam nun zum anderen, und wir beendeten unsere Beziehung nach diesem Vertrauensbruch ziemlich schnell.

Nach der Trennung von Sylvia zog ich nach Köln-Porz in die Wohnung von Andrea, der damaligen Freundin meines Bruders Bernd, und wohnte bei ihr zur Untermiete. Es dauerte nicht lange, und Sylvia meldete sich wieder. Sie hatte mit Marc Schluss gemacht und wir beschlossen, es noch ein letztes Mal miteinander zu versuchen. Immerhin lagen ein paar schöne gemeinsame Jahre hinter uns, die man nicht einfach so wegwerfen konnte. Aber auch dieser letzte Versuch scheiterte nach etwa einem Jahr. Trotzdem mochten wir uns nach wie vor ganz gerne, und im Laufe der Zeit entwickelte sich zwischen uns eine schöne Freundschaft, die auch heute noch andauert.

Marion

Markus ging es ein Jahr nach seinem Unfall endlich wieder einigermaßen gut. Allerdings litt er noch an den Folgeschäden und der ganzen, ungeklärten Situation. Gemeinsam machten wir uns Gedanken über seine berufliche und finanzielle Zukunft. Aber plötzlich rückten diese Probleme noch einmal ganz in den Hintergrund. Wir sollten nicht zur Ruhe kommen – noch nicht. Wie sich bald herausstellte, war die Serie der Schicksalsschläge, die uns in den vergangenen Jahren heimgesucht hatten, noch nicht beendet. Begonnen hatte es im Juli 1997. Damals lebten Jürgen, Theresa, Anja und ich glücklich zu viert in unserem Eifeldorf, und es war inzwischen eine gewisse Routine und Normalität nach den aufregenden Jahren der künstlichen Befruchtungen und Adoptionen eingetreten. Die Mädchen besuchten Schule und Kindergarten, Jürgen arbeitete als Kunstlehrer und ich hielt Haus und Familie in Gang.

An einem gemütlichen Sonntag im Sommer 1997 besuchten mein Mann und ich das Pfarrfest in unserem Dorf. Schon auf dem kleinen Stück Weg machte Jürgen schlapp und sagte: »Marie, ich kann nicht mehr weiter. Ich bekomme keine Luft mehr.« Ich wunderte mich und schob es auf die Hitze. Aber Jürgen klagte weiter, und nun nahm ich an, es müsse etwas Ernsteres sein. Wir fuhren in das nächste Krankenhaus und ließen ein EKG machen, das allerdings völlig in Ordnung war.

Die Ärzte vermuteten, dass die Beschwerden eher vom Rücken oder der Wirbelsäule herrührten. Wir fuhren zurück nach Hause, aber Jürgen ging es noch nicht besser. Im Gegenteil: Er wurde plötzlich ganz fahl im Gesicht, und Schweiß trat auf seine Stirn.

»Geh' besser mal zu einem Kardiologen«, riet ich ihm. »So sah mein Vater aus, bevor er seinen Herzinfarkt bekam.«

»Ach was«, wehrte Jürgen ab, »jetzt willst du mir auch noch einen Herzinfarkt einreden!«

Dennoch ließ er sich überzeugen und fuhr zwei Tage später wieder ins Krankenhaus, wo ein Belastungs-EKG gemacht werden sollte. An diesem Vormittag hatte Theresa ihre Abschluss-Feier im Kindergarten, und Jürgen wollte sofort nach seiner Untersuchung dazukommen. Als er gegen Mittag aber immer noch nicht zurück war, spürte ich, dass etwas passiert sein musste, denn Jürgen ist eigentlich ein äußerst zuverlässiger Mensch.

Ich ließ Theresa und Anja kurz im Kindergarten und fuhr nach Hause, denn ich vermutete eine Nachricht von meinem Mann auf unserem Anrufbeantworter. Mein Gefühl bestätigte sich, aber es war nicht Jürgens Stimme, die ich auf dem Band hörte, sondern die Stimme seines Arztes. Das Herz klopfte mir vor Aufregung bis zum Halse. Jürgen hatte tatsächlich einen Herzinfarkt erlitten und lag auf der Intensivstation!

Nun musste ich sofort handeln. Ich rief Theresas Patentante an, die sich sofort auf den Weg zu uns machte. In der Zwischenzeit holte ich die beiden Mädchen aus dem Kindergarten ab und nahm sie mit nach Hause. Dann packte ich für Jürgen ein paar Sachen ein und ließ mich von einer Bekannten ins Krankenhaus fahren. Trotz der Panik, die mich ergriffen hatte, vermittelte ich unseren Töchtern ein Gefühl der Ruhe und erklärte ihnen ganz sachlich, dass ihr Vater für ein paar Tage zu Untersuchungen ins Krankenhaus müsse.

Als ich an Jürgens Bett saß, erkannten wir trotz des Ernstes der Situation sein unglaubliches Glück, dass er im Krankenhaus zusammengeklappt war. Wäre dasselbe zu Hause passiert, hätte es schlimmer ausgehen können! Nun musste Jürgen zehn Tage lang in der Klinik bleiben, ehe er wieder entlassen wurde.

Körperlich fühlte er sich schnell wieder wohl, aber seine Psyche war von diesem Moment an angeknackst. Er musste seine Ernährung umstellen und sehr auf sich achten – und bei alledem saß ihm immer die Angst im Nacken, dass der nächste Infarkt jederzeit kommen könnte!

Ich erinnere mich noch genau daran, wie mein Vater starb. Damals war ich stolze Besitzerin eines Pferdes, das ich im Königsforst untergestellt hatte. Wie jeden Abend wollte ich eigentlich zur Pferdekoppel fahren, aber dieses Mal war der Drang stärker, meinen kranken Vater in der Klinik zu besuchen. Ich rief ihn an, um ihm zu sagen, dass ich kommen würde. Er bat mich am Telefon, ihm einen kleinen Flachmann und Zigaretten mitzubringen. Ich besorgte ihm die gewünschten Dinge und fuhr ins Krankenhaus. Ich gab ihm den Alkohol und die Zigaretten nicht ohne eine milde Warnung: »Vati, du sollst doch nichts trinken und auch nicht rauchen!«

»Ach, Marie«, sagte mein Vater da mit merkwürdigem Unterton, »lass mich mal. Das wird sowieso meine letzte Zigarette sein.«

Ich protestierte: »Unsinn, morgen wirst du entlassen und kannst wieder nach Hause!«

»Nein, nein. Ich grüße noch heute nacht den lieben Gott vor dir. Eines Tages sehen wir uns wieder«, sagte er. Bei diesen Worten lief mir ein leichter Schauder den Rücken herunter. Ich betrachtete meinen Vater genau: Sein Gesicht sah irgendwie wächsern aus. Aber sonst konnte ich nichts Besonderes erkennen. Er war nun schon viele Jahre krank und sein Zustand an der Grenze, so viel war klar. Leicht beunruhigt fuhr ich zu meiner Mutter: »Der Vati sieht so bleich aus, und er redet so eigenartig«, sagte ich zu ihr. »Er spricht davon, dass er sterben wird!«

»Ach was, Marie«, antwortete meine Mutter. »Er stellt sich doch nur an. Morgen kommt er nach Hause, du wirst schon sehen!«

In dieser Nacht schlief ich beunruhigt ein, aber ich schlief. Am nächsten Morgen erfuhr ich die traurige Nachricht: Mein Vater war in der vergangenen Nacht gestorben. Am frühen Morgen fuhren mein Bruder Bernd und ich in das Krankenhaus, um ihn ein letztes Mal zu sehen. Ich hatte mir vorgestellt, dass er lächelnd und zufrieden eingeschlafen war, aber das war nicht so. Ich war von seinem Anblick tief getroffen. Eine Krankenschwester drückte mir eine blaue Mülltüte mit den persönlichen Sachen unseres Vaters in die Hand.

Wir fuhren zu Mutter, die ein Bestattungsunternehmen informiert hatte. Ein Mitarbeiter war bereits eingetroffen, und ich sollte nun auf Mutters Wunsch die nötigen Formalitäten übernehmen. Ich suchte also den Sarg und das nötige Zubehör aus und war froh, als ich endlich wieder nach Hause fahren konnte. Dort angekommen, saß ich stundenlang nur da und starrte vor mich hin. Meine Gedanken drehten sich um meinen Vater, und ich war froh, dass ich ihm an seinem letzten Abend wenigstens ein paar kleine Wünsche erfüllt hatte.

Das nächste traurige Kapitel war die Beerdigung. Trotz meines großen Kummers und Schmerzes regte ich mich sehr über die Geschmacklosigkeit auf, die meine Mutter darbot: Sie und Herbert standen Hand in Hand an Vaters Grab! Daran musste ich öfters denken, als es Jürgen nicht gut ging. Zum Glück besserte sich sein Zustand bald erheblich und blieb stabil.

Nun hatten wir dies überstanden, und Markus befand sich auf dem Wege der Besserung, als unsere Mutter krank wurde. Schon einige Zeit vor Markus' tragischem Unfall hatte sie öfters über Rückenschmerzen geklagt. Sie ging damit zu ihrem Hausarzt, der ihr ein paar Spritzen zur Linderung gab. Er hatte Röntgenaufnahmen gemacht, aus denen man aber keine spezielle Krankheit erkennen konnte. Als im Februar 1998 der Unfall passierte und Markus schwerverletzt im Krankenhaus lag, sah ich meine Mutter wieder, war aber aufgrund der Ereignisse von ihren Beschwerden abgelenkt. Als Markus schon ein paar Monate wieder zu Hause war, kam sie noch einmal zu Besuch und wohnte in einem Hotel in unserer Nähe. Bei diesem Aufenthalt litt sie unter einer schweren Erkältung. Mir fiel auf, dass sie sich das Rauchen abgewöhnt hatte. Als ich sie danach fragte, erklärte sie mir, dass sie seit einiger Zeit starke Stiche in der Brust verspürte und außerdem schlecht Luft bekam. Als die »Erkältung«

nicht besser wurde, nahm ich Mutti mit zu unserem Hausarzt. Er untersuchte sie und empfahl ihr, täglich zu inhalieren. Aber meine Mutter stellte sich stur und wollte die Anwendungen nicht durchführen. Heimlich sprach ich mit dem Arzt und bat ihn, meiner Mutter dringend einen dreitägigen Krankenhausaufenthalt zu empfehlen.

Bei unserem nächsten Besuch in der Praxis nahm der Arzt also meine Mutter zur Seite und horchte sie ab. Dann eröffnete er ihr, dass sich ihr Zustand verschlechtert habe: »Ich möchte Sie deshalb gerne für drei Tage zur Beobachtung und gründlichen Untersuchung in unser Krankenhaus einweisen.« Dieses Mal weigerte sich meine Mutter nicht und ließ es geschehen.

In der Klinik stellte man fest, dass auf ihrem Röntgenbild Schatten zu sehen waren, die auf eine Erkrankung der Atemwege hinwiesen. Als Nächstes sollte noch eine Computer-Tomographie gemacht werden, die meine Mutter aber bei sich zu Hause, in Walsrode, vornehmen ließ. Denn ihr »Urlaub« bei uns war inzwischen beendet und sie musste wieder zurück.

Wenig später fuhren Jürgen und ich dorthin zu Besuch. Mutter hatte damals gerade einen Termin für eine Magenspiegelung, und ich begleitete sie zum Arzt. Nach der Untersuchung sprach ich den behandelnden Arzt alleine und fragte ihn, was meine Mutter denn hätte. Er sah mich fest an und sagte: »Wir haben bei ihr ein Bronchialkarzinom festgestellt.«

Ich schluckte, fragte aber weiter: »Haben Sie es schon meiner Mutter gesagt?«

»Nein«, antwortete er. »Mit ihr habe ich darüber noch

nicht gesprochen.« Auch ich sagte ihr zunächst nichts, sondern informierte erst einmal meine beiden Brüder Ernst und Bernd, als Jürgen und ich wieder zu Hause waren.

Die beiden reagierten ungläubig und fragten mich: »Marie, stimmt das wirklich? Soll es tatsächlich ein Karzinom sein, also Krebs? Hast du dich auch nicht verhört?« Normalerweise bin ich immer Herr meiner Sinne, aber die Fragen meiner Brüder machten mich auch misstrauisch. Sollte ich mich wirklich verhört haben? Um ganz sicher zu gehen, rief ich den Arzt am Tag darauf noch einmal an: »Herr Doktor, nehmen Sie es mir bitte nicht übel, aber ich muss Sie noch mal fragen: Hat meine Mutter ein Bronchialkarzinom – oder habe ich mich verhört?«

Aber der Arzt bestätigte mir noch einmal die traurige Diagnose, und nun wussten wir es ganz sicher! Mittlerweile war es Spätsommer 1998, und nun wollte auch Markus seine Mutter besuchen fahren. Ihm hatte ich als Einzigem noch nichts von ihrem schlechten Gesundheitszustand erzählt, denn immerhin waren seine vielen Brüche und Wunden, die vom Unfall herrührten, kaum verheilt. Abgesehen davon war er auch seelisch noch stark mit den Unfallfolgen beschäftigt, so dass ich ihn eigentlich nicht noch mit Mutters Krankheit belasten wollte. Aber er rief mich von Walsrode aus an und erzählte mir, dass unsere Mutter irgendetwas hätte. Es komme ihm vor, als sei sie krank. Da musste ich ihm wohl oder übel die traurige Wahrheit mitteilen, und er war davon genauso geschockt wie wir anderen auch.

Das ganze kommende Jahr über verschlechterte

sich ihr Zustand beständig. In dieser Zeit wechselten wir Geschwister uns mit Besuchen bei unserer Mutter ab. Bei meinem vorletzten Besuch war ich ziemlich betroffen, als ich sie sah: Sie stand da in der Tür, das Gesicht war aufgedunsen vom Cortison, sie hatte keine Haare mehr auf dem Kopf und war kaum in der Lage, mit uns zu sprechen. Die Treppe, die hinauf zu ihrem Wohnzimmer führte, konnte sie ohne Herberts Hilfe nicht mehr gehen. Meistens ließ sie sich gegen Mittag nach oben bringen und blieb dort. Im Wohnzimmer sah es mittlerweile aus wie in einem Krankenzimmer. Ich entdeckte Sauerstoffgeräte, einen Toilettensitz, Medikamente und mehrere Morphiumampullen.

Ich bemühte mich, das Entsetzen, das mich packte, vor meiner Mutter zu verbergen. Es tat mir sehr weh, sie so leidend zu sehen und zu wissen, dass der Tod unerbittlich herankam.

Mutters Lebensgefährte Herbert pflegte sie aber fürsorglich, und so konnten wir Kinder immer mit ruhigem Gewissen zurück nach Hause fahren. Die Angst vor dem nächsten Wiedersehen mit unserer sterbenskranken Mutter war jedoch immer da.

Im April 2000 lag sie wieder im Krankenhaus, und ihr Zustand war nun bereits besorgniserregend. In den nächsten beiden Tagen telefonierte ich ständig mit dem Krankenhauspersonal, um Neues über meine Mutter zu erfahren. Ich hatte so eine Ahnung, ein sonderbares Gefühl. Und meistens konnte ich mich auf meine »Vorahnungen« verlassen. Genauso war es mir beim Tod meines Vaters gegangen.

Und das mulmige Gefühl, wenn ich jetzt an meine

Mutter dachte, blieb hartnäckig bestehen. Schließlich rief ich ein weiteres Mal im Krankenhaus an und bat die Schwester: »Bitte sagen Sie mir genau, was los ist. Wir sitzen hier ziemlich weit weg von Walsrode und können nicht in einer halben Stunde im Krankenhaus sein. Was raten Sie uns: Sollen wir kommen oder nicht?« Der Schwester empfahl mir, sofort anzureisen.

Nun versuchte ich, meine Brüder zu erreichen. Markus kam sofort, ich hatte auch in kürzester Zeit gepackt, und gemeinsam fuhren wir los, um unseren Bruder Ernst abzuholen. Bernd erreichten wir erst, als wir schon unterwegs waren. Auch er setzte sich mit seiner Freundin sofort ins Auto und fuhr los. Wir drei Geschwister fuhren direkt in die Spezialklinik für Lungenkranke, in der meine Mutter lag. Bernd wollten wir später in ihrem Haus treffen.

Wir trafen abends in der Klinik ein und suchten nach Mutters Zimmer. Als wir es betraten, erwartete uns ein grausiger Anblick: Sie war völlig abgemagert, und wenn sie atmete und sprechen wollte, dann war sie kaum zu hören. Mutter ahnte, wie nahe der Tod war, und kämpfte um ihr Leben. Zwei Notklingeln, die an ihrem Bett angebracht waren, hatte sie schon vor Panik herausgerissen. Ihre Arme waren bereits blau angelaufen, da sie ständig versuchte, sich hochzuziehen. Wir waren froh, dass sie uns noch erkannte, denn es hatten sich bereits Tumore in ihrem Kopf gebildet. Mutter glaubte bei unserem Besuch aber, dass auch Bernd dabei wäre. Ein paar Mal versuchten wir, ihr zu erklären, dass dem nicht so sei, dann ließen wir sie in dem Glauben.

Wir blieben drei Stunden in der Klinik, und Mutter wurde nach und nach immer schwächer. Dann fuhren wir in ihr Haus, wo wir Bernd trafen und ihn über Mutters Zustand informierten. Am nächsten Morgen reagierte Mutter gar nicht mehr auf uns, an ihrem Bett waren Gitter angebracht. Ihr Atem klang sehr mechanisch, und ihre Augen waren geschlossen. Nun setzten wir uns zu ihr, hielten ihre Hand und versuchten, mit ihr zu sprechen und eine Reaktion von ihr zu bekommen. Aber vergebens! Nach und nach verließen uns der Mut und die Kräfte, und einer nach dem anderen ging aus dem Krankenzimmer hinaus. Als sich am späten Nachmittag ihr Zustand nicht geändert hatte, beschlossen wir, nach Hause zu fahren. Wir besprachen uns auf dem Krankenhausflur. Ich glaube, dass jeder von uns noch einmal zu Mutter gehen wollte, doch keiner konnte den sicheren »Abschied für immer«, das letzte »Adieu« ertragen. In diesem Moment war es egal, was passiert war: Sie war unsere Mutter! Sie hat uns das Leben geschenkt und sich wenigstens in den letzten Jahren bemüht, gut mit uns auszukommen.

Ich glaube, sie hat viel bereut, und niemand von uns hat ihr solch einen grausamen Tod gewünscht.

Als wir an diesem Abend nach Hause zurückkehrten, klingelte das Telefon, und Herbert war dran. Er teilte mir unter Tränen mit, dass unsere Mutter gestorben sei, und bat mich, meine Geschwister zu informieren. Es war egal, wie stark der Schmerz war, wieder einmal war ich diejenige, die alles regeln musste. Aber ich tat es gerne, weil ich mich für meine Brüder verantwortlich fühlte. Ich rief nun jeden von ihnen an, und sie alle trauerten genauso wie ich um unsere Mutter. Nach diesen Telefonaten fühlte ich mich allerdings auch am Ende meiner Kräfte.

Markus

Die Krankheit meiner Mutter nahm mich natürlich sehr mit. Nun war es irgendwie egal, was in der Vergangenheit alles passiert war, denn schließlich war es immer noch meine Mutter, die jetzt auf dem Sterbebett lag. Ich habe noch nie einen Menschen erlebt, der so an seinem Leben gehangen hat. Mein Vater hatte allem gelassen entgegengesehen, aber Mutter kämpfte bis zum Schluss, um jeden Atemzug! Das mit anzusehen, war für uns Kinder wirklich furchtbar! Aber nachdem ich so viel in meinem bisherigen Leben durchgestanden hatte, würde ich diesen neuen Schicksalsschlag auch überwinden!

Nach ihrer Beerdigung musste ich mich ein paar Tage lang erholen. Dann zog ich Bilanz: Ich war jetzt 34 Jahre alt. Durch den Unfall hatte ich zahlreiche körperliche Beschwerden zurückbehalten. Für mich als sportlichen Menschen war das von Anfang an eine Qual. Schon im Krankenhaus, als ich auf Krücken laufen durfte, hatte sich mein Dickkopf gemeldet: Ich wollte und musste es schaffen, wieder ganz gesund zu werden!

»Belasten Sie Ihr Bein nicht, Herr von der Heyde«, riet mir damals der behandelnde Arzt. Aber natürlich hielt ich mich nicht daran. »Die wollen alle nur an mir verdienen«, dachte ich damals, stellte die Gehhilfen in die Ecke und versuchte, ohne sie zu laufen. Zunächst ging ich sehr wackelig, dann wurde es langsam besser. Im Entenschritt, erst ein Bein vor, dann das nächste Bein nachgezogen, ging ich Treppen hinauf und hinunter. Es dauerte ziemlich lange, bis ich die Treppen mit normalen Schritten nehmen konnte, aber ich hielt durch! Dann bekam ich Krankengymnastik, die mir half, meine Beweglichkeit zu steigern. Aber das reichte nicht aus: Ich wollte auf jeden Fall mehr. Also nahm ich wieder am Boxtraining im Kampfsportcenter teil. Dort kannte ich Trainer und Mitarbeiter und bekam Hilfe von allen Seiten. Die Trainer stellten ein spezielles Programm für mich zusammen, und so begann ich mit Gymnastik. Nach einer Weile probierte ich auch, zu boxen, ließ das aber schnell wieder sein! So fit war ich leider noch lange nicht. Mit aller Gewalt versuchte ich so, mein altes Leben wieder aufzunehmen. Aber der Plan misslang. Ich konnte nicht mehr an das anknüpfen, was einmal war, sondern musste mir nun ein ganz neues Leben aufbauen. Dazu gehörte, dass ich meine Wohnung in der Stadt kündigte und in die Eifel zog. Zum einen ist der Wohnraum hier viel günstiger als in Köln, zum anderen wohnte ich nun in der Nähe meiner Schwester und ihrer Familie. Das schien mir sehr sinnvoll und praktisch zu sein.

Ein weiterer Vorteil war, dass die neue Wohnung genug Platz bot und ich mir so mit bescheidenen Mitteln ein kleines Heim-Trainingsstudio einrichten konnte. Hier trainierte ich von nun an regelmäßig, versuchte, meine Muskeln wieder aufzubauen, meine Ausdauer und meine Beweglichkeit zu steigern. Mein bisheriges

Training hatte mir sehr geholfen, nach dem Unfall schnell wieder zu Kräften zu kommen. Mein jetziges Training half mir, wieder einigermaßen mein altes Leben führen zu können. Dennoch gab es noch viele »Behinderungen«, die mich ständig daran erinnerten, dass nichts mehr so war wie früher: Mein rechtes Knie hatte beim Unfall einen Trümmerbruch erlitten, die Knochen waren regelrecht »zerbröselt«. Dieses Knie schmerzt immer noch stark und schwillt schnell an, besonders wenn ich mich bewege. Die gebrochene rechte Hüfte schmerzt ebenfalls, sodass ich nicht lange auf einer Stelle sitzen oder liegen kann. Auch hier hatte ich einen Trümmerbruch erlitten, und die feinen Knochensplitter rieben nun in meinen Gelenken wie Sandpapier. Stark bewegen oder beanspruchen darf ich sie nicht und könnte es auch gar nicht. Irgendwann, wahrscheinlich in den nächsten zehn Jahren, wird es nötig werden, mir rechts ein künstliches Hüftgelenk einzusetzen. Diese Prognose haben mir die Ärzte auf den Weg mitgegeben. Vielleicht werden meine ständigen Schmerzen dann ein wenig gelindert: Bislang habe ich Beschwerden beim Sitzen, abends und bei Wetterumschwüngen.

Ich kann nicht gerade gehen und habe oft Rücken- und Kopfschmerzen. Wenn ich lange stehe, muss ich mich setzen, wenn ich lange sitze, muss ich aufstehen – in jeder Stellung sucht mich der Schmerz irgendwann heim. Zwei- bis dreimal wöchentlich gehe ich zur Krankengymnastik. Dort wird mir insoweit geholfen, dass meine Gelenke beweglich bleiben. Lasse ich es einmal aus, bekomme ich gleich die Quittung, denn ich spüre, wie die Gelenke steif werden und schmerzen. Mit jedem Knirschen in den Knochen und jeder neuen Schmerzattacke kommen mir heute noch die Erinnerungen an den Unfall und die Zeit danach wieder hoch.

Marion

Als wäre unsere Lage damals, im Februar 2000, nicht schon schwer genug gewesen – meine Mutter war damals bereits dem Tode nahe, und wir lebten in ständiger Sorge um sie – erhielten wir einen Brief vom Jugendamt, über das wir unsere älteste Tochter adoptiert hatten. Darin wurde gefragt, ob wir wüssten, dass Theresa noch eine jüngere Schwester hat. Sie sei vier Jahre alt und lebte bei einer Familie in unserem Kreisgebiet. Die Adoptiveltern der kleinen Christine, so hieß die Schwester, wollten nun gerne mit uns in Kontakt treten. Nachdem ich diese Zeilen gelesen hatte, ließ ich den Brief in meinen Schoß sinken und rang nach Luft. Eine Schwester! Theresa hatte eine jüngere Schwester! Das durfte doch nicht wahr sein! Bis zu diesem Moment war ich der festen Überzeugung gewesen, dass so etwas einer Mutter nur einmal passieren kann: ein ungewünschtes Kind bekommen und es dann zur Adoption freigeben. Und nun war es Theresas Mutter ein zweites Mal passiert. Der Schock saß tief, denn ich betrachtete eine Schwester meiner Tochter ganz selbstverständlich auch als meine Tochter. Nur dass dieses Kind nicht in unserer, sondern in einer anderen, fremden

Familie aufwuchs! Ich war wie vor den Kopf geschlagen.

Noch am gleichen Tag rief ich beim Jugendamt an und erkundigte mich nach der Telefonnummer der Adoptiveltern. Die Mitarbeiter fragten bei der Familie nach, ob ihre Nummer weitergegeben werden dürfe. Dies wurde erlaubt, und zwei Stunden später saß ich also mit zitternden Fingern vor dem Telefon und wählte. Eine fremde, aber sympathische Frauenstimme sprach am anderen Ende der Leitung. Ich stellte mich vor, und wir unterhielten uns sehr lange miteinander. Wir tauschten Informationen über unsere Kinder und das Adoptionsverfahren aus und versuchten, uns so ein bisschen besser kennen zu lernen. Nach Beendigung des Gespräches war ich sehr erleichtert. Das war geschafft, der erste Kontakt bestand. Von nun an telefonierte ich noch ein paar Mal mit der Mutter der kleinen Christine. Im Vordergrund unserer Gespräche stand immer die Absicht, dass die beiden Schwestern Theresa und Christine sich kennen lernen. Wir wussten nur nicht, wie wir es am geschicktesten anstellen sollten. Wie sagt man einem Kind, dass es eine Schwester hat, dass die Schwester aber bei anderen Eltern lebt? Wie würden die Mädchen reagieren? Wären sie traurig, enttäuscht, würde es ihnen wehtun oder Freude bereiten? Wir wussten es nicht und überlegten tagelang hin und her.

Dann aber kamen wir zu dem Schluss, dass wir uns bestimmt viel zu viele Gedanken machten. Die Kinder, das war nun unsere Überzeugung, würden das alles wahrscheinlich viel lockerer sehen als wir. Wir mussten es nur versuchen. Außerdem war die Neugierde, das Geschwisterkind endlich zu sehen, auf beiden Seiten schon sehr groß geworden. Bei unseren Gesprächen hatten wir viele, auffallende Ähnlichkeiten festgestellt, sowohl im Aussehen als auch im Charakter. Zum Beispiel tanzten beide Mädchen sehr gerne. Theresa war sogar schon Tanzmariechen in unserem Karnevalsverein, und Christine drängelte seit einiger Zeit, dass sie auch ein Tanzmariechen werden wolle!

Also beschlossen Christines Mutter und ich ein Treffen bei uns im Eifeldörfchen. Nun mussten wir nur noch Theresa einweihen. Am folgenden Abend nahm Jürgen sie beiseite und sagte, sie solle sich zu ihm setzen, denn er müsste etwas mit ihr besprechen.

Theresa setzte sich folgsam und sah ihn gespannt an.

»Hör mal, Theresa«, begann Jürgen, »... du hast eine kleine Schwester, und die möchte dich gerne kennen lernen.« Theresas Augen weiteten sich, und wir warteten, wie sie reagieren würde. Dann sah sie uns strahlend an und sagte nur: »Toll!« Sie war ganz überwältigt von der Nachricht und freute sich riesig darüber, noch ein Geschwisterchen zu haben. Nach einer kurzen Verschnaufpause, in der unsere Tochter die Neuigkeit verarbeitete, begann sie, Fragen zu stellen: »Ist meine Schwester aus dem gleichen Bauch wie ich?«

»Wie heißt sie?«

»Wie sieht sie aus?« So ging es nun immer weiter. Theresa wollte so viel wie möglich vom unerwarteten Familienzuwachs wissen, und wir erzählten ihr, was wir wussten. Die nächsten beiden Abende war sie so aufgeregt, dass sie kaum schlafen konnte, denn sie wusste, das Treffen mit ihrer Schwester stand kurz bevor. Doch dann kam sie zu mir und wirkte sehr nachdenklich: »Mutti«, sagte sie langsam. »irgendwas stimmt nicht. Warum bekommt meine Mutter eigentlich immer wieder Kinder und gibt sie weg?« Eine gute Frage, denn genau das hatte ich mir auch schon überlegt, aber keine Antwort gefunden. Einmal konnte das ja passieren, aber gleich zweimal ... Ich war ratlos und erzählte Theresa genau das, was ich ihr schon zu ihrer eigenen Adoption erzählt hatte: »Deine Mutter hatte dich sehr lieb und wollte dich auch behalten. Aber es ging nicht, sie war in einer Notlage!« Nun sagte ich: »Deine Mutter ist wieder in einer großen Notlage und hat deshalb deine Schwester in eine Familie gegeben, in der sie es richtig gut hat. Genau wie bei dir.« Diese Antwort akzeptierte unsere Tochter, wenn auch mit leisem Zweifel. Kurze Zeit später kam sie aber zu mir in die Küche und sagte in ernsthaftem Ton: »Wenn ich später einmal meine Mutter sehe, dann kann ich ihr ja sagen, dass es für »so etwas« auch Tabletten gibt!« Ich war verblüfft über die Scharfsicht unseres Kindes. Theresa gegenüber haben wir ihre Herkunft nie verheimlicht. Schon früh, als sie etwa drei Jahre alt war, erklärten wir ihr alles. Wir waren bei Bekannten, die ein älteres Kind hatten. Dieses Mädchen sagte zu Theresa: »Du warst ja nicht einmal bei deiner Mami im Bauch!«

Theresa fragte mich, was das zu bedeuten hätte, und ich antwortete: »Du warst bei einer anderen Frau im Bauch, die auch deine Mutter ist. Du hast also zwei Mütter, und damit bist du etwas ganz Besonderes!«

Damit gab sie sich zunächst zufrieden. Zwei Jahre später, mit fünf Jahren, fragte sie schon genauer nach:

»Wie sieht meine Mutter aus? Und wo wohnt sie?« Ich erklärte ihr, dass ich ihre Mutter auch noch nie gesehen hätte, aber dass ich ihr helfen würde, sie zu finden, wenn Theresa erst einmal größer sei.

»Toll«, freute sich unser Kind. »Da müssen wir bestimmt weit fahren. Wir können ja unterwegs irgendwo übernachten, auf einem Zeltplatz vielleicht!« Nun war Theresa sehr aufgeregt und stellte sich die Reise zu ihrer leiblichen Mutter als schönes Abenteuer vor.

Am folgenden Tag kam meine Tochter aber mit skeptischem Gesichtsausdruck zu mir, und ich merkte, dass etwas sie sehr beschäftigte. Ich erkundigte mich, was sie denn hätte, und sie sagte zu mir in ernstem Ton: »Mami, habt ihr mich dann eigentlich noch lieb, wenn ich später mal zu meiner richtigen Mutter gehe?« Ich war verwundert, welche Gedanken sich dieses kleine Mädchen schon machte, und tat alles, um ihr zu beteuern, dass sie das Schönste und Beste in unserem Leben sei! Als wir dann wenig später die kleine Anja adoptierten, bekam Theresa unmittelbar mit, wie solch eine Adoption vor sich geht.

Als wir einmal gemeinsam am Wickeltisch standen, auf dem Anja lag, sah Theresa von ihrer Schwester zu mir und sagte dann feierlich: »Mami, wir beide waren zwar nicht bei dir im Bauch, aber wir lieben uns trotzdem!« Von diesem kindlichen Charme war ich wirklich sehr gerührt.

Dies alles schoss mir nun durch den Kopf, als wir auf den Sonntag warteten, an dem wir Theresas andere kleine Schwester Christine kennen lernen sollten.

Am verabredeten Tag ging Theresa schon früh hinaus ins Dorf, um auf Christine und ihre Eltern zu warten. Sie setzte sich auf eine Bank am Ortseingang und spähte nach ankommenden Autos. Wenig später hielt ein Wagen neben ihr, und aus dem geöffneten Fenster lächelte sie eine Frau an. »Du musst Theresa sein«, sagte die Frau. Auch ich erkannte sofort die kleine Christine, als ich sie aus dem Auto klettern sah: Das Mädchen ist das genaue Abbild unserer Tochter! Beide sind sich wie aus dem Gesicht geschnitten: Augen, Nase, Mund, Haarfarbe ... alles gleicht sich!

Im Laufe des Nachmittags stellten wir fest, dass sie außerdem ähnlich sprachen, sich gleich bewegten, den gleichen Gang hatten! Als weitere Übereinstimmung bemerkten wir die Tierliebe der beiden Mädchen. Wir Mütter waren fassungslos, und ich musste mehrmals meine Tränen niederkämpfen! Christine kam mir vor wie meine eigene Tochter. Sie war die jüngere Ausgabe von Theresa, nur lebte sie in einer anderen Familie. Dabei hätte sie zu uns gehören sollen! Hätten wir nur früher von ihrer Existenz erfahren, wir hätten sie selbstverständlich als drittes Kind adoptiert! Nun hatte aber das Schicksal entschieden, und ich freute mich mit Christines Adoptiveltern, die mit ihrer kleinen Tochter unendlich glücklich sind. Alle drei Kinder verstanden sich wunderbar an diesem Nachmittag. Sie spielten gemeinsam, aßen Kuchen und Theresa zeigte Christine ihr Zimmer. Der Nachmittag verlief sehr angenehm, und alle waren abends zufrieden und glücklich.

Allerdings fühlte ich auch eine gewisse Erleichterung, als Christine und ihre Eltern wieder gefahren waren. Ich war erleichtert, dass alles so gut geklappt hatte und wir den ersten Schritt des Kennenlernens nun hinter uns gebracht hatten. Dennoch: Ein bisschen Wehmut blieb zurück, denn die beiden Mädchen sahen sich einfach zu ähnlich. Mir war eine Zeitlang zumute, als hätte ich eine Tochter verloren ...

Christines Mutter fragte mich einmal, warum wir eigentlich Theresas Schwester damals abgelehnt hätten? Eine Mitarbeiterin des zuständigen Jugendamtes hatte ihnen erzählt, sie habe uns angerufen, uns von der kleinen Schwester Christine erzählt, aber wir hätten sie nicht adoptieren wollen. Das war natürlich nicht wahr, und ich spürte Ärger und Wut in mir aufsteigen! Ich forschte nach, wie dieses »Missverständnis« wohl zustande kommen konnte. Dabei stellte sich heraus, dass sowohl Theresa als auch ihre Schwester in derselben Stadt geboren wurden, in der Jürgen und ich damals lebten. Bei Christines Geburt hatte die zuständige Beamtin in unserer Akte nachgesehen und festgestellt, dass wir mittlerweile weggezogen waren. Sie wandte sich nun an das Jugendamt, in dessen Bezirk wir wohnten, mit der Bitte, uns doch zu informieren. Das wurde aber bedauerlicherweise versäumt und stattdessen erzählt, wir hätten das Adoptivkind Christine abgelehnt!

Noch heute frage ich mich immer wieder, was die Beamtin wohl getrieben hat, so zu handeln und auf diese Weise das Schicksal so vieler Menschen zu steuern! Der einzige vernünftige Grund, den ich mir vorstellen kann, ist der, dass sie ein weiteres kinderloses Ehepaar glücklich machen wollte! Aber dadurch hat sie nun verhindert, dass die beiden Schwestern auch als solche in einer gemeinsamen Familie aufwachsen können. Ich spüre deutlich, dass sich die Gelegenheit einmal ergeben wird, in der ich die Frau danach fragen kann. Inzwischen bin ich sehr froh, dass Jürgen und ich sowie Christines Eltern es unseren Töchtern ermöglicht haben, sich so früh kennen zu lernen. So müssen sie als Erwachsene nicht mühsam nacheinander suchen.

In den kommenden Monaten wiederholten wir die Treffen der beiden Schwestern, so dass sich die Situation langsam normalisierte. Theresa und Christine mögen sich sehr gerne, und Christine erzählt ihren Freunden und Nachbarn ganz stolz von der »großen Schwester«. Sie freuen sich stets sehr aufeinander, und bald sollen die Mädchen auch einmal zusammen bei uns oder bei Christines Familie übernachten. Beide nehmen es als selbstverständlich hin, dass sie zwar Geschwister sind, aber dennoch in unterschiedlichen Familien aufwachsen.

Markus

Mir tat es für Marion und ihre Familie sehr leid, als ich von Theresas kleiner Schwester erfuhr. Diesen Kummer hätte ich Marion wirklich gerne erspart! Zum Glück brauchte sie sich um mich nun nicht mehr so große Sorgen zu machen, denn inzwischen war ich wieder einigermaßen auf die Beine gekommen: Im Sommer 2000, mehr als zwei Jahre nach dem Unfall, war ich aber immer noch krankgeschrieben und in ärztlicher Behandlung. Für Knochen und Gelenke wurde zwar sehr viel getan, aber was mir zu diesem

Zeitpunkt immer noch fehlte, war eine Behandlung meines Kopfes.

Schon im Februar 1999 hatten drei verschiedene Ärzte mir geraten, dringend etwas wegen meiner Kopf- und Hirnverletzungen zu unternehmen. Ich hatte seit dem Unfall Probleme mit meinen Augen, sah Doppelbilder, litt häufig unter Kopfschmerzen, und mein Kurzzeitgedächtnis funktionierte nicht mehr richtig. Verabredete ich mich zu einem bestimmten Zeitpunkt, musste ich mir alles notieren, sonst verpasste ich den Termin möglicherweise. Dasselbe passierte mir mit Zahlen, Telefonnummern, Namen ... Aber die Forderung der Ärzte, mich so schnell wie möglich neurologisch zu untersuchen – denn im Anfangsstadium wären die Heilungschancen viel größer – verhallte ungehört.

Die Landesversicherungsanstalt, die dafür zuständig war, ließ sich mehr als ein Jahr Zeit, ehe sie reagierte. Jetzt, im Sommer 2000, sollte ich erneut in eine spezielle Rehabilitations-Klinik eingewiesen werden. Dort wollte man sich auch um meine Kopfverletzung kümmern. Dieser Aufenthalt war außerdem sehr wichtig, um nun abschließend meinen Behinderungsgrad und meine Arbeitsfähigkeit festzustellen. Bis zum Sommer 2000 war ich als eingeschränkt arbeitsfähig eingestuft: Ich hatte keine Ausbildung absolviert und konnte demnach nur für Hilfsarbeiten eingesetzt werden. Das aber erlaubten mir die Ärzte nicht und meinten, das wäre für mich in meinem Zustand zu gefährlich und gesundheitsschädigend.

Eine Umschulung zu einer Arbeit am Computer kam ebenfalls nicht in Frage, solange ich Probleme mit dem Gedächtnis hatte. Viel Auswahl blieb mir da nicht, aber ich wollte unbedingt wieder einer festen Arbeit nachgehen und strebte mit aller Kraft zunächst eine Halbtagsstelle an.

Finanziell stand ich nämlich gar nicht gut da: Nach meinem Unfall wurde mir zunächst Krankengeld gezahlt. Diese Zahlungen liefen im September 1999 aus, und ich sollte mich nun arbeitslos melden. Der Sachbearbeiter beim Arbeitsamt erklärte mir allerdings, dass ich mich gar nicht arbeitslos melden könne. Immerhin stand ja noch nicht fest, inwieweit ich arbeitsfähig war oder nicht. Stattdessen riet man mir, doch zum Sozialamt zu gehen. Aber da streikte ich! Ich bin zwar ein flexibler Mensch, der sich allen Verhältnissen ziemlich gut anpassen kann, aber den Gang zum Sozialamt brachte ich nicht über mich.

Wenig später meldete sich auch das Arbeitsamt wieder bei mir: Man habe einen Fehler gemacht, ich sei doch berechtigt, mich arbeitslos zu melden. Nach dieser Neuigkeit bekam ich nun Arbeitslosengeld, das sogar rückwirkend für die vergangenen Monate ausgezahlt wurde.

Vom Versorgungsamt war ich zwischenzeitlich zu 50 Prozent behindert eingestuft worden, und man bedeutete mir, ich könne halbtags arbeiten gehen. Dann kam ein Brief, in dem stand, dass mein Behinderungsgrad auf 30 Prozent gesenkt werden würde. Nach Absprachen mit meinen Ärzten legte ich dagegen Beschwerde ein und bekam Recht! Besonders eine Neurologin sagte zu mir: »Sie haben bei dem Unfall eine gravierende Hirnverletzung erlitten. Alleine darauf müsste man Sie schon zu 40 Prozent als behindert einstufen! Bislang wurden aber nur Ihre Knochenbrüche und sonstigen Verletzungen berücksichtigt! Insgesamt müssten Sie bei 70–80 Prozent Behinderung liegen!« Sie erwähnte außerdem meine extreme psychische Belastung durch die Krankheit und den Tod meiner Mutter, was auch mit berücksichtigt werden müsse.

Die Ärztin riet mir, zu klagen. Frustriert stellte ich fest, dass ohne Beschwerden, Klagen und Anwalt offensichtlich gar nichts lief ... Nun wartete ich zunächst auf die Reha-Klinik und das damit verbundene Abschlussgutachten, das ungemein wichtig war. Erst danach konnten mir Jobs oder eine Umschulung angeboten werden, meine endgültige Behinderungsstufe würde danach festgestellt und die Geldsumme bestimmt werden, die die Versicherung mir abschließend würde zahlen müssen.

Im Sommer 2000 besuchte ich für vier Wochen eine Reha-Klinik im Ruhrgebiet. Es handelte sich dabei um eine Einrichtung, in der speziell Patienten mit Hüftleiden und mit neurologischen Beschwerden untergebracht wurden. Ich war froh, dass man die Klinik so passend ausgesucht hatte.

Ich kam mit meinem Auto vor dem Gebäude an, das sehr an die siebziger Jahre erinnert: In der Wartehalle dominierten die Farben braun-beige, orange und grün. Ich musste eine Wartemarke ziehen und kam nach einer Dreiviertelstunde endlich an die Reihe.

An diesem ersten Tag musste ich mich einer Reihe von Untersuchungen unterziehen und wurde danach im ersten Stock von Haus IV des Komplexes untergebracht. Ärzte und Schwestern waren sehr nett und kompetent, und eine der Schwestern sagte nach einem Blick auf meine Krankenakte mitfühlend zu mir: »Na, Sie haben ja einiges mitgemacht! Bei Ihnen war ja fast alles kaputt!«

Mein Zimmer teilte ich mir mit einem Mann, dessen Aufenthalt am nächsten Tag beendet war. Darüber war ich ganz froh, denn mein Zimmergenosse entpuppte sich nicht nur als sehr anhänglich, sondern auch als äußerst geschwätzig. Alle Informationen, die mir die Schwestern bei meiner Einweisung schon gegeben hatten, betete er mir nun ständig vor, und zwar immer gleich mehrmals hintereinander, damit ich auch ja nichts vergaß! Als er am nächsten Morgen abreiste, war ich der wahrscheinlich am besten informierte Neuankömmling im gesamten Haus!

Nun wurde zu mir ein Pole, Anfang 50, aufs Zimmer gelegt. Wir verstanden uns gleich hervorragend. Nach und nach lernte ich auch seine Familie kennen: eine super aussehende Ehefrau und zwei bildhübsche Töchter! Ansonsten war die Klinik eher mit älteren Patienten belegt, die zum überwiegenden Teil Hüftleiden hatten.

Ein paar Kilometer von der Klinik entfernt befand sich ein Supermarkt, in dem ich öfters einkaufte. Eines Tages traf ich dort einen weiteren Patienten, der sich, genau wie ich, dort heimlich ein paar Dosen Bier holte. Wir kamen ins Gespräch und freundeten uns an. Über seine witzige Art habe ich in der Klinik oft und gerne gelacht.

Ansonsten waren die Tage hauptsächlich von Anwendungen geprägt. Ich bekam Krankengymnastik verordnet, Lymphdrainage, und verbrachte viel Zeit im Fitness-Raum. Mein Gesundheitszustand wurde genau unter die Lupe genommen, und insgesamt fühlte ich mich auch recht fit. Gegen Ende meines Aufenthaltes litt ich unter starken Schmerzen in der rechten Hüfte, so dass ich meine Therapien nur noch unter Schmerzen zu Ende führen konnte. Die Klinik-Ärzte empfahlen mir, mich nach meiner Rückkehr doch deswegen noch einmal gründlich untersuchen zu lassen.

Dennoch fiel mein Abschlussbericht positiver als erwartet aus: Die Ärzte bescheinigten mir, dass ich nun wieder arbeitsfähig sei. Allerdings seien in Zukunft aus orthopädischer Sicht Tätigkeiten nicht möglich, die »... ein häufiges Arbeiten auf Leitern und Gerüsten, mit Zwangshaltung und schwerem Heben und Tragen von Lasten von mehr als 20 kg erfordern«. Das Rehabilitationsziel, wie in dem Gutachten formuliert, war also erreicht. Darin heißt es: »Ziel unserer Behandlung war die Wiedereingliederung in das normale Alltagsleben sowie das Erreichen alsbaldiger Arbeitsfähigkeit. Im Vordergrund unserer therapeutischen Maßnahmen stand die Kräftigung der hüftführenden Muskulatur sowie der kniestabilisierenden Muskulatur im Bereich des rechten Kniegelenkes, die Verbesserung der Bewegungsausmaße sowie die Erzielung eines sicheren und ausdauernden Gangbildes. Ergänzend dazu erfolgte ein kognitives Leistungstraining zur Verbesserung des Kurzzeitgedächtnisses und der Konzentrationsfähigkeit.« Als nächster Schritt, so hieß es weiter in dem Gutachten, solle nun meine »berufliche Rehabilitation« eingeleitet werden.

Mit diesem Schreiben in der Tasche kehrte ich also nach Hause zurück. Schon lange hatte ich darüber nachgedacht, welche berufliche Richtung ich nun einschlagen könnte. Schwere körperliche Arbeit konnte ich nun nicht mehr leisten. Nun musste ich möglicherweise an eine Umschulung denken und wartete auf Vorschläge des Arbeitsamtes. Obwohl man mich arbeitstauglich geschrieben hat, würde ich gerne erst einmal halbtags beginnen und mich dann nach und nach zu einem Acht-Stunden-Tag steigern, soweit es meine Konstitution zulässt. Nur habe ich mir aber in der Zwischenzeit selbst noch ein kleines »Hindernis« in den Weg gelegt: Meine vor wenigen Wochen verstorbene Mutter hat in ihrem letzten Willen verfügt, dass sich doch eines ihrer Kinder liebevoll um ihren Mischlingshund kümmern möge. Außer mir hatte keiner meiner Geschwister die Möglichkeit, das Tier bei sich aufzunehmen. Auch bei mir würde es schwierig werden – aber ich konnte diesen letzten Wunsch meiner Mutter einfach nicht ausschlagen!

In den nächsten Tagen wird der kleine Wirbelwind bei mir Einzug halten, und dann müssen wir sehen, wie wir miteinander auskommen! Und eine Lösung, wo ich den Hund bei einer Vollzeittätigkeit unterbringe, muss ich mir auch noch überlegen.

Die gute Nachricht aber war, dass ich nach eingehenden neurologischen Untersuchungen und weiteren Reaktionstests als wieder voll fahrtauglich eingestuft wurde! Ich freute mich sehr darüber, dass ich nun wenigstens einen Teil meines früheren Lebens wieder würde aufnehmen können!

Wenn ich an diesem Wendepunkt mein Leben nun einmal Revue passieren lasse, dann kann ich nur sagen: Es war bisher nicht einfach. Vieles, das sich in meiner Kindheit und Jugend ereignet hat, war nicht in

Ordnung, vieles hätte in andere Bahnen gelenkt werden müssen! Ich selbst habe das damals als Teenager nicht erkannt und konnte meinen eingeschlagenen Weg nicht aus eigener Einsicht und Kraft ändern.

Bedauerlicherweise ist es meinen Eltern auch nicht gelungen, entsprechend auf mich einzuwirken. Dann kam der Tag meines Unfalls, und damit änderte sich mein bisheriges Leben komplett, denn was nun kam, hatte ich nicht mehr selbst in der Hand. Ich kann nur von Glück reden, dass ich meine schweren Verletzungen so gut verkraftet habe, aber dennoch war die gesamte Situation mehr als belastend: Ich musste den Unfall und seine Folgen körperlich und seelisch verarbeiten. Besonders schwer hat mich dabei der Verlust meiner lieben Freundin Brigitte getroffen. Dazu kam die plötzliche Krankheit und dann der Tod meiner Mutter. Seitdem bin ich, 34 Jahre alt, Vollwaise.

Seit dem Unfalltag war ich arbeitsunfähig und wusste oft nicht, woher ich Geld zum Leben nehmen sollte. Besonders belastend dabei war mein Streit mit der Versicherung. Da ich unschuldiges Opfer dieser Katastrophe war, habe ich niemals damit gerechnet, so sehr um mein Geld kämpfen zu müssen. Die Mitarbeiter der Versicherung, mit denen ich zu tun habe, können unmöglich für menschliches Leid empfänglich sein. Ich habe vielmehr den Eindruck, sie wurden extra darin geschult, Zahlungen zu verhindern und hinauszuzögern, so weit es geht.

Immer wieder bekam ich Briefe, in denen ich nur schwülstige Formulierungen statt konkreter Zahlungsanweisungen fand. Typisch für unseren Schriftverkehr sind Sätze wie: »Eine weitere Bevorschussung auf begründete und berechtigte Schadensersatzansprüche wollen wir grundsätzlich im Interesse einer kooperativen Bearbeitung dieses Schadensersatzfalles nicht versagen.« Natürlich folgt auf solche Sätze im weiteren Schreiben immer ein »Aber« oder ein »Wir bitten um Verständnis für ...« Wer aber hat für mich Verständnis? Immerhin führt die Versicherung ihren Streit nicht mit einem gesunden und energiegeladenen Mann, sondern mit einem Menschen, der nach einem schweren Unfall genug andere Probleme hatte.

Vor kurzem unterhielt ich mich mit einer Frau, die ebenfalls einen Unfall erlitt, der allerdings nicht so schwerwiegend wie meiner war. Auch sie hatte berechtigte Forderungen auf Schadensersatz gestellt, musste aber auf die endgültige Klärung und Festlegung der Summe vier Jahre warten! Na gut, dachte ich, so weit bin ich auch bald! Zweieinhalb Jahre sind seit meinem Unfall ja bereits vergangen. Diese Auseinandersetzungen mit meinem ersten Anwalt, mit Ärzten, mit der Versicherung und im Allgemeinen mit Ämtern und Behörden fand und finde ich extrem frustrierend. Man bekommt das deutliche Gefühl, dass die Mitarbeiter, mit denen man es dort zu tun hat, eigentlich gar kein Interesse an den *Menschen* haben. Ihnen geht es vielmehr um Zahlen, um Fälle, um Geld. Ihnen ist es wichtig, dass sie selbst bei der ganzen Geschichte gut aussehen und möglichst viel daran verdienen. Dasselbe gilt auch für den Unfallfahrer. Ich wundere mich immer noch, mit wie viel Sturheit und Dickfelligkeit er es bis heute vermieden hat, sich bei mir zu melden! Auch er hatte im Sinn, möglichst gut aus der ganzen Geschichte herauszukommen, und es ist ihm auf eine gewisse Weise auch gelungen. Inzwischen möchte ich auch gar keinen Kontakt mehr zu ihm haben und erwarte auch keinerlei Entgegenkommen von seiner Seite mehr. Aber sein Verhalten bestätigt die These, dass man anscheinend mit Egoismus, Hartherzigkeit und Sturheit in dieser Welt weiterkommt!

Schon vor dem schicksalhaften Tag im Februar 1998 habe ich oft von schweren Unfällen gehört und gelesen. Beinahe täglich begegnen einem solche Meldungen und Horrornachrichten: Hier vier Tote, da fünf, oft junge Leute, die ihr Leben auf der Straße lassen. Man liest so etwas, es geht einem kurz durch den Kopf, dann wendet man sich anderen Dingen zu. Jeder kennt Bilder und Berichte von Unfallstellen, hört von Unfallfahrern, die sich »an nichts mehr erinnern können«. Aber so richtig hineinversetzen kann man sich in solch eine Situation nicht, die man nicht am eigenen Leib erfahren hat. Mir ist es passiert, und ich habe nun natürlich eine völlig andere Sicht der Dinge. Mir wird dieser schreckliche Unfall nie mehr aus dem Kopf gehen. Aber wer – außer den Betroffenen – sonst wird sich in vier oder fünf Jahren noch an das Kreuz erinnern, das am Unfallort stand und das den Opfern gewidmet war? Das Leben geht weiter, auch ohne Brigitte, auch ohne die vier jungen Männer aus Sechtem.

Beinahe wäre es auch ohne mich weitergegangen.

Natürlich hat sich meine gesamte Einstellung der Zukunft gegenüber seit dem Unfall stark verändert: Ich möchte das Leben nun noch mehr genießen, seit ich erfahren habe, wie schnell es vorbei sein kann.

Marion

Inzwischen sind wir alle ein wenig »zur Ruhe gekommen«, wie es so schön heißt. Bei allen Widrigkeiten und Schicksalsschlägen, die uns in den vergangenen Jahren heimgesucht haben, und besonders bei Markus' schwerem Unfall, hat mir meine Gelassenheit sehr geholfen. Nur dadurch war es mir möglich, einen halbwegs klaren Kopf zu behalten, die Dinge in die Hand zu nehmen und zu regeln. Allerdings ist diese Ruhe, die ich in äußerst schwierigen Situationen bewahre, trügerisch. Wenn die Aufregung sich gelegt hatte, dann spielte mein vegetatives Nervensystem plötzlich verrückt: Oft wachte ich morgens auf und litt unter Herzrasen, Schweißausbrüchen, Angstzuständen. Ich war manchmal nicht in der Lage, einfache Dinge zu erledigen. Nachts schreckte ich hoch und konnte lange nicht mehr einschlafen. Diese Tiefs habe ich durch die Hilfe homöopathischer Mittel, durch Akupunktur und ausgiebige Gespräche mit meinem Mann und meinen Freunden überwunden. So habe ich den Tod meines geliebten Vaters und den Tod meiner Mutter verwunden. In all den nächtlichen Stunden, die ich wach lag und meine Gedanken durcheinander wirbelten, habe ich versucht, diese Schicksalsschläge zu verarbeiten.

Durch ihren Tod sehe ich meine Mutter heute in einem anderen Licht. Ich habe ihr verziehen und denke heute manchmal, es wäre schön, wenn ich zu Lebzeiten so mit ihr hätte reden können, wie ich es jetzt manchmal in Gedanken tue. Hin und wieder wünsche ich, sie wäre noch da. Ihrem Lebensgefährten Herbert, der es 14 Jahre mit dieser schwierigen Frau ausgehalten hat, bin ich sehr dankbar, denn er hat sie in ihren letzten schweren Monaten aufopfernd gepflegt.

Ungemindert bedrücken mich allerdings die Hilflosigkeit meines Vaters und sein früher Tod. Noch heute begleitet er mich täglich in Gedanken und ich fühle, dass auch die Macht des Todes uns nicht zu trennen vermochte.

Meine größte Aufmerksamkeit gilt allerdings den Lebenden und besonders meinem »kleinen« Bruder Markus. Dieses eine Erlebnis wird noch lange und besonders stark in meinem Gedächtnis haften bleiben: Der »zweite Geburtstag« meines Bruders, der 11. Februar 1998. Nie werde ich die schrecklichen Bilder des Unfalls vergessen, unseren Schmerz über das Geschehene, die bangen Stunden des Wartens und des Hoffens.

Wie viele Stunden habe ich mich gesorgt und wie viele Tränen habe ich wegen Markus geweint. Aber heute, wenn er vor mir sitzt und ich mit ihm spreche, dann muss ich zufrieden lächeln: Egal, wie hart die Zeit nach dem Unfall auch war, egal, wie sehr wir alle gelitten haben, als Markus zwischen Leben und Tod schwebte – ein Blick auf ihn genügt, und ich bin glücklich und zufrieden bei dem Gedanken: Gott sei Dank, es hat sich gelohnt!

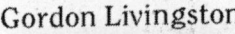

Gordon Livingston

Nur der Frühling

Eigentlich sollte das Knochenmark seines Vaters Lucas' Leben retten. Doch sein Körper stößt es ab, und mit nur sechs Jahren stirbt er an Leukämie. Fassungslos steht sein Vater dieser Tragödie gegenüber und glaubt zunächst, dieses Leid niemals überwinden zu können ...

»Leukämie.« – Zunächst kann Gordon gar nicht begreifen, daß diese Diagnose das Todesurteil für seinen kleinen Sohn bedeuten kann. Völlig geschockt, beginnt er mit der Suche nach einem geeigneten Knochenmarkspender, der das Leben von Lukas retten könnte. Doch als sich niemand findet, dessen Werte mit denen des Jungen übereinstimmen, geht Gordon das Risiko ein, sich selbst zur Verfügung zu stellen, auch wenn sein Mark nicht optimal ist. Zunächst scheint die Operation gut gegangen zu sein. Aber dann stößt der kleine Körper das fremde Knochengewebe ab.
Für Gordon beginnt der Abschied von einem außergewöhnlichen Kind, daß seinem Vater sein Wissen von der unerschöpflichen Kraft der Liebe vermittelt, die über den Tod andauert. Bald erkennt Gordon, daß seine Trauer im wesentlichen Selbstmitleid ist, und als der Schmerz nachläßt, bleiben ihm letztlich die Erinnerungen an die guten Tage mit Lucas ...

ISBN 3-404-61430-5 0,

Paul Marchal

Erfahrungen

SPURLOS VERSCHWUNDEN

Lange gibt Paul Marchal die Hoffnung nicht auf, seine vermißte Tochter An und ihre Freundin Eefje gesund wiederzufinden. Doch dann macht die Polizei unter einer Garage von Marc Dutroux einen grausigen Fund ...

In der Nacht vom 22. August 1995 verschwinden An Marchal und ihre Freundin Eefje Lambrecks spurlos. Zutiefst beunruhigt benachrichtigen ihre Freunde Ans Vater, der versucht, die örtliche Polizei davon zu überzeugen, daß die beiden Teenager entführt worden sind. Aber erst Tage später wird eine Suchaktion gestartet, die den längst verwischten Spuren der beiden Mädchen folgt ...
1996: Für Paul Marchal, der die Hoffnung nie aufgegeben hatte, seine Tochter lebend wiederzusehen, bricht eine Welt zusammen, als die Ermittler des Falles »Dutroux« unter einer Garage im südbelgischen Jumet zwei Leichen finden: die von An und Eefje. Doch er will mit seinem Schmerz nicht allein bleiben und wendet sich an die Öffentlichkeit. Marchal gründet den Verein *An* und ist einer der Mitorganisatoren des Weißen Marsches, zu dem im Oktober 1996 Hunderttausende auf die Straße gingen, um gegen die Korruption in der belgischen Justiz zu protestieren.
Dieses Buch, ist ein ergreifendes Dokument der verzweifelten Suche eines liebenden Vaters nach seinem Kind.

ISBN 3-404-61431-3

Jeannette Kupfermann

Erfahrungen

Wenn die Tränen versiegt sind

Jeannette ist glücklich verheiratet und überall sehr beliebt. Doch plötzlich stirbt ihr Mann, und nichts ist mehr wie früher. Zunächst wird ihr noch Mitgefühl entgegengebracht, aber dann überläßt man sie immer mehr sich selbst. Wie soll sie dieser Isolation entkommen? Eine völlige Neugestaltung ihres Lebens ist der einzige Ausweg ...

BASTEI LÜBBE

Für Jeannette bricht eine Welt zusammen, als sie erfährt, daß ihr Mann an Krebs leidet und nur noch kurze Zeit zu leben hat. Doch nach Jacques' Tod muß sie erkennen, daß sie das Ausmaß der Probleme noch unterschätzt hat: Der Schmerz über den Verlust des Partners reißt sie in ein tiefes Loch, und ihre Freunde, mit deren Hilfe sie gerechnet hatte, ziehen sich von ihr zurück. Jeannette spürt die Sprachlosigkeit, das Unbehagen und das Konkurrenzdenken der Frauen wie Messerstiche. In bewegender Offenheit schildert Jeannette ihren Weg zurück ins Leben, wie sie das Gefühl der Wertlosigkeit, ihr Selbstmitleid und die Isolation überwindet. Schritt für Schritt baut sie sich eine neue Existenz auf, beginnt wieder zu arbeiten, trägt den Schuldenberg ab, der mittlerweile entstanden ist, und macht sich auf die Suche nach neuen Freunden, nach Menschen, die sie auch ohne Partner akzeptieren ...

ISBN 3-404-61396-1